U0456041

国家出版基金项目
NATIONAL PUBLICATION FOUNDATION
天津市重点出版扶持项目

新媒体网络舆情

合理性表达与协商民主体系建构

毕宏音　著
张丽红

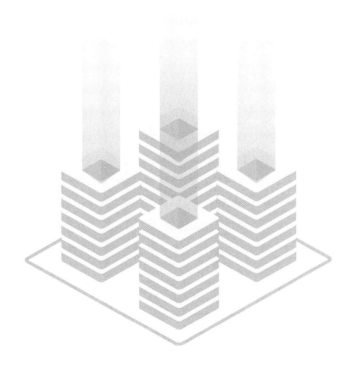

天津社会科学院出版社

图书在版编目（ＣＩＰ）数据

新媒体网络舆情合理性表达与协商民主体系建构 ／ 毕宏音，张丽红著. -- 天津 ： 天津社会科学院出版社，2025.7

（舆情表达机制建设与协商民主体系构建研究丛书 ／ 王来华主编）

ISBN 978-7-5563-0647-3

Ⅰ．①新… Ⅱ．①毕… ②张… Ⅲ．①互联网络－舆论－关系－民主协商－研究－中国 Ⅳ．①D621②G219.2

中国版本图书馆CIP数据核字(2020)第136598号

新媒体网络舆情合理性表达与协商民主体系建构
XINMEITI WANGLUO YUQING HELIXING BIAODA YU
XIESHANG MINZHU TIXI JIANGOU

出版发行：天津社会科学院出版社
地　　址：天津市南开区迎水道7号
邮　　编：300191
电　　话：(022) 23360165
印　　刷：北京盛通印刷股份有限公司
开　　本：787毫米×1092毫米　　1/16
印　　张：21.25
字　　数：256千字
版　　次：2025年7月第1版　　2025年7月第1次印刷
定　　价：68.00元

国家社会科学基金特别委托项目

"舆情表达机制建设与协商民主体系构建研究"

（14@ZH032）

序

　　由我主持承担的国家社会科学基金特别委托项目"舆情表达机制建设与协商民主体系构建研究"（14@ZH032）于 2019 年 5 月顺利结项，并获得了当年国家出版基金资助，可谓双喜临门。目前，项目的主要研究成果（即四部研究专著）已经正式出版，我非常高兴。这个项目的完成是天津社会科学院舆情研究所从 1999 年 10 月创立并发展到今天，取得的多项重要学术研究成果之一，是十分突出的创新部分。舆情研究所曾经撰写和出版过国内首部《舆情研究概论》（王来华主编）和《网络舆情研究概论》（刘毅著）。另外，《微博诉求表达与虚拟社会管理》（毕宏音著）一书还获得过天津市哲学社会科学优秀成果一等奖，《舆情支持与舆情危机》（王来华主编）一书获得国家出版基金资助、国家出版基金年度优秀成果项目和天津市优秀图书奖。现在出版的四本专门研究"舆情与协商民主"的著作，也是填补了国内相关研究领域的空白。要强调的是，这几本学术著作的作者都是此研究项目的直接承担者（其中，毕宏音研究员还是本课题子项目负责人之一），他们都是在天津社会科学院茁壮成长起来的学术骨干，他们风华正茂，依靠自己的辛勤努力以及团队成员之间的相互协作，最终完成了项目研究的重任，为处于学术和实践工作前沿的研究作出了很大贡献。借此机会,我向他们表示衷心祝贺和诚挚感谢!

发展社会主义协商民主,是从党的十八大报告首次提出,到十八届三中全会展开具体部署,又到习近平总书记在庆祝中国人民政协成立65周年大会上详细论述,再到党的十九大报告的充分阐释,中国特有的社会主义协商民主逐渐蔚为大观,成为党和政府极力推动的一项战略性任务。2014年,习近平总书记在纪念中国人民政协成立65周年大会上对发展社会主义协商民主作出重要论断,引起了广泛的社会认同。当时一篇刊载在《人民日报》和人民网上的专题报道生动地引用了来自社会各界的评价,非常具有代表性。其中说道:"习近平总书记今天讲得很解渴。""这个讲话是要留在历史上的,它大概标志着带有理想主义色彩的协商民主,进入自觉而深入的实施阶段。""讲话全文9100余字,其中近一半的篇幅在阐述'协商民主'种种,整个讲话提到'协商民主'四个字,计25次。"

党的十九大报告第六部分"健全人民当家作主制度体系,发展社会主义民主政治"中指出,要发挥社会主义协商民主的重要作用。有事好商量,众人的事情由众人商量,是人民民主的真谛。协商民主是实现党的领导的重要方式,是我国社会主义民主政治的特有形式和独特优势。要推动协商民主广泛、多层、制度化发展,统筹推进政党协商、人大协商、政府协商、政协协商、人民团体协商、基层协商以及社会组织协商。加强协商民主制度建设,形成完整的制度程序和参与实践,保证人民在日常政治生活中有广泛、持续、深入参与的权利。这段话里面包含了三个重要论述:一是有事好商量,众人的事情由众人商量,是人民民主的真谛。二是协商民主是实现党的领导的重要方式,是我国社会主义民主政治的特有形式和独特优势。这一点是习近平总书记在2014年庆祝中国人民政治协商会议成立65周年大会上的讲话中强调的,是对协商民主政治定位的高度概括。三是要推动协商民主广泛、多层、制度化发展,加强协商民主制度建设。这里具体指出协商民主制度化建设的任务和要求。从这些重要论述中,既可以深刻认识习近平新时代中国特色社会主义思想,特别是其中关于如何发展社会主义协商民主的重大意义,也可以认识中国社会主义协商民主的重要地位,找到全力推行中国社会主义协商民主的具体实现路径和着力点。

推动社会主义协商民主,又与一个宏大的主题相关,即国家治理体系和治理能力现代化。习近平总书记曾指出:"实行人民民主,保证人民当家作主,要求我们在治国理政时在人民内部各方面进行广泛商量。"我们围绕习近平总书记的重要思想进行思考,可以看到,利益多元化正逐渐成为现代社会的基本特征,治理这样的社会形态,就需要处理好"人民内部各方面"之间的互动关系。协商民主体现了国家和社会治理的理性决策思想,是一种民主的治理形式,因而成为国家治理的重要方式,在政治、经济和社会生活当中,发挥着化解矛盾、促成共识、整合利益和凝聚力量的重要作用。进一步看,从制度设计上讲,选举民主与协商民主的结合,不仅解决了权力来自哪里的问题,还解决了权力如何运行的问题,进而构成了我国民主政治的制度优势。

从党的十八大正式提出发展社会主义协商民主以来,党中央曾多次以政策文件方式提出相关发展要求和任务,充分反映了党的十八大至今,党中央推进协商民主广泛、多层、制度化发展的广度和力度。与此同时社会主义民主政治的发展和国家及社会治理的进步,让越来越多的学者关注协商民主的理论和实践问题研究,并取得了很多重要研究成果,形成了一些重要的学术观点。舆情研究者们也参与其中。

"舆情"是中国传统语境下的一个古老政治词汇,在中国历史上曾经被很多帝王将相所使用。在现代生活中,学者们吸收了民意理论的相关内容,并根据现实需要,把"舆情"一词提升为一个学术概念,围绕这个概念,生成了一个旨在研判和理顺民众与国家、社会管理者之间利益联系的现代学术范畴。针对舆情与协商民主之间的实践关联,经过调查和研究,我们认识到舆情工作是推动社会主义协商民主过程的一个重要环节。这一认识成为研究舆情与协商民主之间理论和实践关系的基本视角。沿着这一思路,我们最初就如何开展好此项研究工作,提出了一些想法。第一,形成舆情表达机制与协商民主体系之间相互联系的分析框架,厘清舆情表达机制建设在协商民主体系中嵌入的必要性与合理性,以实现民众合理利益的合理诉求为线索,把舆情表达机制建设作为推动协商民主发展的可行或可操作之"腿",提出并回答相关概念、关系、原则和模式等问题,阐释清楚中国特色社会主义协商民主广泛、多层、制度化发展中的相关理论和实际问题。第二,提出构建协商民主体系中舆情表达机制的规范模式和具体选择,在国家治理和基层民主这两个主要层面以及涉及国家、社会和人民这三个大方面,探究在各个层次和各种类别的协商民主形式中舆情表达机制建设与协商民主体系构建之间的连结点、操作环节、模式化程序以及法律保障环境等,推行内容和形式多样化的舆情表达机制,最终推动协商民主广泛、多层、制度化发展。第三,说明舆情表达机制嵌入协商民主体系,在党的正确领导下会如何推进健全民主制度、丰富民主形式,在各层次各领域扩大人民有序政治参与,充分发挥中国特色社会主义建设在政治制度上的优越性,并最终有效地推进国家治理体系和治理能力现代化。

最终,本课题的主要成果落实为五部分。第一部分为"舆情研究和政治学两个视角:中国协商民主的独特内涵和具体路径",主要从政治学和舆情研究的双重视角审视我国协商民主发展的内涵和路径,从理论层面解释舆情工作与协商民主相互结合的机制。第二部分为"协商民主的具体发展:对全国多地基层协商主要案例的分析",主要从舆情角度对协商民主的实践情况进行归纳和分析,观察和分析社会基层如何积极促进舆情表达与协商民主融合的具体做法和对策建议。第三部分为"舆情表达机制与人民政协协商民主建设",主要探讨了人民政协协商民主制度中舆情表达机制建设,提出了人民政协发挥协商民主重要渠道作用与其他渠道的衔接,以及在政协工作中推进舆情表达机制建设的实现路径。第四部分为"新媒体网络舆情合理性表达与协商民主体系建构",主要探索网络协商民主与舆情诉求表达、网络协商民主工作机制与网络舆情合理性表达机制之间的关系,探寻包含舆情合理性表达的网络协商民主建设的客观有效和可操作化路径。第五部分为"舆情合理表达机制构建及其对民粹主义的防范"(此部分由夏希原博士承担并很好地完成了相关研究工作),主要论证舆情合理表达机制是实现协商民主的中介、桥梁和基本要素之一,构建舆情合理表达机制,促进协商民主建设,应该汲取一些国家和地区的经验和教训,有效防范民粹主义泛滥及其对协商民主发展过程的侵害。

归纳大家的研究成果,就"舆情与协商民主"之间的相互关系,初步形成了一些比较重要的理论观点。

第一,舆情表达机制应嵌入协商民主体系中。从积极推动中国特色社会主义协商民主的高度,探究舆情工作与协商民主之间的相互关系,是一个比较新颖的研究视角。从舆情工作的发展需要看,协商民主的包容性和规范性既为民众利益诉求表达提供了更多机会，也因为协商民主具有的程序和规范要求，而对舆情表达方式（尤其是各类民众利益诉求）形成了"合理约束"。依靠协商民主工作来推动舆情表达机制建设以及这两者之间的有机结合，既有利于推动舆情表达的有序化、理性化，也丰富了协商民主的实现路径，有助于协商民主广泛、多层、制度化发展。

第二，健全舆情表达机制有利于促进基层协商民主发展。民众的话语权与舆情表达是一对相关概念，话语权需要借助舆情表达方式的健全来具体实现，舆情表达因此成为话语权的主要实现形式。协商民主发展过程中的基层协商，说到底是合法、合理、合情地实现话语权的问题，是多种舆情主体（表现为各类社会人群）能否"我口说我心"并对公共决策产生实质影响的问题。当然，协商内容、协商形式、协商过程、协商技术等其他要素并非不重要，但是，这些要素及其作用需要建立在保障话语权合法、合理、合情实现的基础之上。在社会基层，舆情表达方式常常以十分具体的协商民主方式出现，生动和鲜活，多样化、多层次舆情表达渠道是否畅通，话语权是否真的能够实现，是影响基层社会协商民主开展的涉及推动力量和主要的现实因素。

第三，舆情表达是人民政协履行汇集和转达社情民意工作责任的重要形态之一。作为爱国统一战线组织、中国共产党领导的多党合作和政治协商的重要机构，人民政协自成立之日起，就充分发挥聚合、沟通、表达和协调社会各阶层利益诉求的作用。可以说，人民政协又是我们国家制度性舆情表达机制建设和发挥作用的重要载体。

在协商民主实现过程中，人民政协是社会主义协商民主的重要渠道和专门机构，在推进社会主义协商民主中具有明显的优势，舆情表达也因此与政协工作密切联系起来。在人民政协工作中,不同委员构成的不同工作界别,为构建社会主义协商民主体系提供基础性的组织准备;政协组织和相关人员具有丰富的协商民主经验,担负着政治协商、民主监督、参政议政的主要工作职能,为包含着民众舆情表达在内的协商民主实践活动提供了制度性平台;政协组织和相关人员具有比较成熟的协商议事规则、比较完备的工作体系和工作机制,为协商民主广泛、多层、制度化建设提供了坚实的制度基础;政协组织还荟萃了各个方面的人才或精英,具有突出的智力优势。综合来看,人民政协在推动协商民主工作中组织起来的舆情表达具有广泛的代表性、巨大的包容性和快捷有效的直达性。与此相应的是,通过吸纳传导机制、咨询问政机制、利益表达机制、监督质询机制、协调平衡机制等,舆情表达机制建设和落实也给人民政协担负的几大职能落实提供了更多机会和有力支撑。

第四,网络协商民主是适应我国网络社会发展新要求的新内容和新形式。一方面,网络协商民主的出现和发展与网络社会的迅速发展密切相关,网络协商民主逐渐成为协商民主新的有机组成部分;另一方面,网络协商民主在网络社会中又是一个相对独立存在的工作系统。网络协商民主又是整个中国特色社会主义协商民主建设中的新形式、新样态。从其属性来看,这一新形式(包含了网络舆情的种种诉求表达、对话、讨论等)立足于中国社会主义民主政治发展之中,遵行国家相关法律法规以及道德要求,也是党的群众路线和人民民主在网络时代的具体体现。

第五,完善舆情合理表达机制有利于防范民粹主义。我国协商民主制度发展的关键,在于如何在民众言论表达的通畅性(强调公民话语权的合法保障)和有序性(强调合法依规与讲求自觉自律)之间建立平衡。解决问题的核心点在于,如何做到既推动民众广泛和合理地参与民主政治,又有效地防止民粹主义的发生,特别是保障公权力的合理有效施行。而问题的解决路径之一,则在于探索建立广泛、多层、制度化协商民主过程中的舆情表达机制,探索在舆情表达机制建设中重视对于社情民意的汇集分析和研判,并与决策机制之间建立直接联系通道和协调机制。这是机制设计的重中之重。舆情表达机制建设的需求不仅存在于基层中,也存在于实践协商民主的各个社会方面和社会层面。舆情表达机制可以作为党政决策及时了解舆情的一种工具,在更为宏观的方面,又可以成为协商民主建设中的一种工作保障。在整个社会范围内,由于舆情表达机制使民意的传达有了更为公开透明的渠道,并且确保了协商民主制度的实施,整个舆论氛围也会受到正常引导而向良性方向发展,从而避免民粹主义现象的产生和泛滥。

第六,运用好协商民主倡导的"商量"方法,重视、发现、疏导和引导舆情。从实践的角度看,重视、发现、疏导和引导舆情,其本身既是一项相对独立的工作,也是依靠协商民主加以切实解决好的工作。怎样才能发现、疏导和引导舆情,特别是怎样才能听到老百姓的声音和意愿?习近平总书记指出:"要以人民群众利益为重、以人民群众期盼为念,真诚倾听群众呼声,真实反映群众愿望,真情关心群众疾苦。"通过协商民主,尤其是充分运用其中的"商量"方法,这对发现、疏导舆情问题具有十分重要的理论和实践意义。掌握好习近平总书记多次倡导的"商量"方法,又是重视、发现、疏导和引导舆情的一个"工作法宝"。

依靠"商量"这个好方法,重视、发现、疏导和解决舆情问题,就需要我们把习近平总书记在论述协商民主时经常提出并积极倡导的

"商量"方法真正落在实处,学习好,理解好,运用好,努力做到"多商量,好商量,会商量"。其中,努力学会"会商量"。这个"会"字,体现在发现、疏导和解决舆情问题时,与民众开展相互商量,既要讲究商量的方式方法,还要追求良好的商量结果。"会商量"应该是商量的方式方法与商量的良好结果之间的相互结合与统一,最后归结到不断提升应对和解决舆情问题的工作质量和水平上面。

在本研究课题完成并正式出版之际,我要真诚感谢中宣部舆情信息局,是他们对此项目研究意义的认可和具体支持,为我们开展相关研究工作和最终完成好课题提供了机会!我们还要真诚感谢几位曾经帮助我们正式申请此特别委托项目,并提出过宝贵建议的知名专家学者,他们是:南开大学周恩来政府管理学院教授、博士生导师常健,上海社会科学院段钢研究员和张雪魁研究员,天津市政协研究室原主任张建,福建社会科学院精神文明研究所原所长曲鸿亮研究员(曲老师作为本课题研究顾问,在课题进行当中又给予了我们很多关心和具体指导)。感谢中国政治学会副会长包心鉴教授、南开大学原副校长朱光磊教授、南开大学周恩来政府管理学院杨龙教授、赵万里教授、程同顺教授等知名学者对这个研究项目的关心和悉心指导。还要感谢天津社会科学院关心和支持本课题研究工作的相关领导、舆情研究所内外一直为本课题研究付出辛苦劳动的同事们,感谢为本课题成功申请国家出版基金并努力做好出版工作的我院出版社的同事们,谢谢大家!

在理论与实践两个层面,开展舆情与协商民主相互关系的理论研究和实践探索,是坚持推行中国特色社会主义协商民主这一重大战略任务的一项具体并荣耀的工作。在这个过程中,坚定贯彻落实党对促进社会主义协商民主广泛、多层、制度化的要求和部署,特别

新媒体网络舆情合理性表达与协商民主体系建构

是认真贯彻落实习近平总书记多次阐释的有关发展社会主义协商民主的重要思想，就需要我们在具体工作中进一步深入发掘，坚持在实践中不断学习，总结新的实践经验，形成新的理论创新认识，并努力把相关研究成果运用到实践之中。

国家社会科学基金特别委托项目"舆情表达机制建设与协商民主体系构建研究"（14@ZH032）首席专家，天津社会科学院舆情研究首席专家、研究员（二级）

王来华

目　录

第一章　新媒体时代的舆情表达与网络协商民主的兴起 ………… 1

第一节　新媒体时代的网络舆情表达及其影响 …………… 2

第二节　网络协商民主实践:基于舆情表达的网络协商

民主兴起 ……………………………… 9

第三节　理论研究梳理…………………………… 17

第四节　主要研究视角、创新点与研究方法 …………… 30

第二章　网络协商民主中的舆情合理性表达机制建构………… 43

第一节　网络协商民主与舆情合理性表达的关系………… 43

第二节　基于网络协商民主的舆情合理性表达构成要素……… 47

第三节　网络舆情合理性表达机制的运行原则…………… 88

第三章　新媒体时代网络协商民主与舆情合理性表达机制

运行规律 ……………………………… 99

第一节　新媒体时代基于网络协商民主的舆情合理性

表达机制运行动力 …………………… 99

第二节　网络协商民主机制的运行规律 ………… 115

第三节　网络舆情合理性表达机制的运行规律 ………… 150

第四节　网络协商民主机制与舆情合理性表达机制的

联动规律 ……………………… 189

第四章　嵌入舆情合理性表达的网络协商民主实践方式
　　　　与案例 ……………………………………………… 194
　第一节　网络定期专时协商方式 ……………………… 196
　第二节　网络专人协商方式 …………………………… 200
　第三节　网络部门矩阵化的协商方式 ………………… 212
　第四节　网络协商民主的地域化协作方式 …………… 216
　第五节　多元化服务网络的全天候覆盖协商模式 …… 222
　第六节　全媒体联动协商方式 ………………………… 229
　第七节　网上网下联动协商模式 ……………………… 236
　第八节　社会事项的专业化协商方式 ………………… 244

第五章　网络协商民主与舆情合理性表达机制建设中的
　　　　问题 ………………………………………………… 252
　第一节　网络协商主客体思想认识两极化问题 ……… 253
　第二节　网络协商主体的广泛性、代表性问题 ……… 258
　第三节　从表达内容看网络协商民主中的不足 ……… 262
　第四节　从表达过程看网络协商民主中的缺失 ……… 267
　第五节　从制度建设看网络协商民主中的问题 ……… 275

第六章　舆情合理性表达机制与网络协商民主建设的
　　　　完善之路 …………………………………………… 281
　第一节　以网络协商民主意识的培养促舆情合理性表达 …… 282
　第二节　以网络协商民主文化的弘扬促舆情合理性表达 …… 290
　第三节　以网络协商民主制度的完善促舆情合理性表达 …… 298
　第四节　以网络协商民主组织队伍建设促舆情合理性表达
　　　　 …………………………………………………… 305

参考文献 ………………………………………………………… 310

第一章　新媒体时代的舆情
表达与网络协商民主的兴起

2016 年 2 月 19 日,习近平总书记在网络安全和信息化工作座谈会上指出,善于运用网络了解民意、开展工作,是新形势下领导干部做好工作的基本功。各级干部特别是领导干部一定要不断提高这项本领。① 国务院总理李克强在 2016 年的政府工作报告中表示,要大力推行"互联网 + 政务服务"。

党的十九届四中全会上,习近平总书记进一步指出,全面提高网络治理能力,营造清朗的网络空间。②

1997 年,中国互联网络信息中心(CNNIC)发布了第一份中国互联网络发展状况统计报告,那时候,互联网络对普通人来说既新鲜神秘又遥不可及。到了 2016 年 8 月,当报告第 38 次与我们如约见面时,网络生活就在我们身边。数据清楚地显示,截至 2016 年 6 月,中国网民规模创历史地达到 7.1 亿人,互联网普及率为 51.7% ;中国手机网民规模则达到 6.56 亿人,网民中使用手机上网人群占比由 2015

---

① 《习近平谈治国理政》(第二卷),外文出版社 2017 年版,第 336 页。
② 《中共中央关于坚持和完善中国特色社会主义制度 推进国家治理体系和治理能力现代化若干重大问题的决定》,人民出版社 2019 年版,第 24 页。

年底的 90.1% 提升至 92.5%。① 当然,数字是动态而稳步上升的,3 年后的 2019 年 6 月,中国网民规模更是达到了 8.54 亿人,手机网民则占到网民总数的 99.1%。②

翻阅二十余年所记录下的一串串带着显著上升趋势,且日益丰富的数据,从表征上讲,这些数据见证了中国互联网从无到有,从精英模式到大众普及,从简单功能到复杂应用,从端坐桌前到随时随人的神奇变化;从深层次看,这些数据则反映出互联网特别是以新媒体技术成熟和广泛应用为标志的移动互联网络的发展,对经济、社会、政治、文化、军事、外交等全方面渗透和影响。而且,这种影响深入社会生活的各个角落,它深刻改变着我们的生活方式、交往关系。同时,它也悄然改变着我们的诉求表达倾向和诉求表达行为。而普通百姓在这一期间所进行的积极的网络诉求表达,以及国家管理者所做的网络协商民主建设的有益尝试,则使我们看到了社会主义民主政治发展所致制度化实践的无限扩展前景,当然,也为学理思考和理论建构提供了良好素材。

第一节 新媒体时代的网络舆情表达及其影响

一、网络社会的崛起

网络舆情表达是以虚拟空间和网络社会为载体,它的出现、发展

---

① 中国互联网络信息中心:《第 38 次中国互联网络发展状况统计报告》,http://www.cnnic.net.cn/hlwfzyj/hlwxzbg/hlwtjbg/201608/P020160803367337470363.pdf。

② 中国互联网络信息中心:《第 44 次中国互联网络发展状况统计报告》,http://www.cnnic.net.cn/hlwfzyj/hlwxzbg/hlwtjbg/201908/P020190830356787490958.pdf。

与不断演进,是从无到有、由少到多、经小众到大众的裂变式发展,并始终与网络空间的建构、网络社会的建设以及新媒体时代的崛起过程相伴。让我们先看看以下几组对比数据①。

对比数据之一,反映了网民数量从零到亿的变化。截至 1997 年 10 月末,第一批网民数量为 62 万,手机网民还没有出现;而截至 2016 年 6 月底,网民数量为 7.1 亿,互联网普及率为 51.7%,是 1997 年的 1145 倍。手机网民用户数则达 6.56 亿,占网民总数的92.5%。网民近 20 年实现了超千倍的增长,显示出互联网特别是移动互联网高歌猛进、攻城略地,高速扩张、渗透和覆盖的过程。

对比数据之二,揭示了学历结构由高到低的变化。最早有关网民学历的统计数据来源于 1998 年 7 月。那时,中专以下(含初中、小学及以下)的低学历人员占比 6.9%,学历达到大学本科及以上的人员则占 58.9%;发展到 2016 年 6 月底,小学及以下学历人员占 14.3%,初中学历人员占 37%,中专(含高中、技校)学历人员占 28.2%,大学本科及以上的学历人员仅占 11.5%。低学历与高学历网民的比例互换,表明了学历向低阶扩散,互联网不再是少数精英独享的信息与文化资源。

对比数据之三,反映了年龄结构趋向低龄的变动走势。虽然这些年的年龄结构统计标准有些差异,但依然可以发现一些大的趋势。1997 年 10 月末,21～35 岁的上网人群占比高达 78.5%,20 岁及以下的网民仅占 5.6%;而到了 2016 年 6 月底,20～39 岁的网民占 54.6%,20 岁以下的网民占比则升至 23.0%。年龄结构,特别是移动

---

① 注:虽然随时间推移,中国互联网发展状况统计最新数据已经更新至 2019 年上半年,中国网民规模也已经达到 8.54 亿人。手机网民则占到网民总数的 99.1%。但因三年的数据变化并没有影响网络社会稳步发展的整体走势,因此,为了研究的统一性,本书还是以初稿完成时的 2016 年上半年数据为准。

互联网使用年龄结构的年轻化,说明低龄人群已成为目前互联网特别是移动互联网发展及使用的有力支撑。

对比数据之四,反映出男女比例的平衡化趋势。1997年10月末,参加第一次问卷调查的用户中,男性占87.7%,女性占12.3%。随后的1998年7月及1999年1月的调查中,男性占比分别为92.8%和86%,女性占比则仅有7.2%和14%;到了2016年6月末,男女比例已分别为53%和47%。从男性主导到男女基本平衡,显示出移动互联社会空间的开放性、兼容性和吸纳力。

对比数据之五,显示了职业构成的多元和去精英化趋势。1997年10月前,互联网用户集中在科研、教育、计算机等专业技术岗位以及学生等职业,分别占比12.8%、13.3%、15%和13.6%;到了2016年6月末,一方面,网民的职业分布更加广泛,另一方面,学生占比高达25.1%,个体户和自由职业者占到21.1%,企业和公司一般职员占到10.1%,专业技术人员则下降至6.2%。由专业技术人员占优到学生、自由职业者与一般职员占主导,显示了移动互联时代的职业分布更加广泛、多元,也再一次说明了网络社会发展的去精英化特色。

对比数据之六,上网时长的极大增长显示出网民网络生活的常态化。1997年10月底,网民每周的上网时长大部分处于1～5小时,达到10小时以上的仅占20.1%。随后,统计数据不断被刷新,截至2016年上半年,网民每周上网时长人均已达26.5小时。数字的变化,反映出互联网应用愈发成为基数庞大的网民生活的常态。

对比数据之七,表明随着新媒体时代的到来,网络应用已呈全方位和多元化。1999年1月的统计报告显示,那时,互联网刚刚进入中国不久,新媒体发展初现端倪,网络用途比较单一,查询信息的网民占95%,收发邮件的占94%,从事电子商务与网购的仅占15%;到

2016年6月底,在移动互联技术应用的带动下,与网络相关的数字化新媒体得到了快速发展,网络应用已遍及各个领域。除微信等即时通信社交软件独占鳌头,占比达90.4%外,网络新闻、搜索引擎等占比也达到81.6%与83.5%,网络购物更是达到了63.1%。① 从新闻搜索、收发邮件等简单上网需求,到以微博、微信为代表的移动社交、新闻获取、网络表达,以及对网络购物、支付、音频、视频、文学、游戏、理财、旅行等功能的全方位应用,移动互联网络社会因高拟态化、强似真性和高体验度,早已不单纯是现实社会的延伸和映射,而是愈发具有接续、渗透、反哺和建构现实社会的功能,从而吸引了越来越多的普通人。

上述系列数据对比,反映出网络特别是以新媒体发展为标志的移动互联网络的开放性、平易性、扩张性和"白菜化"趋势,这一普遍化社会事实,使得我们立足网络社会空间,深入分析和探讨新媒体时代的虚拟社会结构,考量其中的舆情诉求表达空间、要素、变动与机制,思考其与协商民主体系、网络协商民主体系的关系等,具有了恰逢其时的学理价值与实践意涵。

二、从真实社会到虚拟社会:网络诉求表达的复杂演进过程及其影响

作为舆情表达重要构成的网络诉求表达,它的迅猛发展既极大

---

① 中国互联网络信息中心:《中国互联网络发展状况统计报告》(1997/10),http://www.cnnic.net.cn/hlwfzyj/hlwxzbg/200905/P020120709345374625930.pdf;中国互联网络信息中心:《中国互联网络发展状况统计报告》(1998/7),http://www.cnnic.net.cn/hlwfzyj/hlwxzbg/200905/P020120709345373784718.pdf;中国互联网络信息中心:《中国互联网络发展状况统计报告》(1999/1),http://www.cnnic.net.cn/hlwfzyj/hlwxzbg/200905/P020120709345373005822.pdf;中国互联网络信息中心:《第38次中国互联网络发展状况统计报告》,http://www.cnnic.net.cn/hlwfzyj/hlwxzbg/hlwtjbg/201608/P020160803367337470363.pdf。

地推动了社会主义民主政治的进程,提高了民众的政治参与热情和参与能力,也出现了这样或者那样的问题,使得它的影响常常呈现出多向度、变动快、难预测等复杂化特质。这一结果的出现,是由诉求表达本身的丰富内涵与特征所导致,而网络社会的特殊性无疑使得诉求表达更加错综复杂。

笔者曾提出,诉求表达是指广大民众将与利益相关的情绪、意见、主张、愿望及要求,通过各种渠道,采取各种方式表示出来的过程。在这个定义中,笔者总结了诉求表达的四个特征:第一,诉求是舆情的重要组成部分。诉求主要包括被表达出来的那部分舆情——"显舆情",当然,诉求也包括少量的"隐舆情",但不作为研究重点。第二,诉求表达必须依托各种管道。在现代社会,多层级和各类组织机构,包括政党、政府和相关社会组织等承载了大量的诉求表达事项,这成为民众表达主张和愿望的最主要管道。第三,诉求表达方式的复杂性。在社会转型和诉求表达愿望日益高涨的今天,民众的利益表达方式可谓五花八门。既可能采用提意见、出主意的办法,也可能运用检举、诉讼等方式,还可能利用"走关系""递条子"等暗箱操作,个别甚至可能采取自残、闹事、破坏等极端的表达方式。第四,诉求表达结果的不确定性。正是因为表达并不一定都在制度框架内有序进行,采取的表达方式也存在着不合规范的情况,而且,诉求表达主体常常是多元的,利益取向又往往不一致,所以,可能导致诉求表达结果的不确定性。①

以此为基础,本书提出,网络诉求表达就是指,广大网络用户将与其利益相关的情绪、愿望、意见、主张以及要求,通过互联网特别是

---

① 毕宏音:《诉求表达机制研究》,天津社会科学院出版社 2009 年版,第 34 – 35 页。

移动互联网络这一网络信息传播渠道,利用微信、微博、微视频等新媒体手段,采用文字、图片、音频、视频、动漫、链接、转发等各种方式表示出来的过程。在这个定义中也包含了下述特征:第一,网络诉求表达是诉求表达的一种特殊形态。它主要是在虚拟社会空间中,利用互联网特别是移动互联这一新媒体技术创设的新型诉求表达管道来进行的。这和在真实社会空间中,对体制内有序参政管道或者其他管道的使用有着极大的差异。第二,网络诉求表达仍然主要包括被表达出来的那部分舆情——"显舆情",也就是指那些显露出来或者可以通过各种手段收集上来的民众的社会态度,这是我们进行网络诉求表达信息汇集、整理和分析的最重要部分。第三,网络诉求表达在载体运用上显示出多媒体化和跨圈层化特征。第四,网络诉求表达有着原创、关注、点赞、转发、评论等特殊表达方式,这是与网络平台的技术设置相关联的。第五,网络的匿名性、去责任化、前台与后台的模糊化,使得网络诉求表达更加真实、坦白,同时也更加容易形成集体心理。第六,网络诉求表达的结果同样常常难以预料,且往往影响面广、冲击力强,这与表达的门槛低、成本廉、速度快、去中心化密不可分。①

简言之,舆情诉求分为外显和内隐两部分,有的主动表达出来,有的因观察、发现和调研而被挖掘,还有的则隐含于心。网络实际上为民众那部分内隐的情绪、认知与态度提供了理想的表达途径,而互联网在中国的崛起,促成了形式多样化和复杂化的网络表达信息。这其中的大部分是网民情绪与态度的真实表达和理性呈现,另一方面,在网络舆情信息交流过程中,集体心理的存在,使网民个体的舆

---

① 毕宏音:《微博诉求表达与虚拟社会管理》,中国社会科学出版社 2014 年版,第 16 页。

情诉求表达受到影响,进而发生变化甚至扭曲。①

回顾并不算长的网络发展历史,翻阅存储着大大小小各类舆情事件的案例库,虽然自发的诉求表达已经在早期的网络上零星出现,但真正形成规模和影响并推动社会关注、热议、反思和进步的网络舆情表达,大致始于 2003 年使收容遣送办法废止的孙志刚事件。按照时间顺序,随后有代表性的舆情热点事件,既包括了纪念中国人民抗日战争暨世界反法西斯战争胜利 70 周年大阅兵、屠呦呦获 2015 年诺贝尔医学奖、中国成功申办冬奥会、习近平总书记"2·19""4·19"重要讲话、党的十九大召开、中华人民共和国成立 70 周年系列庆祝活动等举国关注的大局和大事,也包括了曾引发高度聚焦的哈尔滨宝马肇事案、华南虎事件等部分被列举的,或未被列举的舆情热点事件。

当然,正像前述所言,网络诉求表达自身的复杂性使得表达呈现也是多面的,特别是有些事件中常常夹杂着大量的群体非理性表达。例如在虐猫视频、铜须门、药家鑫案等大量事件中,集体心理驱使的网络人肉搜索和群体道德追杀,江苏响水谣言事件、增城事件、烟台警察打老人等事件中所出现的无中生有与谣言传播等,甚至也包括了前面所提及的一些网络事件中的集体"扒粪"和"戈德温"式声讨,都是网络舆情表达发展进程中不能回避的另一面。这清晰地表明,网络舆情表达的演进过程和影响是复杂交织和多维度的,我们正视和肯定网络诉求表达的积极影响,也绝不能将其与网络合理性表达完全画等号,或将功能盲目扩大化。

---

① 毕宏音:《网络舆情形成与变动中的群体影响分析》,《天津大学学报》(社会科学版) 2007 年第 3 期。

第二节　网络协商民主实践：
基于舆情表达的网络协商民主兴起

如今，实践的发展不断催生新的科技成果，促成新技术与新科学的诞生，以信息技术革命为契机的互联网的出现和兴盛就是一例。而且，实践为人类提供了认识的基础和可能。进一步看，只有实践才能提供认识所必需的有用信息。同时，也只有实践才使人们获得并不断发展对信息加工的能力，即思维的能力，并通过不断地将这种认识和思维能力转化为新实践，来推动更大的进步与发展。综观网络社会现实，将新技术革命成果运用在民主进程中所逐步形成的"网络协商民主"，既离不开前面所提及的，广大网民通过充分利用网络新平台进行的理性舆情诉求表达，及其对网络政治参与的认识与贡献，同时，亦是网络管理者通过长期不懈的社会主义网络民主政治建设探索与实践，对网络协商民主的有力推进。如果从虚拟社会管理角度出发，20年的网络协商民主实践大致分为以下三个阶段，而每一个阶段都有它的典型。

一、网络新公共领域的出现：中国互联网早期的强国论坛、新华社区

1. 强国论坛的诞生

1999年5月9日，在一个十几平方米的房间里，五六个年轻人面对两个机位，开通了一个"强烈抗议北约暴行BBS论坛"。窗外不远，能望见人民日报社白色的大门。它很快成为一个超级论坛，一个超

级笔会,一个网络新公共领域。这里群集着电脑时代的异次元空间客,他们互称网友——有一台386以上的电脑,一部市内电话,一只400元钱左右的"猫"(Modem),花200元钱到市内长话局注册。在短短一个月的时间里,共有分布在世界各地的十万人,不舍昼夜地在里面游行、集会、抗议、讨论,畅所欲言。每个人的声音都一样的响亮,每一种呼声都立刻得到了响应。抗议之声响彻了世界。6月19日,这个抗议论坛更名为强国论坛,并成为网友对世界大事、国家大事发表看法的重要场所。这件事被选为1999年传统媒体网上发展的十件大事之一。目前作为国内互联网新闻事业中知名度最高的互动栏目,强国论坛被誉为"最著名的官方论坛""中华第一坛"等①。

作为大型综合性网络互动社区,创建于2002年12月的强国社区以强国论坛为核心。其现有强国、反腐倡廉、两岸、海外广角、经济、科教、法治、三农、军事、国际、体育、读书、健康、旅游、汽车、情感、女性、传媒、文化、家电、影视、音乐、贴图、理论、先锋论坛等近30个论坛,并先后开通了网摘、辩论、掘客、E政广场、人民微博、人民聊吧等频道,目前注册用户数已超过230万。

2. 新华论坛的创办

新华网为国家通讯社——新华社主办的综合性新闻信息服务门户网站,同时,它也是中国最具影响力的网络媒体和具备了全球影响力的中文网站之一。继人民网创办了强国论坛后,2001年2月28日,"发展论坛"与"统一论坛"在新华网正式推出。经快速发展,两年后,新华论坛就已经开设了包括"百姓生活""城市论坛""网友俱乐

---

① 刘荣:《强国论坛与第四媒体的发言权》,人民网强国社区,http://www2. qglt. cn/fuwu/mt/mt - 1/003. html。

部""摄影贴图""娱乐游戏"等在内的 7 个论坛。截至 2016 年 8 月,新华网的新华社区中已经开设论坛 22 个,涉及时政、国际、财经、军事、反腐、传媒、教育、文化、科技等各个领域,论坛定期或不定期地邀请各级领导、专家学者、权威人士、知名人士以及热心网友进行实时在线交流,使得新华论坛既成为第一时间传播中央指示精神和国家政策法规的网上权威通道,也成为反映百姓呼声、汇集民间智慧、集中群众反映的敞亮便捷窗口,同时,亦成为社会各界探讨热点议题、焦点问题的自由开放交流沟通平台。

从门户网站刚刚在中国兴起的 1999 年到如今,强国论坛、新华网发展论坛等的发展之路清晰地告诉我们,其长盛不衰的几个关键点在于:第一,由最具影响力的传统官方媒体主导的第一次触网行动,为民众提供了一个前所未有的、全新的网络表达平台;第二,特殊事件和中介性社会事项等所激发的强烈的、持续的表达愿望;第三,鲜明的时政属性;第四,草根化诉求;第五,互动性;第六,较和谐理性的表达环境。回望当初,特别值得一提的是,强国论坛无论从质到量都无法与现在各类的论坛群、论坛社区相比,且称不上绝对意义上的网络协商民主,但这第一次带有创举性的试水,却为网络新公共领域建设中国民众的网络舆情表达(特别是理性化表达)如何与协商民主接轨,提供了一个前所未有的窗口和样本。

二、政府与媒体联手打造协商民主网络专线

如果说,在互联网进入中国的早期,网络论坛的设置,为广大网民直抒胸臆和阐发观点提供了一个前所未有的渠道,那么,为了更好地体察民情、倾听民意和汇集民智,从中央到地方的各级政府与网络新闻媒体尝试着联合发力,打造了一个个官民沟通交流与协商对话

的民主专线。

1. 人民网"地方领导留言板"

人民网"地方领导留言板"是备受百姓瞩目的民生栏目,也是人民网品牌栏目,被称为"社情民意的集散地、亲民爱民的回音壁"。自2006年开办以来,栏目的影响力就伴随着中国互联网的飞速发展而持续增高。统计结果显示,截至2019年底,各地书记、省长及2800多位市县"一把手"对人民网"地方领导留言板"的网友留言作出了公开回复,全国31个省、市、自治区全部开展人民网网民留言办理工作,留言板开办以来,通过栏目促成解决了包括舆情诉求在内的140多万项民生问题。

同时,网民留言办理备受各级党政机关、各地领导的关注,留言办理已成为各地积极开展网上群众工作的新抓手,26个省、市、自治区就留言办理工作的"时度效"作出硬性规定。截至2020年6月,全国共有山西、安徽、山东、广东、天津、云南、河南、吉林、四川、辽宁、江西、浙江、广西、陕西、湖北、上海、青海、贵州、宁夏、西藏、甘肃、海南等28个省区市建立了一整套回复办理人民网"地方领导留言板"留言的固定工作机制。

目前,该栏目已经获得"中国新闻一等奖"等多个奖项。

2019年9月,"地方领导留言板"升级更名为"领导留言板",正式开放部委领导留言板功能。

2. 广东奥一网"网络问政平台"

广东奥一网"网络问政平台"作为较早由地方门户网站开办的网络平台,是由南方报业传媒集团和《南方都市报》主导,遵循新闻规律和互联网规律,在推动民主建设、沟通官民关系、互联网影响社会生活方面所进行的重大突破。该平台自2006年开始,先后推出了"有话问……"系列、策划与时任总理温家宝网聊,使得地方性网络问政不断向纵深扩展延伸,并取得了实践和理论的双推进。

从社会影响看,奥一网的"网络问政平台"先后获得了第 20 届中国新闻奖一等奖和广东省网络文化精品奖互动平台类一等奖。

3. 辽宁"民心网"

2004 年 5 月 21 日,民心网在辽宁省创立。该网站是按照辽宁省委、省政府的部署,由辽宁省纪委、省监察厅和省政府纠风办创建的地方性网络工作平台。"倾听民声、服务民众、实现民意"为民心网的宗旨。民心网的主要功能定位是公开受理群众举报投诉,提供政策咨询。多年来,民心网坚持"全公开、大互动、总动员"的指导思想,充分调动全省各级政府管理部门、行业部门工作力量,畅通群众诉求渠道,开展纠风、政务公开和软环境建设,积极为人民群众解决了大量的诉求问题。截至 2016 年 5 月,民心网解决群众各类诉求问题 44.3 万件,还利于民达到 22.54 亿元,促进政府的公益性投入则为 31.3 亿元。①

目前,辽宁"民心网"获得了"中国政府网站领先奖""全国地方政府创新奖""中国最具影响力政务网站"等奖项。

2019 年 6 月 6 日,为全面整合各级各类诉求渠道,建立覆盖全省、标准统一、上下联动的政务服务网上咨询投诉体系,民心网已整合并入辽宁省"8890 综合服务平台"。

4. 山东济南"12345 市民服务热线"

2008 年秋,济南市"一人一机"的普通市长热线电话全面升级为济南市"12345 市民服务热线"并开始投入运行。它同时整合了包括

---

① 詹洪陶:《民心网成立十二周年》,民心网,http://www.mxwz.com/center/view.aspx? ID=1937093。

城管、市政、工商、供电等不同部门的38条政务服务热线,统一并称为"12345",经发展,目前已实现了通过电话、短信、市长信箱、微博、微信等多媒体的全方位立体式交流沟通,还开办了外语座席,提供24小时不间断服务,打造了一个不打烊的为民服务平台。截至2016年7月,热线共受理市民各类诉求1400多万件,办结率97%,群众满意率达到98%。①

为了推动社会治理和城市管理精细化,2019年,济南"12345市民服务热线"面向165个街道办事处,全面推广市民服务热线"一单(工作流转单)通达"机制,力求打通城市基层治理"最后一公里",快速响应和解决百姓难事、急事。截至2019年11月末,济南"12345市民服务热线"共为民服务1253.5万件次,其中,包括市民建议、感谢类诉求8.6万件,同比分别增长41%和2.3%,全方位立体化的贴心网络服务务受到群众广泛欢迎。②

还值得一提的是,2013年,经国际标准化组织(ISO)评估,12345热线项目写入ISO年度报告的服务标准化试点项目。2013年末,按照国家标准委的要求,济南"12345市民服务热线"主导制定《政府热线服务规范》的国家标准。"12345,服务找政府"理念正逐步深入人心。

三、移动互联时代的网络政务新标配

近几年,互联网的飞速发展迎来了以微博、微信为代表的新媒体时代,而移动互联技术对手机上网日益强大的支持,也使得移动互联

---

① 高昌洁、陈洋、马海政:《济南12345市民热线:一根电话线 一座连心桥》,齐鲁网,http://news.iqilu.com/shandong/yuanchuang/2016/0715/2905742.shtml。

② 王志、萧海川:《济南:市民服务热线打通城市基层治理最后一公里》,新华网山东频道,http://www.sd.xinhuanet.com/news/2019-12/10/c_1125327585.htm。

社会大有替代互联网社会之势。同时,为了实现精简、高效、公平、廉洁的政府管理运行模式,向社会全方位地提供规范、优质、透明、符合国际水准的网上政府管理与服务,我国的网络政务管理与服务逐步向新媒体政务过渡,形成了官方微博(微博政务群)、微信公众号以及客户端(政务头条号等)为核心的"三驾马车"式新媒体政务标准配置。特别值得称道的是,经过几年建设,政务微博立足新浪微博平台,完善政务公开,提供全方位服务,努力实现政民协商沟通零距离,积极抢占舆论制高点,使得其影响力不断扩大,也推动了网络协商民主的进一步发展。

据人民网舆情监测室提供的最新统计数据,截至 2016 年 6 月底,经过新浪微博平台认证的政务微博达 159320 个,较 2015 年末增加了 6930 个。统计数据显示,其中政务机构微博达 120920 个,新增加 6214 个,公务人员微博达到 38400 个,新增了 716 个。这显示出政务微博的"国家队"正在不断扩容增编。比如,2016 年第一季度,"@海关发布""@中国禁毒"这两个部委级微博正式开通,第二季度,则有"@公安部儿童失踪信息紧急发布平台"上线服务。2016 年上半年,中央机构微博共有 15 个账号入围政务微博百强榜,越来越多的网友为"国家队"的表现点赞。同时,政务微博积极推进网络政务公开建设,通过视频直播等新型多媒体手段为民众监督创造条件;政务微博服务功能更加完善和强化,这些举措获得了网民的肯定;在促进政务公开、回应社会关切、达成社会共识和促进网络舆论引导等方面,这些政务微博均发挥了至关重要的作用。①

---

① 人民网舆情监测室:《2016 年上半年人民日报·政务指数微博影响力报告》,http://yuqing.people.com.cn/NMediaFile/2016/0804/MAIN201608041302000017647350845.pdf。

当然,以政务微博为代表的中央队表现出色,地方队在政务新媒体建设、积极打造地方品牌、促进网络协商民主向纵深发展方面也毫不逊色。以各个地方建设政务微博矩阵为例,在被称为政务微博元年的 2011 年末,北京、上海、广州等重要城市,先后建立了"北京发布""上海发布""中国广州发布"等官方微博群,截至 2016 年 8 月,他们发布微博均接近 4 万条,拥有粉丝数量分别达到了 777 万、596 万和 439 万。

伴随着互联网技术的急速发展,传统的交流和互动方式继续发生着巨变,继微博客之后,微信在短短几年内崛起,很快成为重要的网络沟通工具。虽然有研究显示,我们的政务微信公众号平台建设尚无法与政务微博相比,但一些亮点依然不可忽视。例如,2016 年 1 月,腾讯发布了《2015 年度全国政务新媒体报告》,报告显示,2015 年政务公众号的阅读数突破"10 万 +"已经成为常态。目前政务双微正加快融合的步伐,平台矩阵已经成为政务新媒体的发展趋势。① 再例如,贵州省政府办公厅微信公众平台作为全国省级政府办公厅中第一家上线运行的微信公众平台,经过两年多建设,到 2016 年 3 月 22 日,该微信公众号开设了"省政府一周政策""大数据进行时""图说贵州""扶贫在线""便民百科""特别荐读"等栏目,累计发帖达到 661 次,发帖总数超过了 2600 条,配发图片超过 3000 张,而用户总数突破 10 万,达到了 10.9 万。②

再看新闻客户端的发展状况。当前,虽然腾讯新闻、搜狐新闻、

---

① 黄巧:《中国政务微信公众号数量已突破 10 万》,中国新闻网,http://www.chinanews.com/cj/2016/01 - 18/7721824. shtml。
② 赵静:《贵州省政府办公厅微信公众平台用户总数破 10 万》,人民网,http://gz. people. com. cn/n2/2016/0323/c222152 - 27992904. html。

今日头条、网易新闻和凤凰新闻,分列位列中国移动新闻资讯应用(APP)市场行业活跃用户规模的前五位,但作为传统官方媒体的领头羊,《人民日报》、新华社发布等的表现仍然可圈可点。特别是目前,他们正利用自身长期积累的内容建设优势,努力获得在未来移动新闻资讯应用市场中的新突破。① 2016 年数据显示,在传统媒体的新闻客户端中,新华社、《人民日报》、央视新闻的下载数据均接近或超过亿级规模,澎湃、浙江新闻的下载数据量则达到了数千万。②

第三节　理论研究梳理

人类实践发展的无止境,决定了认识发展的无止境。同时,实践是认识的目的。认识必须满足实践的需要,为实践服务。正是这种无止境,使得我们在源于希腊语"人民"一词的基础上,从民主就是人民的统治③这一最初的认知开始,从未停止过对协商民主的学理认识和理论建构,且在当前的社会实践过程中,依然在推动网络协商民主理论研究的新发展。当然,面对数千年来的研究成果,基于本研究的需要,我们还是要围绕网络协商民主这个横剖面来进行梳理和分析。

---

① 易观智库:《易观发布 2015 新闻客户端发展状况研究报告》,人民网,http://yjy.people.com.cn/n/2015/0817/c245079 – 27474883.html。

② 范晓:《九成用户只看一个新闻 APP》,《北京日报》2016 年 2 月 24 日。

③ [英]迈克尔·曼主编,袁亚愚等译:《国际社会学百科全书》,四川人民出版社 1989 年版,第 149 页。

一、国外的相关研究

当今西方政治思想界的一些领军人物,表明了对协商民主的倡导与支持态度,包括美国政治哲学家约翰·罗尔斯、英国社会政治理论家安东尼·吉登斯、德国思想领袖于根·哈贝马斯等人,这里我们重点介绍哈贝马斯。他对"公共领域""共识论""对话"关系的系统思考和阐释,极大地启发和推动了针对协商民主(包括网络协商民主在内)的后续研究。

例如,在探讨"共识论"时,哈贝马斯认为,协商民主的过程也即共识形成的过程,也就是民主的过程,这被迈克尔·曼视为法理发生学。哈贝马斯强调,正是由于基本原则的差异,这一过程便会产生各种各样的可能,同化共识、交叠共识、协商共识是其中典型的三种方式。在这三种共识方式中,哈贝马斯更加推崇的是协商共识,即"相对于各自的自我解释和世界观,每一方都参照一个共同接受的道德视角,在话语的均衡状态(和互相学习)的条件下,这种道德视角要求各种视角不断地消解自己的中心地位"①。

托夫勒有两本代表作,一本是《创造一个新的文明:第三次浪潮的政治》,另一部则是《力量转移——临近21世纪时的知识、财富和暴力》。他在其中分别探讨了未来信息时代政府体制应该实行的原则,提出信息时代的未来政治(政府体制)将实现"少数派权力""半直接民主""决策分工"这三条原则,且在"21世纪民主"中,受教育的公民可以通过使用电脑、电话、卫星、电缆、电子投票技术及其他工具,

---

① 高建、佟德志主编:《协商民主》,天津人民出版社2010年版,导论。

达到其所预言的"直接民主"。①

奈斯比特夫妇从对中国伟大社会实践的研究出发,在《中国大趋势:新社会的八大支柱》中提出,当前,中国政府自上而下的指令与中国人民自下而上的参与,正在形成一种新的政治模式,这可称之为"纵向民主",支撑中国新社会长治久安最重要、最微妙也是最关键的支柱就是自上而下(top-down)与自下而上(bottom-up)的力量的平衡,这也是理解中国独特的政治理念的关键。作者注意到,在"纵向民主"推进过程中,中国正利用包括网络在内的不同渠道了解和考虑民众的意见,并将之纳入决策。②

泰普斯科特在 20 世纪末就曾借讨论网络时代的新新人类——"新世代"的数字化成长,预言在即将到来的 21 世纪,就在资讯的流动变得日趋民主化的当口,权力扩散的模式开始发生质变,网络化智慧的年代(Age of Networked Intelligence)带来了新的权力及自由。这包括公开的讨论、立即反馈和回应、追根溯源、仔细筛选以及互动,也就是一种互动式民主。③

如果说,哈贝马斯对"公共领域"的系统探讨,是学界后续研究的极其重要的理论基础,托夫勒、泰普斯科特的著述多少带有大胆的预言的特质,奈斯比特夫妇的观点则侧重于对中国社会的全面观察前提下的整体趋势分析,那么,社会学家卡斯特和法学家桑斯坦的相关成果,却将相关研究带向了新高度,并深深地启发了后来者。

先看曼纽尔·卡斯特,其以社会学家深邃的思考、敏锐的触角及

---

① 赵春丽:《网络民主发展研究》,经济科学出版社 2011 年版,第 10 - 11 页。
② [美]约翰·奈斯比特、[德]多丽丝·奈斯比特著,魏平译:《中国大趋势:新社会的八大支柱》,中华工商联合出版社 2009 年版,第 39、45 页。
③ [美]唐·泰普斯科特著,陈晓开、袁世佩译:《数字化成长:网络世代的生活主张》,东北财经大学出版社 2003 年版,第 413 - 417 页。

批判的眼光,通过《网络社会的崛起》《认同的力量》和《千年终结》网络研究三部曲,对全球信息化时代进行了系统化探讨。在谈论网络民主过程时,他一针见血地指出了挑战网络社会组织原则、对抗技术崇拜、流动权力与市场逻辑的"自主性认同"形式的存在,也就是那种非理性的、不妥协的"抵抗性认同"共同体的存在,他们是以"我们是谁"对抗不属于集体一分子的那些个人。于是,这些人崇尚的是外在于社会的制度与价值,即他们组织成为各种共同体,人们相互隔离,被抑制和片段化在其自我存在及意识中,宁为残垣断片而非互动、转化与重建,结果,在这样的网络社会中,常常转化为日常无意义的暴力。①

再来看凯斯·桑斯坦的研究,他的分析乍一看颇得古斯塔夫·勒庞的真传,但深入内部,研究更多放眼当下,始终围绕着互联网社会展开,尤其对网络谈论为什么充斥着极端与极化的分析,真可谓鞭辟入里。作者强调,群体与社会的自我区隔、从众心理、社会流瀑效应、群体思维、服从权威意识等,都成为群体走向极端的推手,这些社会心理的存在,使得互联网好似一个巨大的回音室或信息茧房,里面充斥了各类志趣相投的人们组成的小群体,这些回音室或信息茧房,很可能成为极端思想与活动的温床。② 桑斯坦对网络群体极化人群的系统分析,对我们准确把握网络民主与网络民粹、网络表达与网络极端性表达之间的关系不无裨益。

网络的迅速兴起也促进了网络政治学研究的新发展。从 20 世纪

---

① [美]曼纽尔·卡斯特著,夏铸九、黄慧琦译:《千年终结》,社会科学文献出版社 2006 年版,第 334－335 页。

② [美]凯斯·R.桑斯坦著,尹宏毅、郭彬彬译:《极端的人群:群体行为的心理学》,新华出版社 2010 年版,目录。

末开始,一些学者陆续发表了相关研究成果。

美国的格罗斯曼在 1996 年出版的《电子共和国:信息时代重塑美国民主》中提出了"电子共和国"概念。书中认为,在线公民可以施加自古代雅典民主以来的最为直接的统治权力。

布朗宁于 1996 年出版了《电子民主:运用因特网改革美国政治》,其在书中专门研究了电子民主对美国的影响,坚信网络将为全球的民主提供有效途径。

其他代表性研究,包括美国的维尼·拉什在 1997 年出版的《网络政治学:互联网对政治过程的影响》,大卫·霍莫斯于一年后出版的《虚拟政治学:网络空间的认同与社群》,希尔和休斯同样于 1998 年出版的《网络政治学:互联网时代的公民激进主义:人民、激情和权力》,达顿在 1999 年出版的《在线社会:数字化时代的信息政治》等。①这些研究均涉及互联网时代网络民主政治诸问题,网络民主研究热度开始显现。

英国的查德威克通过对社区网络、在线政治社区,以及政府通过网络将市民建议纳入政策制定的案例的考察,讨论了电子民主,也就是互联网在提升社区凝聚力、政治协商和政治参与中的作用。他认为,互联网鼓励各种交杂性,使得电子民主得到加强,但某些情况下也会动摇现存的政治秩序,故在电子民主活动与正式制度空间的政策制定之间,仍有联系的缺失,这应是未来需努力(解决)的方向。②这一研究,既肯定了电子民主对民主协商和政治参与的积极推动作用,同时也提出了发展中的有序性问题。

---

① 赵春丽:《网络民主发展研究》,经济科学出版社 2011 年版,第 11 - 12 页。
② [英]安德鲁·查德威克著,任孟山译:《互联网政治学:国家、公民与新传播技术》,华夏出版社 2010 年版,第 109 - 149 页。

二、国内的相关研究

由于网络民主是伴随着互联网技术特别是移动互联网技术发展而产生的一种前所未有的民主形式，而我们的网络民主有着自己的特殊发展轨迹和鲜明的本土特色，因此，这一研究在中国尚处于起步阶段，不过，学界的持续关注，依然推动了相关领域的研究进程。

1. 对网络民主相关问题的宏观论述

查阅文献，刘文富是国内较早开始从事网络社会与国家治理研究的学者。他认为，随着信息技术和因特网的不断发展，形成了网络空间和网络社会，出现了虚拟空间的政治现象——虚拟政治。网络社会和虚拟政治必然对现实政治生活中的国家主权、政治体制、政府管理、政治文化等方面产生重大的影响。这种影响又是相互的，现实政治中的政府权力等必然反作用于网络社会，从而产生新的国家治理范式。其中，网络社会的权力转移、电子政府、电子政务和网络社会的电子民主都会出现和发展。①

李永刚基于吴介民等提出的"公共修辞"②的观点，提出了以民主协商为价值取向，建立起信心与耐心：政府与社会的交互理解；美德与责任：走向宽容政治等两个实现网络社会良政善治的路径。他在提出第二点解决之路时强调，抱怨与无为都不能解决问题，美德公民

---

① 刘文富：《网络政治——网络社会与国家治理》，商务印书馆 2002 年版，导论。
② 注：吴介民认为，所谓公共修辞，乃是指向一个具有集体性质的情理辩证的社会过程。通过唤起共通感受，将分属不同社会场域的人情与事理联系起来。公私利益的调解，本质上就是情理的辩证。一个公共对话的场域，既需要基于情感召唤，也需要基于说理论辩的说理信任。一个好的修辞人，需要在这两种信任场域之间，借由感同身受的体会与理解，让各方的利害冲突通过公共说理的过程来折中调解，导向一个寻求共识的社会心理状态。一个社会改革者的成败关键，就是有无能力在这些利害空间的接壤地带，传递共通感受，并且不断地扩大深耕。

和责任政府的合作,才是化解怨恨达致宽容政治的正途。因为这样做,旨在克服"原子"状态的公民美德,同时也可以规范公权边界的政府责任。①

郭小安在《网络民主的可能及限度》一书中,站在了政治传播的视角,横跨政治学和传播学,既力求对媒介与民主的一般理论进行追溯和总结,又试图从民主与新闻媒介的现实与困境中找寻网络民主兴起的背景,当然也从网络民主可能的效度与信度出发,去发现网络民主的最终出路,这一研究注重了研究的跨学科性和时间跨度,力图找寻符合网络协商民主发展的、人类社会所共有的一般规律,无疑为我们的后续研究提供了一个新颖的维度。②

赵春丽的研究,则着眼于对前人理论特别是对大量的西方协商民主理论进行梳理和对发展现状进行分析,在总结前人的基础上,提出了立足本国实际,根据自身特性选择网络发展民主政治的具体形式,合理开发民主功能;推进现实政治的民主化进程,为网络民主发展营造宽容的政治氛围;积极借鉴他者经验,推动社会主义民主政治进程等发展思路。同时,作者也提出了逐步消弭数字鸿沟、完善电子政府、提高网络公民素质、实现法律和道德兼顾、优化政治与文化生态等具体对策。③

沈宝祥认为,互联网深刻改变了政治生态环境,从而为民主政治发展提供了全新的方式和渠道,使网络民主成为社会主义民主的有机组成部分。

---

① 李永刚:《我们的防火墙——网络时代的表达与监管》,广西师范大学出版社 2009 年版,第 232 - 241 页。
② 郭小安:《网络民主的可能及限度》,中国社会科学出版社 2011 年版,导论。
③ 赵春丽:《网络民主发展研究》,经济科学出版社 2011 年版,第 16 - 17 页。

刘小冰等则强调,发展网络民主,要加强政府治理和法律调控,要发展电子政府,还要将公民参与纳入制度化渠道中,要不断强化对网络空间的道德和法律的治理。①

韩志明从社会管理视角出发,认为社会的多元化趋势,特别是网络化社会的到来,使得行政话语开始形成多元化对话的话语模式。行政话语也将逐步从政府独白的话语模式向多元主体对话的话语模式转化,即转向建立在协商民主价值观之上的,理性、平等、弹性、妥协的话语体系。而这一转向来自四个刺激源:一是中国社会民主政治发展的内在要求;二是社会权力格局调整的必然结果;三是网络技术介入社会生活的激发;四是公民智识和能力发展的衍生物。②

针对新媒体中公共领域存在的可能性问题,胡泳自问自答,他提出,应该有这个存在的可能。在数字媒体时代,哈贝马斯所述的公共领域概念为媒体在民主社会中扮演的角色提供了分析手段,只不过哈贝马斯的概念需要重塑,以便使其更加符合网络社会的跨时空交往。而且,互联网要作为公共领域存在,需要符合网络社区归属感、保持平等、鼓励慎议、培育良好的公共话语等几项原则。③

孙光宁等强调,作为民主在信息时代的表现形式和发展阶段,网络民主本身具有重要的政治价值和社会价值,政治学理论需要进行相关研究,推动民主政治实践发展也需要相关研究,更何况,中国的网络民主发展有着自身的特殊性和发展趋势,因此,在研究中要特别关注网络民主的中国本土化特色,对中国特色网络民主的表达样式

---

① 参见赵春丽《网络民主发展研究》,经济科学出版社 2011 年版,第 266 - 300 页。
② 韩志明:《从"独白"走向"对话"——网络时代行政话语模式的转向》,《东南学术》2012 年第 5 期。
③ 胡泳:《网络政治:当代中国社会与传媒的行动选择》,国家行政学院出版社 2014 年版,第 66 - 69 页。

以及规律进行系统研究。①

2.从微观视角切入研究网络协商民主相关问题

陈剩勇等是较早地深入中国各类网络公共论坛(BBS),观察分析特殊网络空间中民众政治参与和表达对网络协商民主推动和影响的学者。他提出,互联网公共论坛作为一种源于新传播技术的参与形式,打破了时间、空间的限制,增加了公民全面政治参与及公民和政府间直接沟通的可能性。随着中国社会网络化进程的加快,民众越来越多地借助互联网获取政治信息,通过网络公共论坛(BBS)及时明确地表达自己的政治意愿,积极与政府发生互动。网络公共论坛中的政治参与在"近似地"实践着协商性民主的理想,这充分体现民主的价值与精神。虽然互联网公共论坛仍有待规范,但这种政治参与方式在推动公民政治参与的广度、促进社会秩序的稳定和政府决策优化等方面,无疑具有正面作用。②

张雷等通过对网络政治动员这一特殊政治动员形式的研究,认为网络政治动员是错综复杂的,既能促进政治参与的广度、深度及效度,也会对国家的政治稳定构成威胁,还可能为一国干涉他国内政提供最便捷的政治传播技术平台。故国家一方面要利用网络技术实现民主政治的充分参与性,积极回应网民合理的政治诉求,引领积极的网络政治动员;另一方面也要采取积极的"制动"手段,依法采取有效措施,瓦解破坏性和颠覆性的网络政治动员。③

刘少杰等通过对2012—2013年度、2013—2014年度舆情热点事

---

① 孙光宁等:《网络民主在中国:互联网政治的表现形式与发展趋势》,知识产权出版社2015年版,前言。

② 陈剩勇、杜洁:《互联网公共论坛:政治参与和协商民主的兴起》,《浙江大学学报》(人文社会科学版)2005年第3期。

③ 张雷、刘曙光:《论网络政治动员》,《东北大学学报》(社会科学版)2008年第2期。

件分析，看到了从"网络公共空间"到"网络公共领域"可以达成的前景，即从公众维度看，就是经网络"共有"这一基本认识走向可以实现公众参与、公众讨论、平等对话的"多元协商"。从管理者维度考量，网络舆论的兴起将促使公共权力更加面对、重视和回应公众的信息与愿望。这体现了协商民主理论与网络社会发展现实的很大的契合度。①

一些学者的关注点在于具有突发性和群体性特质的网络事件，其使用的则是协商民主理论工具，落脚点在于实现多元化的协商治理。例如，倪明胜认为，网络公共事件的倒逼力量，正深刻改变着传统的权力关系结构、民众与国家（政府）间的互动交往模式。这类事件既有益于事实真相的澄清与正义公平的彰显，也极易诱发网络舆论危机和舆情风险。深刻把握网络公共事件的运作机理和媒介生态，认真考量政府、网络与民众间的关系，积极构建包括网络协商对话机制在内的多元化协同治理框架，就显得尤为重要。② 再例如，许敏提出，从根本上消减网络群体性事件的负面影响，须以"协商民主"为理论工具，实现网络群体性事件中的协商治理，包括减除风险过程中的利益表达与协商式吸纳、舆情监测过程中的网络回应与协商式疏导、危机处理过程中的应急决策与协商式联动三种主要协商治理模式。③

---

① 刘少杰主编：《中国网络社会研究报告（2014）》，中国人民大学出版社 2014 年版，第170－171 页；刘少杰主编：《中国网络社会研究报告（2015）》，中国人民大学出版社 2015 年版，第 28 页。

② 倪明胜：《网络公共事件：研究维度、舆情生态与治理机制》，《中共天津市委党校学报》2013 年第 4 期。

③ 许敏：《基于协商民主的网络群体性事件治理研究》，上海交通大学出版社 2015 年版，前言。

3.对影响网络民主的民粹主义、网络技术霸权等的专题分析

近几年,各种社会思潮借助网络平台现象频现。特别是网络群体极化、网络民粹主义、网络民族主义等网络集体心理和非理性心理,更成为许多网络热点事件的幕后推手,从而引发学界的关注,也激起有关网络民主与网络民粹、网络极化关系的讨论。例如,方付建认为,网络民主与网络民族主义并不是一个近义词,他以1999年以来包含了网络民族主义内容的网络事件为研究样本,通过分析这类事件的诱发因素、特殊指向、表达方式与载体,来分析正负两方面影响,指出网络民族主义并非网络民主,其中既有理性与反思性,更包含了冲突、分裂,甚至有诱发现实社会运动的一面。① 再例如,张孝廷等强调,网络时代的同质性网民群聚在一起,容易产生集群效应。即便他们在拓展舆情表达与沟通和政治决策等方面有助于推动政党政治的发展,但其所表现出的非理性、群体极化与民粹主义等特性,又对政党治理造成了一定的危机与风险。为此,党和政府应坚持正确的舆情导向,建立健全与完善网络舆情机制和网络民主协商机制,以规避执政的风险。② 王琳等则提出,民粹主义不是马克思主义,对"网络民主"发展十分有害。因为,网络中的民粹主义主张无原则的群众至上(即民意至上),这种理论"脱离实际"且仇视"精英治理",因此,它的存在,一方面模糊了人的思想,很容易与马克思主义的一些基本观念相混淆;另一方面,其表面上的基本精神是为维护百姓利益而反对权威,实质却是宣扬无政府主义。再者,由于真理有时候掌握在少数人

---

① 方付建:《网络民族主义发展轨迹研究——基于事件的考察》,转引自张昆主编《网络民主与社会管理创新高层论坛》(第一卷),华中科技大学出版社2014年版,第96-104页。

② 张孝廷、赵宬斐:《网络集群效应下的执政风险及其规避》,《宁夏大学学报》(人文社会科学版)2012年第4期。

手中,所以,民粹主义奉行的"公意至上",并不一定符合科学理性意义与原则,民粹主义宣扬的仇视情绪和主张采取极端与暴力手段等,实际上与社会文明、进步与发展的主基调相背离。①

娄成武等注意到了网络技术霸权对网络民主的影响。他提出,那种认为借助网络技术可以创造一个民众充分参与的高度民主社会的观点显得过于乐观。因为,网络技术的国家垄断性、网络民主投票的可操纵性、网络民主的不平衡性等方面,都可能使得网络技术对民主产生负面影响。② 蔡翠红则几乎在同时间提出,"新技术权贵"有可能利用其垄断的信息资源影响大众,进而操控群众,出现"信息精英统治"。正如美国著名学者霍洛维茨所指出的:"国民中的一小部分尖端人物有能力掌握新的信息系统,从而成为民主社会的权势集团,而对新技术仍然感到神秘的其他所有阶层的人,则降为电子计算机文化中的庶民……硬件和软件的分配不均会给民主社会造成特殊问题。"③面对近两年大数据的迅猛发展势头,孙光宁等也持类似的看法,提出大数据时代有可能造就数据霸权,使得网络民主的真实声音被压制。④

4. 对网络舆情表达与网络协商民主关系的初步探讨

从文献来看,有关网络舆情与网络协商民主关系的探讨相对不多,且尚未形成系统化论述,主要包括了叶国平在《舆情视角下的协商民主建设》中提出,互联网是各种信息资源获取的交流平台与渠道,它具有开放性、及时性、多元性、互动性等特点。这些特点与协商

---

① 王琳、杨永志:《"网络民主"发展与民粹主义倾向》,《理论与现代化》2014 年第 5 期。
② 娄成武、张雷:《质疑网络民主的现实性》,《政治学研究》2003 年第 3 期。
③ 蔡翠红:《信息网络与国际政治》,学林出版社 2003 年版,第 35 页。
④ 孙光宁等:《网络民主在中国:互联网政治的表现形式与发展趋势》,知识产权出版社2015 年版,第 29 页。

民主有着天然的耦合,故其具有把协商民主理念转化成实践的极大的可能性。制度化的网络舆情表达正成为参与协商的新渠道,而网络协商民主极大扩展了民众政治参与的公共空间,深化了舆情表达的深度与广度。① 郭鹏则提出,网络民意表达与协商民主应该是一种受法律保障的、常态化的、贯穿决策全过程的评判方与吸纳方之间的对接关系。实现网络民意(表达)与公共政策的常态对接有着重要意义。这种常态对接,不仅能够扩大民众在政治生活当中的话语权,疏导社会不良情绪,而且有助于提升公共政策的科学化水平,建构包容、理性、协商的政治文化,即通过公共政策具体案例的反复实践,打通政府、知识精英、网民三者间交流沟通的互动渠道,共建彼此包容、理性思考、协商讨论的协商民主政治文化。② 万旋傲等则通过对2003—2013 年6000 余件舆情热点事件进行简单随机抽样,分析发现了突发事件中网络舆情表达传播与包括网络回应、网络协商、公共政策推进在内的相关公共政策变动之间,有着一定的影响与被影响的关系。这说明互联网的发展,使网络舆情表达和网络舆论正演变为公民影响政治生活的重要路径,使得民意时常输送到政府决策部门,并影响政策议程,促进和推动了相关立法或政策的制定与修改。③

　　综观上述,无论是理论大家的经典论述,还是学界后续的创新探索,不管是西方学界的系统化探讨,还是我国学者的本土化拓展,前人的大量研究成果为接续探究提供了丰富的理论养料和应用实例,为深化研究打下了良好的基础。

------

① 叶国平主编:《舆情视角下的协商民主建设》,天津社会科学院出版社 2015 年版,第105 页。

② 郭鹏:《网络民意与公共政策的常态对接分析》,《社科纵横》2014 年第 10 期。

③ 万旋傲、谢耘耕:《网络舆情传播对公共政策的影响研究》,《编辑之友》2015 年第 8 期。

不过,梳理和总结文献也同时发现,以往相关研究中常常存在三种偏好。一种是比较尊崇西方理论范式和实践经验,将大量的西方相关理论、概念、模型等移植过来,解释和分析中国的相关问题。一种是偏重学理分析,整个研究并不更多涉及规律探索和微观实例,使得研究常常因流于宏观抽象和泛泛之谈而现实操作性不强。还有一种研究采取只强调问题的非建构导向。在这类研究中,网络协商民主并非作为一个具有建设性意义的制度性安排,或者是事前的常态化运行机制而存在,而是成为解决网络舆情突发热点事件、网络群体动员,包括网络民粹、网络极化在内的网络非理性表达等网络问题的一个事后选项。再加上时代的巨变,社会的变迁,网络的日新月异,技术的急速升级,这些都为我们在今后的研究中具有审视和发展的眼光,不拘泥于前人窠臼,特别是不照搬西方学术话语,不依循现实社会民主研究套路,尊重中国社会特别是中国网络社会发展现实,打破学科界限,由现实中提炼理论,从模型中找到路径,经案例中探索经验,推动中国语境下的协商民主研究的时效性与应用性预留了空间。

第四节　主要研究视角、创新点与研究方法

如果说,中国的"网络协商民主"是协商民主的新形式,基于这一新形式所进行的网络协商民主研究确实是一个刚刚起步的研究领域,那么,通过探索网络协商民主与舆情诉求表达、网络协商民主工作机制和舆情合理性表达机制之间的关系,尝试最终可找到包含了舆情合理性表达的网络协商民主建设的客观有效和可操作化路径,

则是以往研究中很少涉及的内容。

一、本书的研究视角：网络舆情视角

基于网络舆情视角进行研究是本书的研究特色。诚然，协商民主研究是政治学中的重要研究领域，且舆情研究大量借鉴了政治学以及社会学、社会心理学、新闻传播学、舆论学、管理学等传统学科的研究成果。但舆情研究与上述学科及其研究领域有着显著的分野，舆情研究的核心始终是在中国的语境下，通过揭示民众针对社会事务的、尤其是带有政治指向性的，情绪、认知、愿望、评价、意见、建议、态度等发生、发展与结束（残留或再起）规律，汇集、分析和研判有关民众的社会政治态度的有用信息，为党和政府的科学民主决策服务。而本研究的重点恰恰是探求分析网络舆情合理性表达与协商民主的关系，这就绝不能绕开舆情研究这一重要方面。即便研究所涉及的是网络舆情，网络舆情的承载空间不同于现实舆情，但网络舆情的研究核心与舆情的研究核心相比依然没有本质的变化，只不过主体变成了网民，载体变成了各种网络媒体。

因此，本书并非只针对网络协商民主的概念、要素、特征、功能、运行原理、现状、问题等进行研究，或者说仅仅将舆情作为网络协商民主过程中的一个理应面对和观照的方面，而是从网络舆情视角出发，将网络舆情诉求表达与网络舆情合理性表达相区分，将舆情合理性表达机制作为一个独立的、可以形成环路的运行机制来进行系统化研究。同时，考察民众合理性诉求表达机制如何通过网络协商民主这一更大的系统，进入包括网络空间、现实空间中的决策程序，最终实现整个民意——决策大系统的畅行与通达。

二、本书的四个主要创新点

简言之,本书的创新点主要包括以下四个方面。

(一)厘清网络舆情表达与网络舆情合理性表达、网络协商民主与网络协商民主工作机制的概念异同

厘清核心概念有助于对本书的整体把握。而我们的探讨涉及两对相关概念。

第一对概念:网络舆情表达和网络舆情合理性表达。

"网络舆情表达",即指在互联网空间下,广大网民将与利益相关联的情绪、意见、主张、愿望以及要求,采取各种网络信息传输的方式,通过各种网络渠道表示出来的过程。这其中,既可能包括合理合法和与之相反的表露方式,又可能通过常规及非常规渠道进行。

"网络舆情合理性表达",则是指在互联网空间下,网民将与之利益相关联的情绪、意见、愿望、主张和要求,采取理性和积极的态度,由各种合法和常规网络渠道,通过各种网络信息传输方式表示出来的过程。

分析两个概念的相同点。第一,因为诉求是包含了情绪、认知、态度以及行为倾向在内的精神现象,因此诉求表达主要包括将民众的情绪、认知和态度倾向等心理活动显露出来的一种行为,在其行为背后同样包含着民众的根本利益。因此,可以这样说,两者都主要包括在网络上被表露出来的那部分舆情——"显舆情"。第二,二者都必须依托各种新媒体形式下的网络信息载体。第三,二者都必须借助各种网络传输管道。

再比较两个概念的差异。第一,网络舆情表达涵盖了网络舆情合理性表达。或者说,网络舆情合理性表达是网络舆情表达的重要

基础和主要组成部分。第二,网络舆情合理性表达一般与法律法规、道德理性等外在和内在强制力相联系,因此,其表达结果更加可期、可测、可控。而网络舆情表达因并非完全采用合理合法的表露方式和常规表达渠道,因此,其表达结果可能更加难以预料。第三,网络舆情表达中包含有非理性、体制外部分,这部分表达所占比例并不高,却常因无序和极端,而不能被纳入网络协商民主制度内。反之,网络舆情合理性表达的理性、有序,使得其可以实现与协商民主制度的有效衔接,同时实现与协商民主工作过程的有机对应,并最终对制度建构与公共政策产生良性影响。

第二对概念:网络协商民主和网络协商民主工作机制。

网络协商民主,就是指基于党的网络群众路线所制定的相关方针政策和操作措施,即在网络空间中开展的,在决策之前和决策实施之中,就经济社会发展重大问题和涉及群众切身利益的实际问题,所进行理性讨论、平等对话、反复交流等广泛协商以及制度安排。网络协商民主既是人民民主的重要形式,也是重要的民主制度。

网络协商民主工作机制,就是指根据网络协商民主在党的群众路线和国家决策中的地位与功能,依照网络协商民主建设的特殊规律,通过直接和间接从事相关工作的机构和个人,利用网站、论坛、博客、微博、微信、新闻客户端、网络直播平台等各种网络传播渠道,采取大数据挖掘、云计算、内容分析、个案分析等研究方法,同时依靠相关制度设置,所形成的舆情信息汇集分析、网络沟通互动、共识实现引导,以及制度保障约束等比较稳定的工作方式。

先分析两个概念的相同之处。第一,产生背景相同。无论是网络协商民主,还是网络协商民主工作机制,都产生于我国当前网络社会疾速发展,以及社会主义民主政治建设过程之中。第二,宗旨和优势相同。都是为了更好地贯彻党的群众路线,也都体现出我国社会主义民主政治的特有形式和独特优势。

再分析两个概念的差异点。二者的不同,主要体现在网络协商民主是针对网络协商民主这一价值理想,所进行的顶层设计和制度安排;网络协商民主工作机制则是围绕着协商民主的工作任务和目标,所形成的相对稳定的运行模式和互动方式。

我们先来看网络协商民主。如果说,社会主义协商民主是社会主义民主政治建设实践中的制度设置安排与民主理论探索,那么,网络协商民主作为社会主义协商民主中新的重要构成,即网络协商民主作为社会主义协商民主大系统中一个重要的子系统,就有着与社会主义协商民主相同的基本属性。只不过,从作用场域上看,网络协商民主是一种移至网络中的现代民主体制。由此推断,作为社会主义协商民主中新生的有机组成部分,网络协商民主不但是社会主义协商民主制度建设和社会主义协商民主理论研究过程中,所涉及的新形态与新领域,更是党领导下的社会主义民主政治建设中的新探索与新选择,故而,网络协商民主本身所具有的明确的理论价值理想和制度设计意涵并没有改变,它的出现和发展,作为一种思想性指南及制度性安排,为网络合理性表达提供了理论依据和平台通道。

进一步看网络协商民主工作机制,其作为相对固定和具体的互动方式和工作流程,更多体现为在中国共产党的领导下,以社会主义民主政治制度为保障,具有中国独特政治优势的,相对稳定的创造性实践与操作性探索。也就是说,相对于具有宏观指导意义的网络协商民主这一制度性安排,网络协商民主工作机制是作为一个中观运行机制存在的。其中,既包含着可以入册、上墙、存档的工作原则、主要任务、服务对象、操作主体、运转流程、制度规范、技术手段等书面化运行要素(例如,详细规定了如何在相关工作中做好网络舆情信息的搜集、研判、调查、编写、上报、反馈等,又比如,具体规定了如何采取各种科学可行的互联网技术手段,在第一时间内获得圆满的交流和沟通效果等),当然,也包含了危机处置中和日常工作中创设的,可知、可感、可视、可行、可控和可调的操作化环节。而且,正因为网络协商民主工作机制的平等对话、多元参与和即时互动等特征,使得它区别于具有宏观指导意义的,体现为政治性、理论化、制度化,特别是带有主导性和推动性特质的网络协商民主,而与舆情合理性表达机制之间,存在着既相互独立又彼此联系的,平等的操作化关系。

(二)从宏观入手,以系统论的观念,分析网络协商民主的地位属性,探讨协商民主、网络协商民主与舆情合理性表达机制的逻辑关系

翻阅前人成果,大多强调网络协商民主仅是协商民主的新形式,而无关制度安排。当立足日益包容开放的政治体制,深入协商民主大系统中,特别是结合网络社会独一无二且愈发重要的社会地位,再看网络协商民主的地位,以及网络协商民主与协商民主的关系,则可以尝试着做出新的思考和阐释。

首先,本书提出,网络协商民主是适应我国网络社会发展新要求的制度化尝试。西方协商民主理论探讨,为包括网络协商民主研究在内的中国的协商民主研究提供了思考视角和理论贡献,这些认识包括:第一,协商民主是一种与民主决策、治理相关联的制度性安排,包括党和政府在内的国家管理者在制度安排和推行中负有主导责任。第二,社会现实的发展和挑战,会触发和带动协商民主理论和制度安排的进一步深化。但是,我们也知道,西方的协商民主理论所涉及的社会环境与中国现实存在着巨大差异,我们并不能将前者奉为圭臬,照单全收。这就使得根植于中国历史土壤和制度环境中的社

会主义协商民主研究成为必然。

习近平同志在十八届三中全会中提出,协商民主是我国社会主义民主政治的特有形式和独特优势,是党的群众路线在政治领域的重要体现。要把推进协商民主广泛多层制度化发展作为政治体制改革的重要内容。强调在党的领导下,以经济社会发展重大问题和涉及群众切身利益的实际问题为内容,在全社会开展广泛协商,坚持协商于决策之前和决策实施之中。① 上述论断,一方面揭示出中国共产党领导下的协商民主是具有独特的政治优势和制度优势的协商民主,另一方面,也强调了中国的协商民主就是基于人民民主的开放包容和与时俱进的协商民主,它的发展性体现在广泛多层制度化的建设中。考察当今实景,网络协商民主正是国家管理者适应网络社会崛起的需要,发挥独特政治优势,推动网络人民民主的制度化尝试和探索。

因此,无论从常识上判断还是理论上分析,网络协商民主都不仅是出现于网络社会中的协商民主新形式。从制度属性来看,这一新形式也蕴含立基于群众路线和人民民主原则,通过广泛多层理性的公共协商,在达成共识的基础上,赋予立法和决策的合法性的社会主义民主体制之中,更确切地说,网络协商民主是以协商民主制度为基础的,适应网络社会新要求的,且依然在进行中的制度化探索。具体包含了适应网络社会需要的法律、道德、程序、组织等一系列行为准则的建立与完善。从参与者结构看,网络协商民主也同样由政府与民众两个主要部分构成。只不过,这里代表国家倡导并主导网络协

---

① 习近平:《关于〈中共中央关于全面深化改革若干重大问题的决定〉的说明》,新华网,http://news.xinhuanet.com/politics/2013 - 11/15/c_118164294.htm。

商的,是党和政府的特殊部分——新媒体时代的电子政务群或者政务矩阵,而有序参与民主协商的则是民众的特殊部分——网民。从协商内容看,网络协商民主也基本是围绕经济社会发展重大问题和涉及群众切身利益的实际问题展开的。

其次,本书总结提出,协商民主与网络协商民主以及网络舆情合理性表达之间,存在着由大到小的包含关系。具体来看,立足系统论观点,从逻辑关系来分析,第一,网络协商民主是协商民主新的有机组成部分。也就是说,网络协商民主是协商民主大系统中一个前所未有且日益重要的子系统,这一子系统的出现和发展,与网络社会30年疾速成长壮大密切相关。第二,检视网络协商民主,它虽是协商民主大系统中新的子系统,但在网络社会中,它又是一个独立存在的系统。这个系统有着特殊的作用空间、主体、客体、渠道、载体等基本要素,也有着比较完整的工作链条,且可以通过机制化保障,实现运转自洽。第三,社会结构与社会利益格局的日益多元,也使得网络协商民主所囊括的主体愈加复杂化。而普通网民和网络群体,作为参与网络舆情合理性表达——理性有序提出利益诉求的主体,与网络组织、网络企业等一样,始终是网络协商民主中的重要成员。因此,对于网络协商民主与网络舆情合理性表达机制的关系而言,网络协商民主则是大系统,网络舆情合理性表达机制是网络协商民主中的重要子系统。两者间亦存在着包含关系。网络协商民主通过理念倡导、制度安排、组织设置、行为引导等,将舆情合理性表达纳入其中。同时,网民参与的舆情合理性表达机制的运行实践及学理升华,又是对网络协商民主乃至协商民主的制度化推进,也使得网络协商民主充满了生机和活力。简言之,从系统观点出发,协商民主、网络协商民主以及网络舆情合理性表达机制之间就是一种由大至小的包含关系(见图1)。

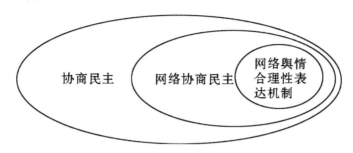

图1　协商民主、网络协商民主、网络舆情合理性表达机制关系图

（三）在中观上，从主客体两个向度入手，分别探索网络协商民主工作机制与网络舆情合理性表达机制的运行规律，同时探讨它们之间形成的理想工作模型

先分别来分析网络协商民主工作机制和网络舆情合理性表达机制的运行规律。一方面，从协商民主的推动主体——各级国家管理者的工作出发，探索归纳出维护网络协商民主工作机制运行的，前后衔接、连续深入与形成环路的汇集分析机制、沟通互动（回应对话）机制、决策引导机制及保障约束机制。其中，汇集分析机制、沟通互动机制与决策引导机制三个环节还可以构成一个相对封闭的小的工作环路，以促成网络协商的焦点——网络协商共识的一次性或阶段性实现（见图2）。另一方面，从舆情表达主体——网民入手，亦可以发现和总结出与网络协商民主相类似的，依然是前后衔接、不断深入与形成环路的网络舆情合理性表达机制的刺激发生机制、接触交流机制、协商共识机制和长效监督机制。同样，刺激发生机制、接触交流机制与协商共识机制三个环节也可以构成一个相对封闭的小的运行环路，以促成基于网络协商民主的，网络舆情合理表达的协商共识目

标的一次性或阶段性达成(见图3)。

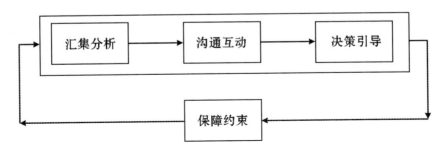

图 2　网络协商民主工作机制

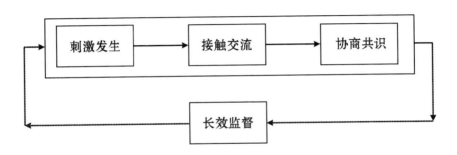

图 3　网络舆情合理性表达机制

进一步,当我们考量网络协商民主工作机制和网络舆情合理性表达机制间的关系时,可见这两种自成封闭环路的运行机制不但不是毫无关联,而是存在着比较清晰的对应性、制约性和依存性联系。遂尝试着梳理出四对关系:刺激发生与汇集分析关系、接触交流与沟通互动关系、协商共识与决策引导关系、长效监督与保障约束关系。同时,由中观理论出发,从整个机制运转流程的理想状态来看,又存在着刺激发生→汇集分析→接触交流→沟通互动→协商共识→决策引导→长效监督→保障约束,一个从舆情合理性表达到纳入协商民主制度规范之中的相对完整的链条。也就是说，当我们将网络协商民主看作一个有机的大系统，而将网络协商民主工作机制与网络舆情合理性表达机制作为大系统中两个重要的运行机制进行比较分析，就建设性地提出：在理想状态下，两大机制具有完整的对应过程和互动关系。同时进一步阐明，机制间的互动关系，既环环相扣，又各司其职。八大环节从网络舆情合理性表达中舆情的刺激发生与国家管理者对相关舆情信息的汇集分析开始，到民众依法依规进行的长效的网络民主监督与管理者在网络协商民主中的约束保障制度建设结束。作为中间环节，网民与管理者的接触交流与沟通互动，形成网络协商共识同时进入决策系统并实现舆论引导，则是网络时代基于民众合理性表达的协商民主工作顺利实现的关键。

（四）在微观方面，大量引入将舆情合理性表达嵌入网络协商民主之中的典型案例，总结提出基于舆情合理性表达的中国网络协商民主实践显示出创造性和多样性特征，这正是协商民主广泛多层制度化生动具体的体现

通过实地调研和翻阅文献，更加深入思考那些基于社会主义民主政治独特优势的网络协商民主宏观性制度化探索的实践价值，再细致观察协商民主工作机制与舆情合理性表达机制的中观性运行状况，就可以发现，网络协商民主所呈现的绝不只是经院派的学理思辨和价值建构，也是在中国网络空间中蓬勃展开的一场场民主行动和经验实践，这些应用实践来自由上至下和由下至上的一次次伟大创造，来自不同组织、不同层级、具有鲜明特色并经长期摸索操作不断得到完善和总结的经典案例。这些案例，既充分反映出党领导下的协商民主建设的探索与创新成就，也充分反映出人民群众当家作主的权利和首创精神，而这些多样性和创造性民主实践，正是协商民主

广泛多层制度化的具体体现。

正唯此,在微观研究中,本书并不主要立足于批判和质疑立场,采取一些研究中惯常使用的,基于问题意识,通过大量网络舆情热点事件或网络舆情类突发事件,来进行问题剖析和原因分析,而是以发现、总结和推广等建构性思路,主要考察作为网络协商民主主体的国家管理者——党和政府,以及作为网络协商民主主要参与者的舆情合理性诉求表达者——网络民众,他们如何经了解、沟通、交流、互动,经由长效监督和制度保障,实现社情民意与政府决策的有效对接,最终促进社会主义民主政治以及国家治理体系和治理能力现代化的有效发展。即基于当前大量的、具有中国特色的网络协商民主建设的真实案例,通过案例描述与分析,力求总结归纳从中央到地方,从国家领导人到基层普通管理者,从党政机关到新闻媒体,从议题发起到百姓互动,从民众建议到决策落地,从网上交流到虚实联动,从临时动议到形成常态……各级各地如何适应新媒体时代的新形势和新特点,通过理念创新、机制生根,将网络协商民主与舆情合理性表达有机衔接,有力地推动了网络有序政治参与和社会主义民主进程。①

三、本书的研究方法

针对新媒体时代网络社会的新特点,本书在研究中主要采取了文献法、案例分析法、内容分析法、虚拟民族志等研究方法。

第一,采用文献研究、焦点组访谈、个案访谈、参与观察等研究方法,开展研究资料收集工作。

---

① 毕宏音:《网络协商民主研究的三维视角》,《天津社会科学》2017年第5期。

以文献搜集、整理和归纳为基础,同时,在现实中,通过在社情民意问卷调查中嵌入网络协商民主渠道使用、关注焦点、满意度等内容,了解广大干部群众对网络协商民主的舆情反映;在网络上,以微博、微信使用者的身份进入,发起有关微博和微博社会结构与微博、微信官民互动状况的网络调查;在各大网站、论坛、政务微博群和政务微信公众号,进行网络文献回溯和虚拟民族志研究。在网络下,深入北京、天津、广东、上海、山东、辽宁等地,引入职业、年龄、兴趣等变量,对网络新媒体使用用户(普通用户)、运营商、媒体人以及政务微博、微信管理者进行若干焦点组访谈,对不同类型的意见领袖(管理者、专家学者、媒体人、民间人士)进行个案访谈,完成研究资料收集工作。

第二,采用文献分析法、内容分析法、比较研究法等研究方法,对研究资料进行深度分析。

针对上述文献资料、调查资料、访谈资料、长期跟踪的微博、微信群及与热点事件相关联的网络舆情信息等资料内容的汇集,引入文献分析法、内容分析法、比较研究法等研究方法来分析研究。例如,针对新媒体舆情的合理性表达与网络协商民主的有效对接(网络官民互动)中发生的典型案例进行字频统计、词频统计、聚类、分类、情感分析等内容的分析。

第二章 网络协商民主中的
舆情合理性表达机制建构

网络协商民主建设中如何嵌入网络舆情合理性表达机制,基于网络协商民主的舆情合理性表达有着怎样的要素构成和性质特征,纳入网络协商民主之中的舆情合理性表达机制又应遵循什么样的运行原则,这些需要在相关研究中首先进行系统阐释。

第一节 网络协商民主与舆情
合理性表达的关系

在各种关系中,社会关系因源起人类的社会实践,因而有着特殊的社会属性。搞清楚某些社会关系间的联系,实际上在于抽象出社会事物的本质性与规律性,这也是深化和扩展相关研究工作的基础。故而,科学认识网络协商民主与舆情合理性表达机制的关系,就是这项研究所需进行的关键的第一步。当然,根据系统论的观点,前面已经提出了两个假设。假设之一,网络协商民主大系统建构中包含了舆情合理性表达这一重要维度;假设之二,舆情合理性表达机制建设实践及其理论建构不但推进了网络协商民主的制度化建设,还通过网络协商民主的实现来纳入协商民主体系,并且是发挥正向功能的重要基础和必要条件。下面就来进行详细的分析与探讨。

一、舆情合理性表达是网络协商民主大系统建构中的一个重要维度

互联网作为一个依靠电子技术支持的、自由通畅、信息高度共享的资讯获取和交流平台,具有超时空、开放性、广域覆盖、互动性、多样性、多元化、即时性、自由匿名性与去中心化等特点。互联网为公民创造了一个高度开放、迅疾便捷且有着日益巨大影响力的、信息化的民主世界。当然,我们为这一信息化的民主世界点赞的同时也要追问,自由开放的网络世界中的民主是否不受现实制度的羁绊呢?

答案当然是否定的。一方面,虽然网络社会有着不同于现实社会的鲜明特色,但网络协商民主亦是协商民主(或称为协商民主的有机组成部分),其作为协商民主体制和制度设计的本质并没有改变,只不过是移至互联网与移动互联网中的协商民主,或者说是协商民主在网络社会中一种新的延伸与形式。另一方面,即便陈家刚的概念解释针对的是"协商民主"。他指出,协商民主是自由平等的公民,基于权利与理性,在法律规范的权利相互制约的政治共同体之中,通过集体与个体的反思、对话、讨论、辩论等实施过程,最终形成合法决策的民主体制和治理形式。[①] 这个概念的落脚点是一种现实社会中的符合法律规范,可以形成合法决策的民主的体制与治理的形式。但我们依然需要强调,网络社会并非无中生有,它是现实社会的延伸

---

① 陈家刚:《协商民主与当代中国政治》,中国人民大学出版社2009年版,内容简介。

和映射,即网络社会根本不是一个完全隔绝现实的"世外桃源",当然,它就不是一个享受豁免权的"法外之地",现实社会的各种社会制度和治理形式,应该会也确实会移至网络社会中,以发挥其应有的作用。这就意味着,在网络社会中,若要开展协商民主,那无论是承担网络协商民主主导者与倡导者角色的国家管理者,还是作为基于权利与理性,参与反思、对话与辩论的网民,他们的行为都会既受到法律保护,也受到法律约束。因此,网络民主就不应是超越真实社会规范约束的毫无节制的"泛民主"和"伪民主",而应该是具有法律和道德边界的有序民主。也就是说,网民自由发表言论应该建立在遵守真实社会的法律规范和道德约束的基础上。

正因为承担网络协商民主制度制定、工作机制实施与完善角色的是各级国家管理者,网络协商民主的重要参与者和协同者是网民,网民参与网络协商民主的形式就是舆情合理性表达。没有网民的积极参与,就缺乏了协商主体,协商民主经讨论、思辨并达成共识的过程就无从谈起,因此,舆情合理性表达是网络协商民主大系统建构中的一个重要维度。以融入网络协商民主大系统为原则,网络中存在的社会各利益关系群体或者是网民个体,遵守相关法律法规、道德伦理等制度约定,通过党政机关、人大、政协组织、党派团体以及新闻媒体等,在网络空间中设置的交流互动渠道,有序和理智地表达自己的情绪、意见、建议、愿望和要求,或者反之,党政机关、人大、政协组织、党派团体以及新闻媒体等主动就关乎国家大政方针,经济、政治、社会和文化发展中的热点、难点、重点、焦点问题,特别是涉及群众切身利益的实际问题等,在网络中进行平等、理性和广泛的对话与协商,就成为可能。

二、舆情合理性表达机制建设实践及其理论总结是对网络协商民主的制度化推进，也是网络协商民主纳入协商民主体系并发挥正向功能的重要基础和必要条件

舆情合理性表达机制不仅是网络协商民主的重要维度，亦会反过来推动网络协商民主的制度化建设，并促使网络协商民主在协商民主体系中发挥更大的作用。我们之所以强调舆情合理性表达机制的正向推动功能，主要源于这一机制在新媒体时代的网络建设实践过程中做了大量卓有成效的探索。

具体来看，在新媒体勃兴的形势下，各类网民本着遵守法规、理性对话、平等交流、谋求共识的原则，或者充分表达对各项决策的知晓、理解、赞成、支持与参与，或者对经济、社会、文化、生活发展中的重大问题和涉及广大民众根本利益和切身利益的实际问题进行探讨、批评和质疑；既深入了解政治、经济和文化信息，有序参与国家各项决策，也在合法参与的基础上享受政府提供的优质服务。同时，党政机关、人大、政协组织、党派团体以及新闻媒体等通过在网络中创设的沟通交流渠道，实时了解、汇集、分析和上报舆情表达信息，并通过与网民的及时对话交流和互动协商，集聚和整合有价值的意见建议供决策者参考。这样就在尊重公民政治参与权利和理性实践权利的同时，促进了政府决策的科学化与民主化，形成了网络舆情合理性表达和互联网治理之间的良性互动。这一在互联网中存在的，党和政府与网络民众之间形成的，基于理性互动和集体反思的民主实践活动，不但与一个尊重差异、强调多样、崇尚自由、体现多元的，通过反思、对话、沟通与辩论，从而对涉及公共利益的决策形成共识的协商

民主理论之间有着天然契合,而且是民众舆情表达趋向理性,从而引导舆论良性运行的重要基础。因此,不仅网络协商民主可以纳入协商民主体系中,更重要的是,网民的合理性表达机制建设应用实践和概括提炼总结,亦可以且已经逐步嵌入网络协商民主系统之中,还成为当前信息社会飞速发展形势下,推动协商民主理论化和制度化建设的一支新型的不可忽视的正向的建构力量。具体来看,在移动互联网勃兴的新媒体时代,中国网民以群体化、组织化特征出现,在网络社交空间下以微博、微信等网络自媒体等为载体,运用新型的移动互联网技术,主动参与网络政治决策和民主政治生活,从而对中国特色协商民主的发展产生了重大影响。简言之,公民进行合法、理性、有序、组织化和建设性的网络舆情表达,不仅为网络协商民主建设提供了推动力,还是网络协商民主纳入协商民主体系并发挥正向功能的重要基础和必要条件。

第二节　基于网络协商民主的舆情合理性表达构成要素

基于网络协商民主的舆情合理性表达机制主要包括五大要素。其中,以移动互联网络为主体的互联网社会空间属于舆情合理性表达机制所在的空间要素,网民属于舆情合理性表达主体要素,在网络中承纳舆情合理性表达主体的各类国家高层管理者构成了舆情合理性表达对象要素,而表达渠道要素、表达载体要素和表达内容要素等也在舆情合理性表达机制的运行中发挥着不可替代的功能。

一、空间要素

1. 何谓空间要素

说到空间要素,大家可能就会想到皮埃尔·布迪厄的场域理论,库尔特·考夫卡的行为环境论和勒温的生活空间论,以及我国学者喻国明、刘建明等在此基础上提出的"舆论场"概念。在这里,我们则要重点提及曾被大量引用的,或与本研究联系更加紧密的两个概念。

一是哈贝马斯所述的公共领域概念。哈贝马斯在阿伦特的启发下,将公共领域当作了一个理想类型。他强调,理想的公共领域绝非单一、普通的公共概念,而是能够开放给弱势者表达不同意见,容纳多元的意见表达,丰富公共论坛的多样性①以及开放性。他认为,公共领域应该被解释为思考共同事务和共同利益的话语互动,其体现了当代民主政治的基本精神,尤其是扩大了公共领域的参与概念和参与的空间范围,使得原先的排他性政治参与转变成为更加具有包容性的公民对谈。②

另一个则是在《网络舆情概论》中所探讨的舆情空间概念。舆情空间,是指民众社会政治态度形成、变动、发生作用的地方。它作为一个多维互动的社会空间,容纳了舆情主客体、中介性社会事项、软硬环境等要素。其中,硬空间包含了舆情发生的各类有形场所,软空间则包括了制度规定因素、角色规定因素、目标规定因素与民族文化传统因素。③

---

① [德]尤尔根·哈贝马斯,张博树译:《交往与社会进化》,重庆出版社1993年版,第173页。

② 胡泳:《网络政治:当代中国社会与传媒的行动选择》,国家行政学院出版社2014年版,第9页。

③ 王来华主编:《舆情研究概论——理论、方法和现实热点》,天津社会科学院出版社2003年版,第110－119页。

分析中我们注意到,公共领域的概念解释具有显著的政治意涵,直指承接和容纳民众的民主参与、民主协商与民主互动的地方,强调了政治公共领域对实现民主所发挥的重要功能。另一个舆情空间概念解释则紧紧围绕着舆情本身展开,阐释也更加中观,指向真实社会中承载了舆情或舆情表达发生、发展和变动的软硬环境。而本课题研究正是围绕着协商民主和舆情表达两个核心来展开,因此,上述阐释就为准确理解和把握新媒体时代基于网络协商民主的舆情合理性表达空间要素奠定了很好的基础。

正是基于上述启发以及本书的研究主题,我们将该空间要素定义为"新公共空间",即在移动互联技术为主要支持的新媒体时代,根据协商民主制度安排,可以容纳网络舆情主体与客体,提供舆情合理性表达与协商民主相衔接的渠道、载体与内容的地方。

2. 空间要素的特点

(1)虚拟与现实的互嵌性

在现实社会,假若提到舆情合理性表达的空间要素,我们时常会想到将舆情合理性表达纳入协商民主体系之中的有形场地与无形规范,即指那些建立在我们可以看得见或者感知到的真实社会场景与社会情境中的空间与规范要素。例如,常设或者非常设的民主协商场所;再例如,一项被制定并执行的相关政策法规等。这些软硬空间要素之间有着清晰的边界。但本研究中的空间要素则与之有着很大的不同,硬空间与软空间的界限往往是模糊的。这表现在:一方面,从硬空间上看,新媒体时代的相关表达虽表面上总是与通过现实科技所生产的、看得见摸得着的电脑、平板电脑、手机等特殊表达工具相连,但背后实际上是落脚在看不见摸不着的电子空间,即虚拟社会的表达空间中,我们可以将之称为无形的硬空间;另一方面,我们在虚拟社会中的表达看似处于一个没有边界、全球共享与泛自由的空间下,实际上需要来自现实社会空间中具有明确指向和明文规定的保障与约束,我们可以将之称为有形的软空间。上述事实提示我们,新媒体时代基于协商民主的网络舆情合理性表达的空间要素,实际上是一个虚拟社会与现实社会相互作用与交互嵌入下的空间要素。

（2）有别于传统硬空间的超时空性

在真实社会中,社会结构和社会关系处于固定的时空下,因此,社会传统思维不可能超越时间与边界带来的约束和距离。舆情作为一种精神现象和思维活动,也就需要依托清晰可辨的时空域进行认知和判别。由此,基于协商民主的舆情诉求表达也要按照确定的时间和既定的空间行事。例如,按照传统思维,如果要纳入协商民主的政治共同体中,舆情诉求表达就该正儿八经在规定的时间内,在已经创设好的对谈场所中进行。故而,它是有形的,也是物质的,还是有着时间约定的。不能想象,舆情诉求表达可以在家里,也可以在旅途中,通过无形的网络完成。再例如,时间也不能泛在,亦不能想象,通过网络技术,不同时点上的发言也可以通过无形的协商对话平台和新公共领域,进行反思、讨论、辩论并达成共识,从而形成完整的协商过程。

与之相对,真实社会空间中不能发生的事情完全可以在新媒体时代的网络社会空间中自然发生。从硬空间和时间域看,网络世界与现实世界的最大不同,在于没有空间限制和时光泛在与嵌套。这种设置既打破了时间和空间界限,也远离了对远与近、有和无、过去同未来的传统判断,形成了网络主体的超时空感、泛在感和互联互通意识。这种思维导致基于网络协商民主进行舆情诉求表达的人们,不再受距离远近、线上线下、时间早晚等,这些传统社会中所规定的空间和时间的束缚,反而更在意表达什么、因什么表达和怎么表达,移动互联网技术的不断成熟,更使得现实与虚拟即时互联与随地渗透成为常态。

（3）软空间趋向扁平化

新媒体时代基于网络协商民主的舆情合理性表达的空间要素的另一个重要特点在于,虽然从整体来看,其中的无形或非物质的软空间因素依然发挥着不可替代的控制作用,但我们发现,一些在传统社会中发挥作用的无形的软性因素,在互联网空间中出现了扁平化特征,其中就包括一些曾经在各类组织和日常生活中被授权或者认可的权威,以及在真实社会中的角色认知、角色要求等约束。造成这些软空间因素影响相对弱化的重要原因之一,在于互联网设置对网络思维的塑造。因为,网络思维的最大特点在于扁平化和去中心化。即便像有人强调的,网络社会中存在着信息沟,也有着"技术咖"和"菜鸟"的差别,但从"渔网状"的互联网架构来看,每台机器都是节点的设计,打破了权威的垄断,保障了网民相对平等地接入,基本确保了信息流的共有和畅通,网络匿名性特征,也可能让传统社会中对社会角色规定所产生的约束力被消解,这也就成为去中心化思维产生的强大支撑①,也使得新媒体时代基于网络协商民主的舆情合理性表达的软空间因素的影响力受到了一定冲击。

总之,作为一个嵌入民主参与和民主协商过程中容纳了网络舆情合理性诉求表达的主客体、中介性社会事项、有形与无形、物质与非物质的软硬环境等因素的多维互动的虚拟社会空间,空间要素的"新"是相对于"旧"有的传统的真实社会而言的。"新"就在于由互

---

① 毕宏音:《互联网思维的舆情表达与节点把握》,《重庆社会科学》2015 年第 5 期。

联网技术所支持的新媒体时代,所提供的超时空、海量、去中心节点的、虚拟与现实的相互链接与彼此渗透的舆情合理性诉求表达环境,以及由此产生的网络思维和网络表达行动对网络协商民主的多维度和全方位影响。

二、主体要素

在真实社会中,纳入协商民主之中的舆情表达主体结构本就是非常复杂的,其中,牵涉了不同阶层、数量繁多的群体以及难以计数的个人,且这一结构中一些人的主体角色并不固定,或常常处于变动之中,这种情形与中国社会处于发展和转型阶段相适应。[①] 而新媒体时代,基于网络协商民主的舆情合理性表达机制的主体要素,更因网民身份的特殊性而显现出交杂不居的特质。

1. 主体要素的含义

如果按照字面上分析,我们研究中的相关主体就是那些基于网络协商民主,进行网络舆情合理性表达的网民。不过,如前所述,网民的身份是交杂不居的。且不论每个网民同时亦是真实生活中的公民,单单从网民的表达规模来看,他们既可能以个体面貌登场,也可能常常以群体面目出现。再看网民的构成,基数庞大的普通网民,以及虽然所占比例不高但影响力绝不可小觑的"网络意见领袖",成为网民的基本力量。同时,国家管理者、网络运营者、媒体人、"水军"等特殊身份的网民,在特定情况下亦有可能成为舆情表达主体。正因此,面对复杂状况,从本研究出发,就应该对主体要素的含义加以明确限定。

---

① 毕宏音:《诉求表达机制研究》,天津社会科学院出版社 2009 年版,第 40－43 页。

第二章　网络协商民主中的舆情合理性表达机制建构

　　首先,我们需要对研究中的网民所指加以限定。在这里,作为主体要素的网民主要指以集合面目出现的,在新媒体时代的互联网社会中进行合理的利益诉求表达的社会阶层或社会群体。虽然,我们在研究中也关注那些个体的诉求表达,特别是具有较大的网络影响力和号召力的"网络意见领袖",但是,我们更加关心群体性的利益表达,因为其能够形成进入决策程序的、合理合法的、集体的表达力量,对公共政策产生实质性的影响。一方面本书的研究将从社会阶层的视角展开。社会阶层关系主要反映的是一种集体性差别。它既是一种相对稳定的地位结构,也是具体的群体关系,涉及地位和人两个层面。从目前来看,新媒体时代中国网络社会阶层的流动频率大大加快,一些社会阶层正处于形成阶段,一些人的社会身份尚未厘清,因此,从研究需要出发,本书以"态度""信息占有"和"新媒体地位"来考察网络舆情合理性表达中主体地位的高低。① 另一方面,本书的研究囊括了那些经常以微博、微信、客户端等新媒体为传播交流媒介,通过参与新媒体互动与协商来发表个人见解和评论,从而公开表露自己的情绪、主张和态度的网民有机结合体——"新诉求群体"在内的一些网络特殊群体②,这也是本书的研究重点。

　　其次,除了对一般意义上的网民进行界定,由于诉求表达涉及人的利益,我们还需要对研究对象要素等与研究主体要素之间的界限进行补充解释。先看国家管理者,其作为网络舆情合理性诉求表达对象要素,从理论上讲不应该被囊括其中,但在现实的利益诉求活动中并不能完全将其排斥在外。有学者指出,民众的外延很宽。从社

---

① 毕宏音:《微博诉求表达与虚拟社会管理》,中国社会科学出版社 2014 年版,第 42 页。
② 毕宏音:《微博诉求表达与虚拟社会管理》,中国社会科学出版社 2014 年版,第 46 页。

会学的角度看,民众是由各种利益群体构成的。在民众所包含的各种利益群体中,国家管理者应当是不在其中的,但是,在现实生活中,情况常常有别。当我们分析国家管理者的构成时,会发现国家管理者也是一个很大很庞杂的"构成",其中许多普通公务员和办事人员,其实,既具有普通国家管理者的身份,也具有一般民众的身份,其身份常常是"双重"的。① 这些分析也适用于网络社会中的情形,即那些普通的国家管理人员和基层办事员,他们中的一部分,在网络中都是以普通网民或"网络意见领袖"的身份出现的。我们进一步考察,中高级的国家管理者在组织结构中处于表达的另一端,要接受网民的舆情合理性诉求表达并作出相应决策。但离开组织身份,他们同样享有网民的各种权利,亦可以在网络社会空间中表达自己的愿望和要求。再看网络运营商,其应该主要承担基于网络协商民主的网络舆情合理性表达的技术支持者与运营监管者角色;网络媒体(特别是网络新闻媒体)则主要担当了支持与维护基于网络协商民主的,网络舆情合理性表达的舆论宣传者与监督者的功能;"水军"则是指那些隐匿在网络中的,为达到团体或个人利益而操控网络舆情或舆论的群体②。虽然看起来网络运营商、网络新闻媒体和"水军"等与网络表达主体无关,但在他们卸下专业身份或者职业(无论是合法还是非法)身份后,他们依然可能只是作为一个普通网民或者是"网络意见领袖"进行合理性表达。正因此,我们在分析时,一方面应该对这些管理者、运营商、网络媒体、"水军"(推手)的身份加以明确界定,即厘清他们与普通网民、"网络意见领袖"的身份边界,防止与网民身份混

---

① 王来华:《舆情研究概论——理论、方法和现实热点》,天津社会科学院出版社2003年版,第49页。
② 毕宏音:《微博诉求表达与虚拟社会管理》,中国社会科学出版社2014年版,第156页。

为一谈;另一方面,也要对他们在特殊情形下,有可能具有网民身份,扮演网民角色这一情况加以说明和分析。

2. 主体要素的特点

(1)具有网络合理性诉求表达的主体地位

恩格斯曾经指出:"一切人,或至少是一个国家的一切公民,或一个社会的一切成员,都应当有平等的政治地位和社会地位。"[1]诉求表达的主体是民众,这是由社会主义民主的性质决定的。社会主义民主归根到底就是人民当家作主。也正如温家宝同志指出的,这就需要保证人民的民主选举、民主决策、民主管理和民主监督的权利;就是要创造一种条件,让人民监督和批评政府;就是要在平等、公正和自由的环境下,让每一个人都得到全面的发展;就是要充分发挥人的创造精神和独立思维的能力。[2] 上述论断告诉我们,民众无论来自什么阶层或者什么群体,都具有诉求表达的主体地位。网民虽然是网络中的成员,但回到现实社会,他们实质上还是国家的公民,或是中国社会中的成员。正因此,他们在网络中合理表达的社会态度,无论是通过选举民主,还是通过谈判民主,抑或是通过协商民主的形式表现出来,不管是通过新媒体时代何种政务渠道以及媒体渠道,都反映了网络民众的各种主张、愿望、要求和心声,都会对社会发展和变迁产生这样或那样的影响。因此,必须超越各种差异,平等地赋予网民所具有的诉求表达主体地位。

(2)依赖国家管理者等作为利益代表

社会是一个完整的系统,在这个系统中,民众与国家管理者之间

---

① 《马克思恩格斯全集》(第二十卷),人民出版社1971年版,第113页。

② 温家宝:《社会主义民主归根结底是让人民当家作主》,新华网,www.xinhuanet.com,2007年3月16日。

是一对由被管理和管理关系"拴在一起"的双方。双方之间存在着利益联系。同样,在新媒体时代的网络社会,网民与网络中的国家管理者之间依然存在紧密的利益关系。网民也要像民众一样,通过合理的网络舆情表达,充分反映其生存、发展和享受的需要,同时参与到个人与集体的反思、对话、辩论等民主过程中,并依靠国家管理者提供对国家和社会的管理和协调,特别是依靠国家机器对各种社会利益矛盾进行协调①,在网络协商中促进利益的实现。这就是说,网民作为新媒体时代网络社会中的诉求表达主体,他们的利益实现不可能单单依靠自身的力量来完成,也不可能无节制地加以满足,必须依赖国家管理者等作为其利益代表,国家管理者等有责任和义务通过权力的运行,保障和维护网民在法律和制度框架内应该享有的关乎经济、政治、社会、文化、环境等的表达权利,也就是通过承认网民的诉求表达主体地位,创设多层次全方位的沟通协商管道,建立和完善舆情(民意)决策系统,创新和健全诉求表达保障机制,为网络民众基于网络协商的合理性诉求表达提供一个顺畅通达的政治环境。

(3)网络合理性诉求表达的顺利进行与否依然受传统文化习俗的深刻影响

诚然,平等、共享、去中心化等网络社会的特质,深刻改变着中国网民的表达思维和表达行动,但同时,作为中国公民,数亿网民的表达又不可能没有中国传统文化习俗留下的影响印记。具体来看,中国有着几千年的文明传统,其中,历来有"民可载舟亦可覆舟"等人文精神和求实传统。因而,中国的人文精神和求实传统,又包含了中国

①　王来华:《舆情研究概论——理论、方法和现实热点》,天津社会科学院出版社2003年版,第46页。

历史所铸就的文化特征。这种优秀的文化传统,决定了中国具有从几千年的专制政治转变为民主政治的能力①,同时,也能在舆情表达中兼顾义利,追求和谐,从而有利于民众的舆情表达和利益诉求的真正实现。当然,我们也清醒地看到,综观社会现实,虽然中国的民主政治建设取得了长足推进和巨大发展,但中国漫长的封建社会历史又是不争的事实,因此,难免在自然经济的生产方式和官僚集权的政治结构基础上形成的封建政治文化,会根深蒂固地存在于人们的头脑中,并形成一种巨大的心理积淀。② 这种积淀不仅存在于传统文化中,也表现在日常习俗中,还发生在网络表达上。特别是官本位观念、臣民思想、宗族意识等封建余毒具有很强的历史惰性,不可避免地影响着网络民众的诉求表达,对以网络协商民主为基础的民众合理性诉求表达主体意识的培育,以及主体地位的加强产生了制约和阻滞作用。

（4）不同阶层或群体在网络合理性诉求表达中的差异较大

作为诉求表达主体,网民的构成很复杂。他们处于不同的阶层或者群体,就在社会结构分层中处于不同的位置,具体包括了经济地位、社会声誉和权力资源的不同,也包括了对网络的"态度""信息占有量"以及"网络地位"的不同,这些都导致他们在网络诉求表达中的差异较大。如果从社会阶层视角出发进行分析,可以发现强势阶层、中势阶层和弱势阶层的表现各不相同。

在新媒体时代的网络社会,强势阶层并不单指占有更多经济、文化、组织资源,具有强大的社会影响力和左右政策能力,由经济精英、

---

① 李君如:《当代中国政治走向》,福建人民出版社 2007 年版,第 149 页。
② 张华青:《论社会主义民主政治运作的保障机制》,《社会主义研究》1995 年第 6 期。

政治精英和知识精英组成①的阶层,还指那些对网络社会具有鲜明的接受态度和很高的参与水平,信息获取、发布和互动能力强,同时获得了其他网民的高度认可的阶层。② 他们人数很少,却通过各种途径、方法、能力和手段掌握着强大的话语权,而且常常通过联合表达对政策走向施加强有力的影响。

网络舆情合理性表达的中间阶层,简单的表述就是在社会分层中处于中间位置的阶层。在这里并不主要指现实社会中的"中产阶层""中等收入阶层""新中间阶层"等,而是指具有一定的网络参与愿望和表达能力的阶层。但是,与强势阶层相比,这一阶层的诉求表达能力无论从自我意识,还是从参与热情,抑或是从覆盖领域上,仍没有发育成熟,呈现出一种矛盾交织的松散化和不平衡状态。数量上看,这部分人占到了网络舆情合理性表达主体的大多数。

而考察新媒体时代,在基于网络协商民主的舆情合理性表达当中,还有一部分人属于弱势阶层,他们的人数虽然不多,但不仅在经济上、政治上,还是在制度安排上都处于表达劣势,而且在用网态度、用网能力、参与水平与网络地位上看都处于边缘化,甚至被排斥在网络表达之外。这使得他们虽然在现实生活中可能有不少潜在的要求和主张,包括最关注自身合法权益的保障问题,对利益受损问题表现出高度担忧,其中尤以对经济利益的诉求最为强烈,但又因在新媒体时代的网络社会中无力表达和表达无门,而处于实际表达能力和表达地位最弱势的地位。

---

① 王春福:《构建和谐社会与完善利益表达机制》,《中共中央党校学报》2006 年第 3 期。
② 毕宏音:《微博诉求表达与虚拟社会管理》,中国社会科学出版社 2014 年版,第42－43页。

三、客体要素

1. 客体要素的含义

在现实社会中,舆情表达对象要素即利益诉求表达客体,也就是利益诉求表达主体在进行表达活动时所指向的对象,其作为舆情表达主体要素的对应者,从科层结构中的位置来划分,主要包括国家高层管理者、中间骨干力量和基层专职人员。与舆情表达对象要素相类似,王来华曾提出国家管理者的概念,他认为国家管理者,从舆情的角度说,是对处于管理民众的管理者地位上的政党、政府、参政议政机构以及军队、警察等国家机器中各类国家和社会事务的管理人员的总称。国家管理者的基本内涵,是指这一人群处于国家和社会的管理者地位,并代表着民众利益和国家利益行使管理权力和义务。①

当我们考察新媒体时代基于协商民主的网络舆情合理性表达机制建设的客体要素时,从内涵上分析,倾向于将对象要素理解为这样一群人,他们是在新媒体时代的网络社会中握有公权力,通过组织设置、决策执行和制度安排,承接和代表网络民众诉求表达利益,推动网络协商民主畅行深入的一群人。而相关机构作为科层组织结构,只是接纳民众进行表达、互动与协商的管道和平台,最终毕竟需要通过具体的决策者和执行者来承接和完成各种角色任务,而且,研究与网络舆情合理性表达主体要素——网络民众发生关系的那些人群,更能够体现出两者之间的对应关系。从外延上看,如果按照高低层次将诉求表达对象进行分类,有助于我们认清他们在舆情合理性表

---

① 王来华主编:《舆情研究概论——理论、方法和现实热点》,天津社会科学院出版社2003年版,第67页。

达机制中的位置和作用。而按照行使权利和义务的对象要素所涉及的机构看,既包括了党政机关等,也包含了新闻媒体。

具体分析,在新媒体时代的网络社会,将舆情合理性表达嵌入网络协商民主之中的客体要素,他们的身份是更加多元和特殊的,包括了或处于党和政府中,或处于传统新闻媒体的网站中,或处在"三微一端"(微博、微信、微视频和客户端)中,位于高、中、低三个层级的相关人员。从角色扮演和功能发挥来看,既包括了那些在本职岗位上尽职尽责的舆情合理性表达对象要素,也包含着那些以个人化的"自媒体"面貌出现的对象要素,还有的成为同时进入两个舆论场,有力倡导和推动网络协商民主的特殊的官员型"意见领袖"。

2. 客体要素的特点

(1)基于网络协商民主的网络舆情合理性表达机制主要建构者

如果说,在现实社会中,舆情诉求表达的客体要素是居于管理者地位,同时代表着民众利益和国家利益行使管理权力和义务的这样一群人,那么,与此相同,在网络社会中,承担了民众利益的代表人角色的依然是这样一群人。只不过需要指出的是,这个代表人角色是有所限定的。第一,这里所涉及的被代表民众是新媒体时代的网民;第二,所代表的利益需求是在网络这一特殊社会空间,通过舆情表达呈现的利益需求;第三,也是特别重要的一点,这一通过网络舆情表达呈现出来的利益需求,并不是不加选择甚或漫天要价的利益需求,而是通过合理的渠道与合法的手段送达代表者,最终通过理性探讨与平等协商进入决策视野。正因此,新媒体时代的客体要素,就具有了鲜明的网络舆情合理性表达机制主要建设者的特点。再进一步分析,行使网络舆情合理性表达权利,并最终实现自身利益的虽然是网民自己,但促使网络舆情合理性表达常态化和流程化,即主要承担倡导责任,并保障这一表达实现机制化运行功能的正是国家管理者,而他们采取的有效手段,就是通过制度化探索和安排,将这一表达过程长期地、源源不断地纳入网络协商民主的大系统中,并通过这种制度实践和政治安排,完成表达信息向党和政府决策的有效转化,从而更好地实现群众利益代表者的角色。

(2)围绕着网络协商民主建设推动中介性社会事项的良性运行

有研究提出,从舆情视角看,国家管理者从事各种工作都有一个相同的作用,就是实现对民众的直接或间接的国家和社会事务的管理,这些管理生成的种种结果,就是中介性社会事项。因此国家管理者管理社会的行为与中介性社会事项具有强关联性。正是因为国家管理者的一言一行代表党和政府,在社会生活中常常会激起民众的不同反应,因此,对舆情产生重要的影响。① 这一研究成果为本书的研究提供了有益启示。

考察当今社会,网络舆情合理性表达客体要素虽然处在新媒体时代的超时空、物理不在场的电子空间,但其承担的管理社会事务和公共事务的角色非但没有本质性的变化,反倒因网络社会的迅速发展和深刻影响,而更多地呈现在网络中。故客体要素在网络管理中也会因为其权力运行源源不断地产生中介性社会事项。再进一步分析,网络社会是真实社会的映射和伸展。网民在网络上的舆情诉求,常常是对真实社会情况刺激的反应。因此,在虚拟社会管理中,客体要素难免为了解决现实社会矛盾冲突,协调网络民众利益关系,维护社会和谐稳定,来采取各种方针政策与措施,即主要通过中介性社会事项,对新媒体时代的网络社会进行综合治理。而我们进行的网络

---

① 毕宏音:《影响民众舆情的中介性社会事项》,《广西社会科学》2004 年第 11 期。

协商民主建设,正是以中介性社会事项的面目出现,依靠制定相关法律、法规、规章、条例、政策、程序、举措等,维护网络社会秩序、调处社会纠纷、达成网络共识、平衡民众利益。他们围绕着网络协商民主建设所进行的虚拟社会治理,就会和网络民众发生直接或间接的联系,而这些基于网络协商民主的,牵涉网络民众的根本利益的中介性社会事项,不断地激发网民围绕着相关事项来理性阐发观点、愿望、要求和主张,并经平等参与和协商互动,达成有利于各项事业发展与进步的决策,从而进一步推动中介性社会事项的良性运行。

(3)客体要素身份的相对性与变动性特征

按照理想模型来分析,在现实社会里,舆情诉求表达客体应该处于和舆情诉求表达主体相对应的位置,其作为诉求表达主体利益的代表,应该通过权力运行,完全扮演帮助民众实现利益的角色,而不应该掺杂个人私利。但事实上,正像有学者提出的,公共权力的这种"公共性",使得公共权力主体具有双重身份。一方面,在行使公共权力的时候,这种权力具有一定的权威,代表的是公众的利益;另一方面,公共权力主体在非行使公共权力的时候又是普通的公民,他们也有着自身合理的个人利益,即私人利益。公共权力的运用是与公共利益相联系的,诉求的是公共利益;私人利益则与除公共权力运用之外的其他利益诉求途径相联系。这就意味着任何将公共权力"私有化"的行为都是对它所代表的公共利益的否定。[1] 这种情形同样会发生在网络时代。而且,由于网络舆情诉求表达载体的丰富性与跨圈群传播的易得性,以及使用身份的自由匿名性,还会使得公与私可能相互越界的概率大大增加了。

---

[1]　吴梅、王建军:《公共权力运用的利益诉求分析》,《湖北社会科学》2004 年第 12 期。

在考察新媒体时代网络舆情合理性表达机制运行时,我们发现,诉求表达客体的身份也不是绝对的。舆情表达客体作为机制运行的倡导者、推动者和完善者,在权力运行过程中,帮助舆情表达主体实现利益需求的同时,不可避免地也会表达自己的利益需要。例如,他们中有的人,在政府开设的政务微博中是网络民众利益的代表者,但在自己开设的个人微博中,也许就是一个为自己利益鼓与呼的普通网民。因此,诉求表达客体的身份可能是相对的。通常情况下,相对于诉求表达主体时,他们是诉求表达客体,而面对其他诉求表达客体来表达自身的利益要求时,他们又变成了诉求表达主体。正是诉求表达对象身份的相对性特征,使得我们在将权力让渡于公权力后,如何厘清诉求表达对象的身份,保证他们在权力运行过程中能够完全代表公共利益,成为一个不能漠视的问题。

除特殊情形下舆情合理性表达主客体角色换位之外,新媒体时代表达载体的丰富性与网络传播的去中心化,实际上也带来了网络舆情表达客体角色身份本身的复杂变动性。例如,在真实社会中,处于高级管理者位置的舆情表达客体,常常是制度的制定者而非具体执行者。但如今,一些善用新媒体的党和政府的高级领导干部,主动深入普通网民中间与之长期良性互动,通过网络建设实践,有力地推动了网络协商民主的落地生花,赢得了大量粉丝。同样,在现实中,处于基层专职人员位置的舆情表达客体,应该是制度的贯彻者而非制度的制定人。不过,反观新媒体时代,一些基层专职人员通过开设"自媒体"频道,而成为将普通百姓的声音不断汇总,源源不断地送达决策层的官员型"网络意见领袖",并最终成为实现网络民意向决策转化的直接参与者与贡献者,这些情况已经是屡见不鲜。

四、载体要素

1. 载体要素的内涵及构成

笔者曾提出,民众的诉求表达,就是建立在社会客观情况反映与民众主观意愿基础之上,以各种情绪、愿望、主张、要求等精神现象为内容所形成的信息,这些信息必须附着在一定的载体上,才能完成它的运行过程。其中,载体包括语言、文字、行动乃至无声的表达等,这样来解释诉求表达载体要素的含义,就将研究视野扩展到整个社会空间内,其内容直接或间接指向诉求表达对象,表明了语言、文字、行动或者是无声表露等诉求表达载体,可以对涉及经济、政治、社会、文化、环境等各个领域的民众诉求表达信息进行承载。[①] 不过,正因为上述研究针对了真实社会空间,所以,并不完全适用于虚拟空间。在物理不在场的新媒体时代的网络社会空间中,网络诉求表达信息的载体类型发生了很大变化。其中,文字作为最重要的信息载体处于更加突出的位置,而言语、行动等载体因形不成诉求表达主体的面对面互动的原因而效力大减,取而代之的是,音频、视频、图片、动漫、链接等成为新的活跃的载体形式。而且,文字、图表、漫画、语音、视频、链接等多媒体融合已经成为网络载体使用的常态。

（1）新媒体时代的网络语言

网络语言不是凭空产生的,它脱胎于现实社会。语言是人类特有的用于交流信息的工具,它是文化的基础,是族群相互识别的基本标志。对于网络语言,从广义来看,是指网民在物理不在场情况下,在网络沟通中使用的文字、图片、动漫和音频等互动符号。当然,网

[①] 毕宏音:《诉求表达机制研究》,天津社会科学院出版社 2009 年版,第 57 页。

络语言主要还是以文字形态来表达的,或者说,文字表达是网络语言的核心部分。因此,从狭义来看,网络语言特指那些在网络交流中所使用的文字符号。

从一般特征看,网络语言既表现出网民对现实语言的继承和发展,又显示简洁、幽默和非规范性趋势等文字特点。[①] 而在微博、微信等新媒体时代网络舆情诉求表达信息的传播过程中,这类语言不仅呈现出上述显著特点,还因自媒体化的平等交流表达方式,使得这种标识化的网络文字再造与传播达到了新的高度。

第一,对现实语言的继承和移置。

任何文化的进步和发展首先离不开对文化传统的传递和继承。毫无疑问,新媒体时代的网络用语作为网络语言的重要组成,其主体来源于现实生活。上网搜索就会发现,网络语言的构成,像单音、单词和句子的法定组合等,大部分与我们平时使用的口头语言和书面语言没有什么区别,读起来没有困难。所以,网络语言的主体实际上是将真实社会中使用的语言符号移置到了网络中。

第二,对现实语言的发展和渗透。

明朝的陈第说:"时有古今,地有南北,字有更革,音有转移,亦势所必至。"[②]这正说明人类语言随着时空变迁具有不断变化发展的特性,包括以微博用语、微信用语为代表的网络语言形成于网络空间,也同时与现实社会的变化紧密相关。而且,随着时代发展,在网络中大行其道的网络语言,又逐渐进入寻常百姓家,成为现实社会中的流行语。几乎每年都有网络语言成为社会上的新时尚语汇,前些年,什

---

①　毕宏音:《网络语言与网民社会心态的折射》,《社科纵横》2007 年第 3 期。

②　(明)陈第:《毛诗古音考》,序。

么"伊妹儿""大腕""酷""美眉""恐龙""粉丝"等大行其道;近些年,微博、微信持续升温后,"××体"又开始大量涌现,像"梨花体""凡客体""丹丹体""动车体""撑腰体""蓝精灵体""淘宝体""世界那么大体""洪荒妹体"……得到了新媒体用户的追捧,乃至掀起了一波波微博、微信造句狂潮。特别是那些"80后""90后"乃至"00后"等"新新人类",更是有意无意地将网络语言带到了现实生活里,他们在作文里用,在平时也津津乐道,"重要的事情说三遍","亲,你有木有感觉到?"网络语言已经悄然渗透社会生活中。

第三,语言结构的简约和精炼。

语言是人类特有的信息传输工具。网络语言的简洁化正是为了适应网络交际的需要。由于网络传播速度快,网络语言必须简便快捷,才能有效利用上网时间,在碎片化的时间里和海量信息竞争赛跑,更要求你用最简洁的语言来表达。如果同时与几位网友交谈,网民就得在提高文字输入速度上下功夫,因此试图用最简洁的"形"来缩短语言交际的跨度,节省信息交际的宝贵时间。[1] 对大部分网民而言,传输速度快、正确率高的五笔字型输入法虽好,但还得背字根和常练习,因此不易掌握,他们一般采用各种拼音输入法,并在现有输入法的功能范围内,对一部分汉语拼音、汉语词汇、英文字母、英文词汇或句子进行了改造加工,创造出拼音缩略语、英文缩略语、中文加英文缩略语谐音字、数字代码意语,甚至错字、白字等。像"神马""有木有""Hold住""油菜花""涨姿势"等。此外,像其他网民一样,新媒体用户也偏爱使用短句,句子省略现象也很普遍,甚至有的只以表情符或表情包代替。

---

① 陶国富、王祥兴:《大学生网络心理》,立信会计出版社2004年版,第23页。

第四,语言风格的幽默和调侃。

美国社会心理学家克特·W.巴克认为,压力可以由任何不愉快的、痛苦的、危险的、苦恼的或其他令人厌烦的事件引起。它是一种紧张刺激物。这种紧张刺激物既可能是物理的或环境的,也可能是心理的。① 现实社会中的人们受到来自各方面压力的影响。为了缓解生理不适和心理冲突,许多网民通过上网冲浪寻找一种释放和宣泄。而各种文字和符号是实现网络交流的媒介。其鲜活、动感、新奇、夸张、搞怪正好符合网民放松心情、追求诙谐幽默的情感需要。于是,网民们总在刻意营造一种语不惊人誓不休的冲击效果。有的使用具有形象色彩的谐音字,有的根据网络交流的特殊情境运用词汇,还有的利用键盘符号组成各种代表情绪的图形。例如,因输入法的拼写错误造成了白字,网民为节省时间就发了出去。使用中发现这些白字生动形象,于是,有人开始故意造字,以形成一种意想不到的"飞白"效果。②

第五,语言使用中的非规范性。

为了达到快速交流的目的,新媒体语言大量使用了缩略词语、缩写字母,或以数字、符号和图形替代,甚至用错字、别字表达意思。从汉语言的规范表达方式来看,这些汉字、英文、数字、符号、图形混在一起使用,还有类似方言、别字、白字和病句的使用,使得网语变得非语法化,特别是对尚处在汉语言学习阶段的青少年来说,网络语言在一定程度上存在着负面影响。但很多新媒体网民因为它的简单、时尚、诙谐和随意性而认同,网络新用语的大量出现,一方面让这些非

---

① ［美］克特· W.巴克主编,南开大学社会学系译:《社会心理学》,南开大学出版社1984年版,第446－447页。

② 张鲁昌:《网络语言中另类"飞白"的语用分析》,《广西社会科学》2005年第3期。

规范性语言一波波地迅速流行开来,另一方面,其中的大部分如潮起潮落般,很快从人们的视野中退去了。当然,网络语言到底是汉语言的"杀手",还是"福音",引起的争论也很激烈。有的语言专家对网络语言的使用感到担忧,认为网络语言对汉语的污染,是小群体为了团体交流方便,根据自己的爱好编造出来的,这是不健康的苗头。也有学者反驳道,不要视网络语言为洪水猛兽,应客观看待网络语言对青少年的影响。网络语言反映了一定的社会现象,在一定的人群中得到了公认,目前没必要人为地去阻止它。① 其实就网络语言的重要组成部分——新媒体用语来分析,无论如何,它不能替代我们的现实语言文字。因为,我国传统语言文字博大精深、源远流长,有着无以比拟的文化底蕴、深刻内涵和顽强的生命力。当然,包含了微博、微信等新媒体用语的网络语言从无到有,从小众到大众,从网络到现实的发展历程也告诉我们,这类语言也有其存在的价值和合理性,因此,在弘扬传统语言文化的同时,也要承认这类语言的发展规律并给予积极引导。②

（2）照片与音视频

既然现场直播成为以微博、微信为代表的新媒体载体应用得以扬名和制胜的"撒手锏",成为它们获取"自媒体"名分的关键,成为打开草根晋级明星之门的"金钥匙",那么第一现场发出的不只是留言,照片和视频一定是必不可少的承载这些网络信息的重要载体。以新浪微博为例,诚然新浪微博的"微直播"专栏简介说,在微直播中,普通网友通过参与现场播报,也能与明星嘉宾一道成为活动的主角,但

---

① 殷文静、史婷婷:《网语负面影响汉语? 专家市民激辩:宽容还是扼杀》,《江南日报》2004 年 12 月 20 日。

② 毕宏音:《网络语言与网民社会心态的折射》,《社科纵横》2007 年第 3 期。

此"微直播"确实非彼"微直播",各大微博网站提供的微直播平台,更多是给专业机构、明星团队和"意见领袖"提供宣传和推介的机会。而在平日微博互动中,名不见经传的普通人,作为各类突发事件、热点事件的亲历者和信息源,通过手机、移动客户端,经微博、微信、短视频等发送第一现场资料,才称得上是真正的微直播。例如,在重大自然灾害的爆发瞬间,在突发性安全事故发生地,在微公益活动所触及的每一个角落,甚至在普普通通的社会场景中,芸芸众生作为这些现场的第一发现者和新闻制作的积极参与者,他们所上传的照片和视频因成为介入社会公共事务,囊括了民众各种情绪、愿望、主张、要求的重要载体,才显得那么生动鲜活而又弥足珍贵。

再以微信应用为例,随着近年来微信的出现与兴盛,移动化微信直播这一新型网络传播形式,因其访问的便捷性、产品的易用性、多终端设备的丰富性,网络直播的跨圈群交叉传播性,以及用户的体验性,而越来越受到普遍欢迎,微信应用不但吸引了普通网民进行舆情诉求表达,也成为政府和媒体进行信息公开的好帮手。

案例:微信直播展洽会开、闭幕式盛况

全面振兴东北地区等老工业基地是中共中央、国务院的重大战略部署。为了更好地贯彻落实国家发展战略,抓住难得的历史机遇,吉林省四平市以科技为先导,整合资源、协同创新、助力振兴,召开了首届"中国·四平科技成果展洽会"。

2016年7月22日,"中国·四平科技成果展洽会"圆满完成了各项议程,落下帷幕。在本次展洽会期间,四平日报社更是首开地方报道先河,使用"微信直播"在手机和个人计算机端全程直播了展洽会开幕式、闭幕式盛况。除了进行文字传播,还在微信直播平台全球同步上传了大量的会议照片和现场音视频。据权威统计,通过手机和个人计算机端收看本次展洽会开、闭幕式的总人数达到35.9万人次。新媒体传播手段不仅让更多人仿佛身临其境,了解了本次展洽会的盛况,与此同时,地方政府还携手媒体,通过"微信直播"这一新的传输手段,向世界传递了新一轮东北振兴的东北声音、四平声音。①

（3）表情与动漫

在真实社会中,有一种诉求表达并不以言语、文字或行动为载体,而主要通过无声的方式传递,在某种情况下,这种无声载体更能达到表达效果。例如,我们常见的各种表情。正因表情是情绪的外部表现,它是由脑和躯体神经系统支配的骨骼肌运动;同时,情绪也是心理反应,但它同行为主义的刺激—反应、输入—输出模式有着根本性质的差异。表情的产生有复杂的脑机制,它同脑的过程和情绪体验有不可分割的联系,更重要的在于,它参与了情绪的发生。② 因此,它往往是人们某种情绪的直接反映。我们常说的喜、怒、哀、乐都会通过面部表情传递出来,通常表明了当事人当时的心理状态。此外,我们常见的以鼓掌、耸肩、伸拳头、吐舌头、嘘声等为载体的表达也属于一种无声的表达。③ 在移动互联网中,除非是观看视频,否则我们并不能看到真人版的反映人的心理状态的表情肌的复杂运动,当然,即便是观看了视频,也并不是亲临现场,面对面地看到鼓掌、挥拳,亲自完成握手、拥抱等表达情绪的特殊肢体语言。

但是,在网络时代,人类发明的表情动漫则帮助电子化虚拟交流的人们表达和了解到彼此的喜怒哀乐忧思烦,并进行有效互动。特别是随着微博、微信等新媒体使用人数的暴增,利用这些新媒体进行

① 《四平日报社首开先河 微信直播展洽会开、闭幕式盛况》,《四平日报》2016年7月25日。
② 孟昭兰:《情绪心理学》,北京大学出版社2005年版,第79页。
③ 毕宏音:《诉求表达机制研究》,天津社会科学院出版社2009年版,第59页。

诉求表达渐渐成为日常交流的一部分。在互动对话过程中,一句或长或短的文字往往让人感觉多了份严肃,少了点生气,在读图时代,图片和动漫被认为更直观、更有趣、更易懂且和网络时尚联系紧密,于是,当悼念时献一束白花,当思念时点一根蜡烛,当征询时递上一个话筒,当感觉尴尬时配一副"啊囧"动漫,当年节祝福时配上一个动图……各种图片、漫画和表情包就这样粉墨登场了,甚至,直接用图片或动漫替代文字或语言成为微博和微信等新媒体交流中重要的载体方式,或者说成为一种替代语言表达的通用的载体方式。

(4)链接

链接也称超级链接,这是网络社会中一种非常特殊的关系连接方式,也就是指从一个网页指向另一个目标的连接关系,所指向的目标可以是另一个网页,也可以是相同网页上的不同位置,当然,还可以是图片、视频、电子邮件地址、文件,甚至是应用程序等。这种由此及彼,相互连接的方式,其实可以让我们由此获得更多的信息,以及更多的关联。"链接"这一网络载体具有的上述特殊功能,恰好使得微博、微信用户可以取长补短,为我所用。比如,我们在微信公众号中往往看到的只是标题和简介,要想获知全部内容,那就要动手点击"阅读全文"。

再以微博为例。微博的字符和移动客户端的承载量限制,塑造出微博诉求表达风格上的简洁轻灵,但往往有着意犹未尽和远离深刻的遗憾和缺失,也因为文字短小细碎,难免受到质疑,被冠以浅薄、碎片、近景、浮躁等定语。为了避免诟病,也为了更好、更清晰和更完整地表达自己的思想和分享感悟,大量微博网民将微博平台作为简报窗口或者是宣传平台,而将更详细和丰富的信息储存在链接地址之后,以供进一步交流。或者说,大量网民在互联网时代已经完成了从"菜鸟"到"元老"的蜕变过程,论坛、人人网、开心网等社交网络以及博客圈子、微信公众号中都留有他们的足迹,而微博只不过是他们用来即时分享情趣的新平台罢了,因此,当网民们在微博平台上进行了简短互动后,接下来,该长文本登场了。

《微博力》作者谢尔·以色列就有着这样的经历。2007 年 9 月上旬,一件有意思的事情发生了。一位谢尔·以色列不认识的人在手机社交软件上询问去毛伊岛(Maui)观光的事。因为作者之前写过一篇谈论毛伊岛薰衣草农场的博文。于是,他随手回帖,发布了这篇博文的链接。三周过去了,没想到作者收到了一条信息:"谢谢。我喜欢这个薰衣草农场。它很特别。"①

微博最大的特点在于技术的开放性而非封闭性。微博的开放码源(open source)策略,使得软件的源代码可以被大众共享并通过无数人的创新和研发,不断添加功能。这也促使了技术性链接这一信息载体在微博上的风行。例如,登录新浪微博的 open. sina. com. cn,可以免费获得包括客户端和浏览器插件、动态计算工具在内的大量的微博应用链接,而作为普通网民获得这些资源后,公开和推介这些链接网址,就能够吸引更多的人共享资源并强化其应用性。

2. 载体要素的特点

(1)丰富性和复合性

首先来分析网络舆情表达载体要素的丰富性和多样性特征。前面已经提到,在真实社会中,载体要素主要由言语、文字、行动和无声载体等组成。如果再进行细分,按照所处场合分类,言语又包括在正式或非正式场合的口头表达。在正式场合中,言语包含着自上而下

---

① [美]谢尔·以色列著,任文科译:《微博力》,中国人民大学出版社 2010 年版,第 31 页。

的下行沟通、自下而上的上行沟通、身份和地位相仿者之间的平行沟通等几种方式。① 在非正式场合，言语还包括"顺口溜"和谣言等。而文字载体的样式也很丰富，像在信访和新闻媒体管道中通过人民来信、来电、传真等形式进行的表达。从行动载体的活动样式来看，既包括选举、协商、谈判等表达方式，也会有示威、静坐等极端表达方式。无声载体作为一种特殊的载体样式，也呈现出多样化特征，像表情、肢体动作、眼神、口中发出的嘘声、笑声、叫声等特殊声音，都是无声载体的表现形式。而在新媒体时代的网络社会，一方面，物理不在场中的人们需要使用尽可能丰富和多样的载体功能，来弥补不能面对面传播与对话的不足，以便更好地实现表达与交流。另一方面，虚拟空间中，肢体行动和无声语言等载体几乎无法登场，最主要依靠文字载体，例如可以通过互联网和手机平台中的电子邮件、发帖、写博、短信等形式进行诉求表达。新媒体技术的突飞猛进，还促使网络互动场景愈加似真化，使得音频、视频、图片、动漫、链接等成为新的活跃的载体形式。

再分析新媒体时代网络舆情表达载体要素的复合性和交叉性特征。考察实际应用过程，舆情表达载体要素常常不是以单独面貌出现，而是被表达者同时或交叉使用，呈现出复合性和交叉性特点。例如，在新媒体时代，信访机构会接到大量的通过电子邮件、专栏版留言、网络自媒体直播等形式进行的表达，在此过程中，文字、音频、视频、链接等诉求表达载体都会得到使用。而我们在观察网络流行语时，发现它们的传播与流行，也往往拜多载体混用所赐，实际上，文

---

① 全国 13 所高等院校《社会心理学》编写组：《社会心理学》（修订版），南开大学出版社1995 年版，第 220 页。

字、图表、漫画、语音、视频、链接等多媒体融合与自由混搭,已经成为网络载体使用的常态。

（2）情境性和空间性

舆情表达载体要素的运用还受到社会情境和舆情空间的深刻影响。我们先分析现实社会,通常,在那些正式性和约束性的舆情空间中,往往因为组织性强、程序规范,能够为民众提供有序的、合理的口头表达的机会,书面文字、理性言语等表达载体占据了主要地位。而在那些非正式和轻松的环境下,表达灵活方便,传播迅速,责任性小,能够有利于民众主张、愿望、意见和要求的真实流露,因此,随意性言语、肢体语言等表达载体往往得到充分使用。在有些特殊情境下,因为缺少把关人或者受到群体心理的影响,而有可能以谣言、极端行动等为载体,造成信息的夸张、失真和偏差,甚至成为社会冲突的导火线。

网络社会空间看似处在虚拟的电子世界,而且一些面对面时使用的载体在网络中也无用武之地,但实际上,网络社会从未割裂与现实社会的联系。它的存在根基就在现实社会中。因此,在此进行的舆情表达也难免受到社会情境和舆情空间的影响。例如,我们考察网络社会空间发现,在国家政府网站和主要新闻媒体设置的网络渠道,网民的表达往往比较理性和有序,使用规范文字和理性言语的比例更高;在"人人都有麦克风"的自媒体平台,网民的舆情表达就会更加随意和去责任化,除了对动图、音视频等使用更多外,非规范性文字与言语的使用频率也会增多;而在一些特殊的网络社会情境下,比如当两个观点相左的网络群体之间发生激辩时,使用极端的非理性文字、言语、动图等相互攻击,乃至传播谣言混淆视听的情况并不鲜见。而一些网络民众对舆情表达载体的极端化使用,显然是受到了网络去中心化、网络匿名效应、网络从众心理、网络集体无意识、网络群体盲思，以及网络群体极化等，这些当时特殊的网络社会情境和舆情空间的不良影响。

（3）演变性和发展性

就像现实生活中载体要素的构成并非一成不变，往往随着时代的变迁而不断进行创新和演化一样，随着互联网和手机的崛起和发展，出现了以网络和电子通信系统为载体的诉求表达样式。以网络载体中的网络语言的兴起为例，网络语言不是凭空产生的，它脱胎于现实社会，又利用互联网技术和传播规律，根据网络传播的特殊需要有所创造、演变和发展。通常来看，网络语言具有对现实语言的继承和移置，对现实语言的发展和渗透，语言结构的简约和精炼，语言风格的幽默和调侃，语言使用中的非规范性等特征。我们进一步分析，网络语言折射出网民带有强烈后现代主义色彩的认知和情绪。那么如果从后现代主义的视角来看，网络语言显示出网民的批判现实、解构权威、追求差异和反抗叛逆等几种社会心态。[1] 而恰好由于网络载体的传播特点适应了网络语言表达，因此，这些网络载体逐渐演变和发展为新兴的载体样式。而目前方兴未艾的网络视频，也是适应了网络时代发展需要的新的载体形式。

五、渠道要素

1. 渠道要素的含义

研究真实社会时可见，舆情表达主体的利益诉求，除了需要指向诉求表达对象，通过附着于一定样式的载体来完成之外，同时也必须

---

[1]　毕宏音：《网络语言与网民社会心态的折射》，《社科纵横》2007 年第 3 期。

通过一定的组织、机构、人际网络等渠道来承接,于是,渠道要素就构成了舆情表达机制中另一个基本要素。中国台湾学者余致力认为,在民意表达中,其直接表达包括两类,即主动表达(含投诉、游说、申诉、请愿、示威等)和被动表达(含民意调查等);其间接表达也包括两类,即正式渠道(含选举等)和非正式渠道(含政党、利益集团和大众传播媒体等)。①余致力提出的渠道概念有助于拓展我们的研究视野,清晰地阐述舆情表达渠道要素的含义。我们进一步研究也发现,在中国,普通民众的舆情表达不管是直接还是间接,都会通过各种渠道进行。而诉求表达对象确也通过不同层次、不同类型的机构设置,承接了大量来自民众的诉求表达。也就是说,无论是利用代表渠道、协商渠道、选举渠道,还是使用政党、大众传播媒体等渠道进行的表达,实际上都被纳入正式沟通渠道中。此外,也有一小部分诉求表达进入非正式或者非官方渠道中,像利用关系网的表达,或者是在群体性突发事件中利用集合性群体渠道进行的表达等。因此,舆情诉求表达渠道的绝大部分属于体制内,另一些则分布于体制外。这也显示出诉求表达管道要素的复杂性和多样性。

而站在协商民主建设的视角,观察新媒体时代网络社会中的舆情合理性表达,我们则需要强调,诚然网络舆情合理性表达主体的利益诉求,也需要通过一定的组织、机构、人际网络等渠道,即也需要通过各种直接和非直接的渠道来承接,但是,它与现实社会中的渠道要素是有区别的。第一,网络渠道的大门是对利用网络载体进行表达的网民敞开的,即这些渠道承接的是通过文字、音视频、链接等网络

①　余致力:《民意与公共政策——理论探讨与实证研究》,台北五南图书出版公司2002年版,第39页。

信息传播载体进行的表达,而非通过网下真实行动进行的表达;第二,就网络协商民主建设而言,我们指的渠道要素并未包括网络中的选举渠道,而是指网络对话、恳谈、讨论、互动等那些与网络协商相关的渠道;第三,也是最重要的一点,正因为本研究是基于网络协商民主建设的研究,因此,纳入其中的舆情表达应该被限定为有序理性的表达。故这些表达理应被纳入互联网初期的党政机构、大众传播媒体所设置的网站、论坛等,以及这些机构在移动互联网时代所设置的微博、微信、微视频、客户端等正式沟通协商渠道中,而不是指那些体制外的、非正式的,甚至暗箱操作的地下渠道。

2. 渠道要素的主要特点

(1)广泛性和多元性

新媒体时代的网络舆情合理性表达渠道的分布非常广泛。表达渠道要素从组织结构分析,包括新媒体时代在网络上所设置的政党表达渠道、政府表达渠道、社会组织表达渠道、网络新型经济文化组织表达渠道,以及网络新闻媒体、网上信访特殊管道等,可以说遍布了网络社会结构和社会生活的各个层次和各个领域,特别是随着移动互联技术的发展,政务微博、政务微博群、政务微信公众号、政务新闻客户端等表达渠道的权重显得日益突出。同时,相关渠道要素的外延又呈现多元化特征,既包括与渠道设置相关的政策措施、制度条文,也包括创设的各种沟通管道和平台。此外,有关决策者和工作人员,维持渠道运转的程序和方法等也构成了诉求表达渠道要素的一部分。这些都显示出新媒体时代的基于网络协商民主的舆情表达渠道要素的广泛性和多元性特征。

(2)联动性和互通性

与网络舆情表达载体的多媒体融合使用相类似,各类舆情诉求表达渠道在运作过程中也并非总是独立存在,而常常是跨组织机构的、跨互联网和移动互联网络的,乃至跨越网上与网下的联动和互通,而且当前的网络舆情表达渠道要素在运作过程中,还会根据需要进行机构、党派和人员之间的联动和互通。以中国国家级权威新闻媒体《人民日报》在网络上设置的舆情表达渠道——"人民网"为例,在其首页上,可以查阅到"地方领导留言板""强国社区""人民访谈""人民微博"等各类相关互动协商板块。再进一步看,假如进入"地方领导留言板",就可以同时选择"扫描下载地方领导留言板客户端""微信扫一扫关注地方领导留言板""扫描下载人民日报客户端",利用这三种互动渠道进行留言和互动。而三种扫描入口,实际上包括了旧有的报纸渠道、门户网站渠道与新媒体时代的即时通信类渠道、新闻客户端渠道等的互联互通。再假如进入"强国社区",就可以选择进入本社区的"强国论坛""深入讨论""人民微博""强国博客"等各个舆情诉求表达渠道,进行跨越门户网站与新媒体的互动交流与民主协商。"强国社区"除了与"人民微博""人民微视频""人民访谈""E政广场"互通外,还与"发展论坛""中新网社区""复兴论坛""互动中国""光明论坛""凤凰论坛""凯迪社区""搜狐社区""中华网社区""北方网论坛""中国社会科学网""中国改革论坛网"等联通,通过机构、组织、技术与人员进行联动,使"强国社区"所涵盖的网络舆情表达渠道,由网内至网外,共计达到了20余种。

同时需要强调的是,虽然在现实生活中渠道要素因包含着对各类舆情表达的承接,也难免有利用体制外、非正式、非理性的渠道进行表达的变异性特点。此外,在社会实践中受综合因素的影响,造成许多诉求表达渠道要素在使用上仍不能摆脱象征意义大于实际意义的象征性特征,但在新媒体时代,因网络舆情表达渠道被纳入网络协商民主建设的正常规范渠道,因此,对网络舆情非合理性表达进行了剔除,再加上各类党政机构和新闻媒体等设置的相关渠道,其工作指向性明确,以及快速发展的网络技术对相关工作所提供的强有力的支持,都使得专项功能与工作效率得到了极大提升,使得变异性、象征性等特征在网络社会中变得不那么显著了。

六、内容要素

1. 内容要素的含义

由上面的一系列分析中可知,基于网络协商民主的网络舆情合理性表达,其需要在特殊的空间情境下,通过舆情表达主体和客体,利用各种新媒体载体为工具,进入各种表达渠道来进行。不过,除上述基本要素之外,还需要就网络舆情合理性表达所涉及的内容要素进行分析。

一谈到网络舆情表达,一些研究可能常常认为,它反映了网民的情绪与态度。而顺理成章的,网络舆情合理性表达当然就是反映了网民的情绪和态度中的理性部分。但实际上,网络中可以直接捕捉和汇集的并非那些复杂的精神现象,而是以舆情信息的形式在网络中呈现了出来,即网络中的舆情信息是反映网络舆情的信息,不是网络舆情——情绪、认知、态度等本身,也不是国家管理者在网络中的权力运行的结果——中介性社会事项,而是一种围绕着网络舆情的特殊信息产品。[①] 当然,网络中的合理性表达的舆情信息,就是围绕着网络舆情的合理性部分的特殊信息产品。进一步看,网络中的相

---

① 中共中央宣传部舆情信息局、天津社会科学院舆情研究所编著:《舆情信息汇集分析机制研究》,学习出版社 2006 年版,第 12 页。

关舆情信息,本身看似纷繁复杂、包罗万象,实际上依然可以通过内容分类的方法加以有效区分。于是,这就涉及对这一特殊信息产品——网络舆情合理性表达信息的内容要素的分析。

(1)如果按照表达内容所涉及的主题类型划分,包含了政治类网络舆情合理性表达,经济类网络舆情合理性表达,文化类网络舆情合理性表达,社会热点类网络舆情合理性表达,突发事件类网络舆情合理性表达,综合类网络舆情合理性表达等主题类型的信息。①

第一,政治类网络舆情合理性表达信息。这类信息涉及国家政治制度、政治事务和意识形态,具体包含各种方针政策、法规条例、重大政治活动、政治性事件或者问题等方面的舆情信息。这类舆情面对的是国家的大局、大势和大事,反映了网络民众的社会政治态度,虽直接关涉政治,但亦会对经济、文化、社会等各个方面产生重大的影响,因此,需要引起高度关注。

第二,经济类网络舆情合理性表达信息。这类信息关系到国家的经济领域,涵盖了经济战略、经济决策、经济规划、经济活动、经济利益、经济事件等各个方面的舆情信息。由于我国正处于社会经济转型期,像就业、收入、产业调整、结构转型、金融改革等经济问题又涉及人民群众的根本利益,可谓牵一发而动全身,因此,网络民众对此极为关心,此类问题也频频成为网民热议之焦点。

第三,文化类网络舆情合理性表达信息。这类信息主要涉及文化、艺术、理论、思想、宣传等各个领域的舆情信息。当前如何推动物质文明与精神文明的协调发展,如何培育和践行社会主义核心价值

---

① 中共中央宣传部舆情信息局、天津社会科学院舆情研究所编著:《舆情信息汇集分析机制研究》,学习出版社 2006 年版,第 36 – 38 页。

观,如何坚持以人民为中心的创作导向,如何传承和弘扬中华优秀传统文化,如何提高国家文化软实力等,这些问题,党和国家关心,普通网民也非常关注,他们常常在网上就这些问题发表自己的看法和见解。了解这些舆情信息,有助于我们牢牢掌握意识形态工作的领导权和话语权,从而更好地推动网络协商民主工作的开展。

第四,社会热点类网络舆情合理性表达信息。这类信息专属于社会生活领域。社会生活离百姓很近,牵扯范围极广,这类信息是涉及各种社会建设、社会事件、社会现象和社会问题等方面的舆情信息。例如,涉及就业、医疗、教育、房价、社会保障、食品药品安全、社会治安、交通状况、环境保护、社会道德等各个方面的问题,都是网民普遍关心的社会热点、难点问题,其也常常成为网络舆情合理性表达的聚焦地。

第五,突发事件类网络舆情合理性表达信息。这类舆情信息极为特殊,就在于信息涉及内容——突发事件本身具有突发性、难以预测性、剧烈变化、破坏性和扩散性等特征。因面对的既有可能是天灾,也有可能是人祸,还有可能是两者交织,这类信息与政治类、经济类、文化类、生活类信息相比,在总量上虽然不多,在单位时间内却会迅速占领各个新媒体传播渠道,并迅速向网下扩散,甚至经常形成网上与网下相互传播的态势,而相关舆情常常表现为瞬间聚焦、疾速扩散、热点唤起、叠加互动、引申延展等走势①,使得影响热度和影响强度于极短的时间内攀升至制高点。

第六,综合类网络舆情合理性表达信息。社会生活总是复杂和非线性的,这导致了网络社会中的相关诉求表达所涉及的内容也并

---

① 毕宏音:《重大突发公共事件中的新媒体传播》,《重庆社会科学》2013 年第 4 期。

非单一性或一次性的。例如,当舆情信息涉及就业、收入、物价、房价等方面的社会热点事件时,同时也会涉及经济领域;再例如,表面上归属于文艺作品、思想宣传等文化类事件的舆情信息,同时也会与政治领域紧密相连;而一些关乎突发事件的舆情信息内容背后,总是牵扯到政治、经济、社会、文化等方方面面的复杂因素,正可谓"你中有我,我中有你"。因此,按照舆情表达内容所涉及的主题类型进行的划分,常常只是理论化和模型化的,现实情况是,属于交杂的综合类内容的舆情信息大量存在于新媒体时代的网络中。

(2)如果按照表达内容所涉及的地理疆域范围大小进行划分,包括在地类(本区域)网络舆情合理性表达信息与广域类(跨区域、跨国界)网络舆情合理性表达信息。

第一,在地类网络舆情合理性表达信息。这类舆情信息内容所涵盖的地理疆域通常包含两方面的情形。第一种情形的范围相对较小,即这类舆情信息内容所指的范围是地方性的或者区域性的。例如,网络上专门针对本地方(某省、市、区、镇均可)的一项特殊政策的各类意见和建议。第二种情况的范围则大得多,即这一类舆情信息内容所指的范围是境内而非境外的。例如,网络上专门围绕着面向全国的经济改革政策所阐发的感受、评价和态度等。

第二,广域类网络舆情合理性表达信息。与在地类相关舆情信息相比,这类舆情信息内容所涵盖的疆域显然更大,即这类舆情信息内容所指的范围是跨区域、跨国界的。实际上,这些舆情信息内容所指的地理疆域也有两方面的情况。其一,境内网络民众针对与境外相关的中介性社会事项,所表达的情绪、认知与态度。例如,针对积极实施"一带一路"和"讲好中国故事"所阐发的舆情信息。其二,境外网民、党政机构、社会团体与新闻媒体等,针对中国所表达的各种情绪、认知、感受、评价,特别是社会政治态度。

(3)如果按照表达内容所涉及的态度差异进行划分,包括知晓类网络舆情合理性表达信息、理解类网络舆情合理性表达信息、支持类网络舆情合理性表达信息、参与类网络舆情合理性表达信息等。

有学者指出,按照产生效果来分,舆情信息包括正面与负面两种类型。前一种持正面的肯定态度,后一种持负面的批评态度,后者的破坏力很大,应及时引导和处置,否则易引发社会矛盾甚至是社会动荡。① 上述研究显然是针对整个舆情信息的最终呈现而做出的简单分类,却没有进一步追根溯源,阐释出何种情况会导致舆情信息为负面,且持批评态度的就属于负面舆情信息,甚至会破坏社会稳定的观点,这一判断也值得进一步分析和探讨。

而从本研究视角出发,我们更加关注基于网络协商民主的,舆情合理性表达机制建设这部分内容。正如桑斯坦指出的,作为民主的要件之一,在于人们常常无意间在一些没有筛选过的题材里找到观点和话题;另一个民主要件,则是对于大部分公民来说,他们应该拥有一定程度的共同经验。假如无法分享彼此的经验,那么,一个异质性的社会将很难处理各种社会问题,人和人之间也不容易彼此了解。共同经验,特别是由媒体所塑造的共同经验,为我们提供了某种社会黏性。② 受此启发,我们并不会将舆情信息简单做正面或负面的两分法分类,而是试图假设大量新媒体时代的、基于网络协商民主的舆情合理性表达,是建立在一定的自然接触和自由选择的话题下,以及一

① 中共中央宣传部舆情信息局、天津社会科学院舆情研究所编著:《舆情信息汇集分析机制研究》,学习出版社2006年版,第37—38页。

② [美]凯斯·桑斯坦著,黄维明译:《网络共和国:网络社会中的民主问题》,上海人民出版社2003年版,第5页。

定的共同经验基础上的。我们再尝试着按照一定的自选话题与共同经验下的态度差异对其进行划分,可分为知晓类网络舆情合理性表达信息、理解类网络舆情合理性表达信息、支持类网络舆情合理性表达信息、参与类网络舆情合理性表达信息。

第一,知晓类网络舆情合理性表达信息。如果利用态度量表,对四种舆情信息进行测量和归类,这类舆情信息处于四种类型的最低值,其舆情表达信息内容反映出在网络协商民主建设中,网民针对有关中介性社会事项或者社会公共事务虽可以自由接触和选择话题,也拥有一定的共同经验,但社会态度处于最初步的知晓状态。即仅仅知道和了解中介性社会事项或社会公共事务的内容,并没有进一步理解、支持和参与的愿望和意愿,甚至,也有可能在知晓后,采取冷漠沉默或者批评反对的态度。因此,这类研究对象是需要我们重点监测、关注和引导的人群。

第二,理解类网络舆情合理性表达信息。如果利用态度量表,对四种舆情信息进行测量和归类,这类舆情信息处于四种类型的第二低值,其舆情表达信息内容反映出,在网络协商民主建设中,网民针对有关中介性社会事项或者社会公共事务虽可以自由接触和选择话题,也拥有一定的共同经验,但社会态度仅比知晓类网络舆情合理性表达信息更加积极,处于理解状态。即不但已经知晓,而且表示能够理解中介性社会事项或社会公共事务的内容,而同时,并没有进一步支持和参与的愿望和意愿。这一类的网络舆情表达信息,显示出这部分网民开始通过换位思考来试图理解对方的意图。他们应该是网络协商民主建设中需要重点争取的人群。

第三,支持类网络舆情合理性表达信息。如果利用态度量表,对四种舆情信息进行测量和归类,这类舆情信息处于四种类型的第二高值,其舆情表达信息内容反映出在网络协商民主建设中,网民针对有关中介性社会事项或者社会公共事务不但可以自由接触和选择话题,也拥有一定的共同经验,而且社会态度更进一步,处于支持状态。即不仅已经知晓并理解,还表示对中介性社会事项或社会公共事务采取支持的态度。当然,这类舆情表达信息止步于态度上的支持,并没有形成进一步参与的强烈愿望或具体行动。因此,他们是网络协商民主建设的重要后备军。

第四,参与类网络舆情合理性表达信息。如果利用态度量表,对四种舆情信息进行测量和归类,这类舆情信息处于四种类型的最高值,其舆情表达信息内容反映出,在网络协商民主建设中,网民针对有关中介性社会事项或者社会公共事务不但可以自由接触和选择话题,也拥有一定的共同经验,而且社会态度最积极,其社会态度处于从知晓到理解,由支持到参与的不断深化的状态。正因为他们通过最终的积极行动,参与到网络舆情合理性表达机制建构之中,故而,这一部分网民,就是新媒体时代网络协商民主建设中的强大生力军和最可依靠的力量。

2.内容要素的特点

(1)内容要素的指向性

正像前述,我们研究所涉的舆情合理性表达的内容虽纷繁复杂,但依然可以按照主题类型、涵盖地理疆域、包含态度的差异等进行有效划分。再进一步看,无论是何种表达(或整体性表达、或合理性表达、或非合理性表达),其核心就在于舆情反映。我们姑且不谈舆情的广义定义,仅从狭义来看,舆情是指在一定的社会空间内,围绕中介性社会事项的发生、发展和变化,作为主体的民众对作为客体的国家管理者产生和持有的社会政治态度。省去定语,舆情就是民众的社会政治态度。① 正因此,内容要素虽千变万化,将之分类虽角度多元,但抽离这些表象,本质上看,舆情作为反映民众的社会政治态度的内容要素,本身大抵具有鲜明的政治指向性。而这些本质特点,在新媒体时代的网络社会中依然显现,且极容易被捕捉到。

在《2015 年中国互联网舆情分析报告》中,研究者总结了当年的网络舆情热点。第一,党的十八大以后,新的中央领导集体全面深化改革、全面推进依法治国、进行"九三"阅兵、简政放权、南海问题发声、积极实施"一带一路"等,有关大局大事大势的议题,得到了网络舆情的高度关注和极高赞誉。第二,全面从严治党,持续的反腐倡廉,使得网民对中央政府充满信心。第三,在经济下行态势和压力下,聚焦和担忧非常手段救市等手段。第四,面对重大突发事件,地方政府应急管理处置的被动表现频频引发网民热议,表明政府和司法公信力亟待修复。第五,网络舆论场上意识形态纷争再起,一些社会问题被某些网民做了泛政治化和泛意识形态化解读。第六,国际议题在网络舆论场中趋于活跃。对于中国网民而言,确实需要在凝聚爱国热情与避免民族主义情绪之间找到平衡点。②

分析上述网络舆情热点,无论是对中央领导集体的大政方略、反腐成就的集体点赞,还是对经济运行、政府管理、公信力中存在问题的高度关注,以及对意识形态问题、中国国家形象塑造问题的舆论聚焦,这些热点大多与国家管理者权力运行的结果——中介性社会事项相关,或者被引申到国家管理者层面,而具有了显著的政治意涵。

---

① 王来华主编:《舆情研究概论——理论、方法和现实热点》,天津社会科学院出版社2003 年版,第 32 页。

② 祝华新、潘宇峰、陈晓冉:《2015 年中国互联网舆情分析报告》,转引自李培林、陈光金、张翼主编《2016 年中国社会形势分析与预测》,社会科学文献出版社 2015 年版,第 220 – 221页。

（2）内容要素的利益性

正像前述,舆情合理性表达的内容要素虽丰富多样和千差万别,但就其核心而言就是一种舆情反映。进一步分析和判断,舆情在本质上,始终贯穿了民众与国家管理者之间的,不断变化的相互利益关系,也就是说,舆情正是反映出围绕着这一主轴——相互间的利益关系,在舆情的主客体之间不断进行着的社会政治态度的互动。①

而在新媒体时代,基于网络协商民主的舆情合理性表达机制建设,本身就如博曼所言,是在协商民主中,公民通过自由和开放的对话而彼此交换他们的公共理性②,即这是一种具有公共理性的互动关系。正因此,从表面上看,被纳入网络协商民主大系统中的舆情合理性表达的内容要素,显示出在社会生活的各个领域以及不同范围,网民与管理者之间、网民与网民之间的相互理解与尊重的诉求表达与交流对话过程。从深层次解读,内容要素的背后,反映了网络民众与国家管理者之间、网民与网民之间的互动式的利益关系,特别是反映出网民对自身根本利益的天然偏好和理性追求的动态平衡。例如,考察以微博、微信为代表的新媒体时代的网络舆情合理性表达,所涉内容大抵聚焦于党和政府主导的中介性社会事项——干群关系、阶层关系和贫富关系,重大突发公共事件,以及道德类热点问题等。③这些舆情表达所关注的内容,看似没有太多的关联,实际都与百姓的切身利益直接相关,而围绕着这些利益关系来进行舆情合理性表达

---

①　王来华主编:《舆情研究概论——理论、方法和现实热点》,天津社会科学院出版社2003年版,第32页。

②　[美]博曼著,黄相怀译:《公共协商:多元主义、复杂性与民主》,中央编译出版社2006年版,第7页。

③　毕宏音:《微博诉求表达与虚拟社会管理》,中国社会科学出版社2014年版,第56－75页。

主客体之间的社会政治态度互动,也就显得非常自然了。

第三节　网络舆情合理性表达机制的运行原则

正如本书开篇所阐释的,网络舆情的合理性表达是指在互联网空间下,网民将与之利益相关联的情绪、意见、愿望、主张和要求,采取理性和积极的态度,由各种合法和常规网络渠道,通过各种网络信息传输方式表示出来的过程。因此,我们所谈论的这部分舆情表达机制要实现自身的良性运转,从整体上看,既需要与法律法规、道德理性等制度性约束相统一,也需要实现与网络协商民主工作过程的有机对应,以此来纳入协商民主制度体系。具体分析,达成网络舆情合理性表达机制的有效运转和良性协调,需要遵循以下几个原则。

一、平等的原则

基于网络协商民主,网络舆情合理性表达机制的良性运行,首先需要遵循平等的原则。平等,从字面上理解,指相等的地位和公平的待遇。平等的理想与实践发轫于古希腊的雅典。亚里士多德对此有过精辟论述:"在同类的人们所组成的社会中,大家应享有平等的权利。"[①]而随着社会发展,特别是进入新媒体时代,在促进网络舆情合理性表达机制顺畅运行中实现平等,不仅已经成为网络民主的内在前提,而且有着更加丰富的维度和内涵。从维度来看,包括法理(制度权利)平等、程序(规则形成)平等和机会(机遇前景)平等三个指

---

① ［古希腊］亚里士多德著,吴寿彭译:《政治学》,商务印书馆1965年版,第386页。

标。其中法理平等是基础,程序平等是保障,机会平等是实效。而平等的丰富内涵就寓于这些指标的制定、运行和实现过程中。

吴忠民曾在研究中阐释了公平所包含的丰富内涵。他提出,公平囊括了权利公平、机会公平和规则公平。其中,权利公平是指每一个社会成员都有着平等的基本权利,这些权利包括生存权、财产权、社会保障权、受教育权等。机会公平,是指有着相同能力和相同意愿的社会成员应当有着大致相同的发展机会和发展前景。规则公平,是指制度和政策的形成必须经过严格、公正的程序。这个程序必须具有普惠性、公平对待、多方参与、公开性以及科学性的特征。①

上述研究对于我们把握平等原则所蕴含的丰富内涵有着很强的借鉴意义。具体来分析,当前,基于网络协商民主建设,在网络舆情合理性表达机制运行中所坚持的平等原则,包含了丰富的内容。其中,网络表达的权利公平,包括保障每个普通新媒体用户的知晓权、表达权、参与权与监督权等。网络表达的程序平等,是指新媒体表达平台创设理念和技术设计具有易得性、透明性、公平性和普惠性。网络表达的机会公平,包括每一位参与表达的网民,在实际操作的过程中,都有大抵相同的使用和互动机遇。

二、包容的原则

包容,从字面上理解就是宽容和容纳。包容精神也是协商民主的基本内涵和应有之义。当今,中国社会的现代化转型与信息化变迁,已经使得价值观念、社会心理更加多元,这些也无疑使得网络环

---

① 吴忠民:《公平正义是改革发展的出发点和落脚点——中国共产党公平正义观的形成及基本内容》,《当代世界与社会主义》2014 年第 2 期。

境日趋复杂多变。面对于此,如何在尊重利益平等与自由和提倡表达和谐与包容的前提下,促进网络合理性表达机制的运行,即以弘扬核心价值观念——和谐观念为抓手,通过提倡包容的原则,培养包容的精神,努力实现人与人之间的理解、对话与合作,就显得尤为难能可贵。

进一步考量,价值观念的结构是复杂的,这一复杂性,体现在其既是相对稳定的,也是不断变化的,其中包含的内容既有正向的,也有负面的。

具体分析,价值观念就是一个社会的成员评价行为和事物以及从各种可能的目标中选择合意目标的标准。这个标准存在于人的内心,并通过态度和行为表现出来。它决定人们赞赏什么,追求什么,选择什么样的生活目标和生活方式。[①] 正因为价值观念是人们对现实事物或现象的意义的一种认同,认同所依据的标准就是价值准则,所以,它是人们意识中深层次的东西,也是相对稳定的。民众长期以来形成的价值观念也势必对其表达意识、表达内容和表达方式产生比较持续稳定的影响。当然,从另一面看,价值观念虽相对稳定,但也会随着社会变迁而发生迁移和改变。随着现阶段中国的社会转型,以及新媒体技术发展所带来的冲击,再加上各类社会思潮的影响,新旧价值观念的冲突也就发生了。在价值观念的冲突下,传统文化赖以延续的基本价值准则的合理性被放到现实中来加以重新检验。[②] 新的符合社会发展需要的价值观念,像平等的价值、民主的价值等也会遭到一些人的怀疑和抵触。过度的自由、极端的个人主义

---

① 胡乔木主编:《中国大百科全书·社会学》,中国大百科全书出版社 1991 年版,第 410 页。

② 陆学艺、景天魁主编:《转型中的中国社会》,黑龙江人民出版社 1994 年版,第 250 – 251 页。

也开始有了市场,许多人开始变得迷茫和矛盾,甚至对诉求表达应该采取的文化价值标准难定一尊,无所适从。

对价值观包含的内容进行综合分析,从历时性看,人们的表达既可能受到团结民众、凝聚人心的——像"和而不同""和以处众"等价值观念的长期浸润,也可能受到那些桎梏社会发展的"讷于言而敏于行""看客哲学"和"君君臣臣"等价值观的负面影响。从当下来考察,网民的表达既可能蕴含着民主协商、平等互谅的意识,也可能隐含着偏颇激进、毫不妥协的倾向。

上述种种,反映出当今网络舆情表达的复杂状况。为了维护网络舆情合理性表达机制的良性运行,就亟待强调培养和谐意识,建立包容原则,以促进网络协商民主建设。通过对价值观念中合理部分的肯定和弘扬,对符合社会发展需要的新文化成果进行导入和推广,来发挥促进价值整合、引导社会前进的积极作用。[1]

三、互动的原则

既然协商民主的达成应通过集体或个体的内省、对话、交流、争辩等过程来最终形成合法决策,那么在以协商民主为前提的网络舆情合理性表达机制建设中,要想实现表达目标,就需要强调合法决策的形成并非一蹴而就,而是一个相互作用、相互影响与相互制约与妥协的动态反复的互动过程。因此,互动原则就成为保障网络舆情合理性表达机制畅行的又一个重要原则。我们进一步分析,遵循互动原则应该包含主体多元、动态反复两个基本要素。

先看主体多元性。虽然,一些学者强调,技术发展往往成为助推

---

① 毕宏音:《诉求表达机制研究》,天津社会科学院出版社 2009 年版,第 229 - 230 页。

民主政治进程的有力手段。像有学者指出,网络交互性的技术特征,使得网络民主较之传统民主形式,具有更强的互动性,形成新的双向互动模式。① 但进一步看,既然协商民主的本质之一就是一种不同集体或者个体对话交流和最终达成共识过程,那么随着新媒体时代网络利益主体的日益多元化,当前的网络交互性技术支持,特别是新媒体的实时送达、复合交互、海量存储、大数据分析、精准化定制的技术设置,只是为多中心－多元利益主体参与网络表达,最终通过相互倾听和沟通,促进正视差异、分歧化解、相互妥协和达成共识,提供了技术上的可能。诉求表达愿望的最终达成或者部分达成,还是要基于网络协商民主,加快舆情合理性表达机制建设步伐,通过遵循沟通理念,实现网络互动原则等来实现。并且,以互动原则为基础,面对主体多元化的普遍状况,新媒体时代的网络互动模式,已经从双向互动形式,发展成为多维度复合交叉的交互模式。

再看动态反复性。正由于社会转型带来了利益格局的深刻调整,新媒体时代网络利益主体变得日益多元化,因此,网络上的诉求表达的利益指向与利益纠葛就变得愈发复杂多样和难以归类。这也就意味着网络协商民主过程中,舆情诉求表达主体(集体与集体、集体与个人、个人与个人)之间的相互作用、相互制衡与相互影响是错综交杂和动态发展的。因此,以互动原则为基础,面对互动主体利益诉求指向复杂多变的普遍状况,新媒体时代的网络互动模式,应是一种长期的、动态的和全天候的交互模式。

---

① Paul Ferber, Franz Foltz &Rudy Pugliese. "Cyberdemocracy and Online Politics: A New Model of Interactivity. Bulletin of Science", *Technology & Society*, Vol. 27, No. 5, October 2007, pp. 391 –400.

四、公开的原则

西方的相关研究者曾提出,在协商民主的理念中,每个人都有权利指导和评判那些对自己具有约束力的法律或政策。因此,协商民主的公开性,首先是协商过程是公开的,整个程序为公众所知晓和熟悉;其次,协商参与者在讨论和对话过程中,要公开自己支持某项政策的理由和偏好;最后,立法或政策建议也应该是公开的,公众知晓政策的形成过程。协商过程的公开性使得决策的理由更加理性,结果也更公正。讨论中提出并且最终被公众接受的理由必须首先满足公开性条件,也就是讲,其理由必须要让所有公民信服。[①] 上述研究即便专指真实社会场域中的面对面讨论和对话中需要遵守的原则,但对于所谓"物理不在场"的网络空间而言,依然具有很强的借鉴与启发。即在新媒体时代,在网络舆情合理性表达机制建设过程中也需要遵循公开的原则。

综合分析,实际上,在以新媒体应用为代表的互联网迅速发展态势下,做好公开需要把握以下两个方面的内容。其一,无论是党和政府还是以集体或个人面貌出现的网民,都应该树立公开的理念。也就是说,政府部门要视网络政务主动公开和回应为政府的义务,而不是视同包袱。同样,普通网民在与政府或其他利益相关者在对话和协商过程中,也要将主动亮明观点和利益期待当作自身的责任,而不是情绪化表达。其二,整个协商过程是公开透明的。也就是讲,网络协商过程既为协商组织者熟知,也要被多元参与者了解。要置真实、

---

① James Bohman & William Rehg, *Deliberative Democracy : Essays on Reasons and Politics*, The MIT Press, 1997, p. 322.

客观的相关信息、讨论结果、对政策的影响、政策法律的制定等于新媒体公共平台上,而不是暗箱、后台或者"茧室"之中。当然,达成公开的目标,需要有相关的高度抽象的法律法规来约束,也需要与具体的能够公开的对应事项相衔接。

五、有序的原则

有序就是具有秩序。有序是相对无序而言的,一字之差,既是网络协商民主的题中之义,也使得舆情表达转化成舆情合理性表达,进而为形成一个链条完备、顺畅运行的机制,找到了支点和依托。因此,通过网民的有序政治参与,促进网络主体的有序表达和利益实现,也就成为推动网络舆情合理性表达机制建设的重要原则之一。

所谓秩序,就是指规则、制度被服从或者被遵从的结果。政治秩序就是指国家政治体制中不同的政治主体间所形成的比较稳定的关系,也就是在国家政治生活中,法律制度和政治秩序得到普遍的认同和遵守,整个国家政治生活处于既定制度设计的运行状态之下。① 而公民有序政治参与,就是公民在认同现有制度的前提下,为促进政治、经济、社会与文化发展,提高政府管理公共事务的绩效与能力,维护公民的合法权益,促进公共利益等进行的各类规范化、制度化、法制化的政治活动。② 分析上述两个概念,核心就是"依法"和"依规"。唯此,政治生活是稳定的,人民的表达态度是积极、守法和理性的,表达的通道是畅顺的,利益的实现是可以预期的。而正因为网络社会本源是真实社会,即虚拟的前提是现实,因此,上述对现实政治生活

---

① 莫吉武、杨长明、蒋余浩:《协商民主与有序参与》,中国社会科学出版社 2009 年版,第 29 页。

② 陈家刚:《协商民主与当代中国政治》,中国人民大学出版社 2009 年版,第 214 页。

的制度化约定,同样适用于新媒体时代的网络社会。

具体分析,基于网络协商民主,新媒体时代的网络合理性表达机制建设中,既包含着由各级党和政府所主导的,通过相关制度化约定,通过微博、微信、新闻客户端等新媒体平台所设立的规范的民主表达程序与过程,也包含了网络民众在认同现有的社会政治制度、法律法规和网络参与约定的前提下,为促进国家与社会、社会与公民、公民与公民之间良性互动,为提高党的执政能力和政府的治理能力,所进行的依法、依规、合情、理性、适度的诉求表达和利益维护的行动。在这一过程中,网民积极参与社会管理与社会和谐稳定之间,人民当家作主与党和政府更好地代表最广大人民群众的根本利益之间,就找到了最佳的契合与平衡点。

六、共识的原则

所谓共识原则,本意指人和人、人和集体、集体和集体、集体和国家之间,所遵循的相互理解,谋求共同的认知、价值,在反思、换位和妥协中形成互惠和最大公约数的原则。进一步看,共识的内涵是什么？是指讨论主体在想法和理由上保持一致吗？实际上,只要深入现实生活考察就不难发现,寻求完全一致的想法和观点往往只是一种愿望,否则,就不会将相互理解、自我反思、换位思考、彼此妥协,作为达成共识的要件了。也正是基于对共识的深入研究和思索,博曼使用了"多元一致"的概念来讨论协商民主中的共识问题。就是说,共识只是要求公共协商过程中的持续性合作,即便是持续的不一致……融合并非公共理性或者讨论的必然要求,而是理想。这种理想并不要求所有公民出于相同理由而同意,只要求在相同的公共协商过程中,公民能够保持持续合作与妥协。①

上述阐释告诉我们,共识原则的提出,实际上反映了社会主体多元、社会阶层分化、社会结构复杂多变、社会利益关系深层次调整的现实状况。这样的情形,就要求我们在承认差异、尊重彼此、寻求公约的基础上,承诺并付诸敞开可以长时间运转的、连续性的对话通道。而新媒体时代的网络社会亦应如此。虽然,加里·马克思提出了现实社会中可以识别个人身份的几大要素为合法姓名,有效住址,可以追踪的假名,不可以追踪的假名,行为方式,包括年龄、性别、职业等在内的社会属性,身份识别物。② 而这些身份识别要素,在看似虚拟无形的网络世界里多多少少可以藏匿或变形,但实际上,就像本书反复强调的,网民归根结底是社会人,网络社会也绝不是提倡随心随性、为所欲为表达舆情,可以不顾社会法制和道德公义的与世隔绝的法外之地,特别是在网络协商民主的基础上。推动网络合理性表达机制建设的发展,更需要我们在网络政治参与过程中始终牢记制度法治和道德底线,不因为"物理不在场"而过度倾泻自己的情绪,既勇于公开理性表达自身的利益诉求,也善于倾听别人的期盼心声,通过坚持共识的原则,消除戾气,营造和谐,倡导理解,获得多赢。

七、有效转化的原则

如果说在真实社会情境下,协商民主既指向了为政治生活中的

---

① James Bohman,"Public Deliberation and Cultural Pluralism",in *Public Deliberation:Pluralism,Complexity and Democracy*,The MIT Press,1996,p.89.

② Kling,R.,*Assessing Anonymous Communication on the Internet:Policy Deliberations*,http://www.sils.indiana.edu/TIS/readers/full-text/15-2% 20kiling.pdf,1999-2-9,p.5.

理性讨论提供基本空间的民主政府①;也是一种通过公开讨论,让每个参与者能够自由表达,同样愿意倾听并考虑与之相反的观点,而进行决策的民主体制②;同时,还是一种以公共利益为取向,寻求以对话实现共识,明确责任,由此作出被普遍认同的决策③。那么,诚然,在我们赖以生存的社会空间中的民主政府、民主体制和民主决策,都是或真实存在,或通过相关文件和政策措施等呈现给普通民众,也被我们所关注。但实际上,老百姓最关心的是由此产生的各类民主协商效果,也就是最终是否促进利益实现,以及利益实现的程度。

协商民主前面加上"网络"这个前缀,不仅表明网络协商民主是协商民主的新的形式,也突出了这一类协商民主需要依托互联网技术和信息承载平台来实现运转。不过,正如前述,网络协商民主囊括在协商民主的大系统中,它实质上是互联网条件下,特别是新媒体时代协商民主的新的、愈发重要的组成部分。因此,基于网络协商民主的舆情表达的最终目的,就不单单是从硬件上建立多少数量的承载网络协商的政务公众平台;亦不是颁布多少数量的发展网络协商民主,尊重网络舆情合理性表达的制度条例;网民的利益表达同样并不止于被倾听和被理解,而是需要通过表达和倾听,逐步实现问题的全部或部分的解决。因此,网络舆情合理性表达机制的运行原则之一就是有效转化的原则,即达成可以解决或部分解决问题的中介性社会事项。而遵循有效转化的原则,其中应包含两个基本要素。第一,

---

① Maeve Cooke, "Five Arguments for Deliberative Democracy", in *Political Studies*, 2000, Vol. 48, pp. 947 – 969.

② David Miller, "Is Deliberative Democracy Unfair to Disadvantaged Groups?", in *Democracy as Public Deliberative: New Perspectives*, Edited by Maurizio Passer in D'entrèves Manchester University Press, 2002, p. 201.

③ 陈家刚:《协商民主与当代中国政治》,中国人民大学出版社 2009 年版,第 24 页。

实质性回应。网言网语不是无关痛痒、敷衍了事,或者例行公事、官样文章,而是给予实质性解答。第二,切实落地。网上来还必须网下去。比如老百姓最关心的各类民生问题,影响社会稳定的重大突发性事件,以及社会网络谣言等,牵一发而动全身,都需要在现实中得到快速处置和稳妥解决。这样,基于网络协商民主的舆情合理性表达机制建设才能落地生根,也才能赢得高认同度和高满意度。

在如何贯彻有效转化原则上,国务院在 2016 年 8 月颁布的《国务院办公厅关于在政务公开工作中进一步做好政务舆情回应的通知》中已经给予了解答。例如,在如何提高政务舆情回应的时效和实效上,条例规定,对涉及特别重大、重大突发事件的政务舆情,要快速反应、及时发声,最迟应在 24 小时内举行新闻发布会,对其他政务舆情应在 48 小时内予以回应,并根据工作进展情况,持续发布权威信息。再如,就怎样把握需重点回应的政务舆情标准,条例规定,各地区各部门需重点回应的政务舆情是:对政府及其部门重大政策措施存在误解误读的、涉及公众切身利益且产生较大影响的、涉及民生领域严重冲击社会道德底线的、涉及突发事件处置和自然灾害应对的、上级政府要求下级政府主动回应的政务舆情等。舆情监测过程中,如发现严重危害社会秩序和国家利益的造谣、传谣行为,相关部门在及时回应的同时,应将有关情况和线索移交公安机关、网络监管部门,依法依规进行查处。①

---

① 《国务院办公厅关于在政务公开工作中进一步做好政务舆情回应的通知》,中国政府网,http://www.gov.cn/zhengce/content/2016-08/12/content_5099138.htm。

第三章　新媒体时代网络协商民主与舆情合理性表达机制运行规律

当我们对网络协商民主与网络舆情合理性表达机制的逻辑关系、网络舆情合理性表达机制的构成要素和内涵特征等进行了宏观把握之后,就需要深入机制运行内部,对新媒体时代的网络协商民主工作机制,以及网络舆情合理性表达机制的运行规律进行综合研究。

第一节　新媒体时代基于网络协商民主的舆情合理性表达机制运行动力

一、主观因素分析

(一)作为舆情主体的网民利益需求多元

立足宏观大背景,当"十三五"即将圆满收官,"十四五"又将扬帆起航之时,我们站在了全面建成小康社会的新起点上。总结前五年,经济实力迅猛增强,民生福祉极大提升,革弊鼎新改革有力,大国责任勇于担当,从严治党反腐倡廉,交出了令全国老百姓满意的答卷。

深入社会领域考察,民众在为社会经济发展进步巨大、社会经济保障水平取得前所未有的提高点赞的同时,也更加关注自身的利益获得状况。而随着经济社会快速发展,以及利益格局的深刻变化,这种利益需求无疑又是立体的、变动的与多元的。

有学者就根据理论研究现状和社会发展现实,提出了用于测量社会发展水平的社会质量指标体系,分别从社会经济保障、社会凝聚、社会包容、社会赋权四个方面进行测量。再进行细分,社会经济保障子系统又包含了收入与居住、社会保障水平、就业水平指标;社会凝聚子系统则包括了社会信任、社会价值观、社会矛盾水平等指标;社会包容子系统囊括了社会歧视、社会宽容、社会公平这三个测量指标;而在社会赋权子系统中,又包含着社会公众的社会参与水平、政治参与水平、公众的参与效能感等几项测量指标。[1] 这些指标的设置并非凭空想象,它来源于前期的研究基础,同时,也来自现实生活的实际需要,反映出百姓对社会生活的质量需求的多元性。

作为现实生活映射与延伸的网络社会,网民的所思所想与一言一行是以真实社会为基础的,而网络舆情表达的低成本、便捷性和病毒式传播,更使得网络民众充分利用新媒体时代的网络平台,表达自己的愿望和呼声成为可能。如果说,上述来自真实社会的研究还相对比较宏观,那么更加具体的,以《2015 年中国互联网舆情分析报告》的大数据分析结果为例,在经济领域,受股市波动和经济增速下行影响,更多的网民开始关注证监会、央行等财税金贸部门。在政治领域,反腐倡廉的有力开展,使得纪检监察部门成为网民的聚焦地点。

---

① 李炜、范雷、崔岩:《当前中国社会质量状况调查报告》,转引自李培林、陈光金、张翼主编《2016 年中国社会形势分析与预测》,社会科学文献出版社 2015 年版,第 115 – 130 页。

在社会安全领域,围绕着公安执法问题,网络民众频频发声。在依法治国领域,网民对司法建设和司法公正的聚焦逐步升温。在教育领域,高考、招生、校园暴力等事件的发生,使得教育部门成为网民的高关注地。在文化、思想、宣传领域,网民对相关问题的关注和讨论有增无减。在劳动社会保障领域,公务员工资调整、养老金并轨问题也频频引发网民热议。此外,关乎百姓食品安全的食药质监安监部门,关乎百姓出行问题的交通部门,关乎百姓看病保健的医疗卫生部门,关乎百姓娱乐休闲的旅游部门,以及关乎网络通信建设与安全的网信部门①等,都感受到了大量来自网民的利益诉求。

（二）网络民主意识高涨

正像有学者提出的,包含了协商民主在内的"民主",常被阐释为使政府对广大民众的需求作出回应的过程和机制②,或在不同利益团体博弈影响政府决策的过程中,广大民众能够多大程度地影响决策③。综观现实,已经逐步形成了常态化回应流程的政府,以及在各个利益团体中作用日渐凸显的民众,从两个不同的侧面揭示了一个事实,即改革开放四十多年来经济、政治、社会与文化的全面发展,特别是近些年网络化时代的开启,带动了民众的民主意识蓬勃兴起,民主表达空前高涨,也使得以网络为代表的舆情表达和舆论力量,成为影响国家政策的重要因子。这些可以从一系列的生动细节看出端倪。

---

①　祝华新、潘宇峰、陈晓冉:《2015 年中国互联网舆情分析报告》,转引自李培林、陈光金、张翼主编《2016 年中国社会形势分析与预测》,社会科学文献出版社 2015 年版,第 224 – 225 页。

②　Robert A. Dahl, *Democracy and Its Critics*, Yale University Press, 1989; John Markoff, "Where and When Was Democracy Invented?", *Contemporary Studies in Society and history*, 1999 (41) pp. 60 – 90.

③　John Markoff, *Waves of Democracy: Social Movements and Political Change*, Pine Forge Press, 1996; Rueschemeyer Dietrich, Evelyne Huber Stephens and John D. Stephens, *Capitalist Development and Democracy*, University of Chicago Press, 1992.

新媒体网络舆情合理性表达与协商民主体系建构

细节之一:网民积极参与网络反腐,凸显了网络民众强烈的民主参与意识。新媒体时代技术突破和快速发展,逐渐打破了传统媒介的传播主导格局,降低了参与门槛,而党和政府开门纳谏、与民协商的开放行动,无疑激发了网民的民主参与意识。网络民众充分利用被赋予的表达机会和话语权力,或利用微博、微信、论坛、知识社区等发布平台,或进入相关的党和政府网站、版块,采用网络发布、转发、评论、对话、跟踪和监督等各种形式,将网络舆情合理性表达,转化为促进反腐倡廉机构采取切实行动的有效舆论力量。例如,上海交通大学舆情研究实验室从 2014 年的 1200 起舆情热点事件中测算出热度排名,在前 20 位舆情热点事件排名中,"周永康被查""中央军委原副主席徐才厚被开除党籍"①等反腐倡廉大事件均在列,表明这一类事件,已成为引发网民高度关注和追踪,形成与党和政府间长时间交流互动的聚焦点。

细节之二:对公共政策议题影响的不断深化,揭示出新媒体时代协商民主行动背后的网络民主意识的快速成长这一事实。某学者对 2003—2013 年的 6000 余起热点舆情事件进行了统计,发现共计 457 起事件引起了政府的政策回应,回应率达到了 7.6%。其中,网民进行舆情合理性表达的平台遍及了强国、凯迪、天涯等网络论坛,新浪、腾讯、网易、搜狐、百度空间、博客平台,博客大巴、和讯博客等博客空间,以及新浪微博、腾讯微博、网易微博、搜狐微博等微博平台。涉及的国家和地方政策问题包含了环境污染、食药安全、灾害事故、反腐倡廉、伦理道德、产品质量、言行不当、公共卫生、社会民生、弱势群体

① 上海交通大学舆情研究实验室:《2014 年中国网络舆情年度报告》,转引自谢耘耕主编《中国社会舆情与危机管理报告(2015)》,社会科学文献出版社 2015 年版,第 4—5 页。

保护、滥用公权、涉法涉警和其他,共计13类。而该项研究进一步发现,在92起推动公共政策回应的舆情事件中,有比例高达73.9%的舆情事件决定了相关公共政策的推动过程。[①] 以上数据分析深刻地反映出,网络民主意识的形成带动了民主化行动在各个网络平台上不断涌现,使得大量的网络舆情合理性表达最终推动了公共政策议程的形成。

(三)社会心理多变

若说,在改革发展关键期的四个深刻变化中,经济体制、社会结构、利益格局,这三个方面的变化属于社会生活中的客观因素的变化,那么,思想观念的深刻变动则属于主观因素,即属于观念意识和社会心态等精神现象的大幅度的改变。进一步分析,尽管经济领域、政治领域和社会领域的巨大变迁是客观社会事实,但因上述剧烈变迁和快速转型而导致的差距和失衡、矛盾与冲突,确会实实在在地转化为能够被人感受和评价的社会心态,也就是会导致民众的社会心理、舆情诉求、社会感受、社会评判等方面的社会心态变得更加分化和多变。这些变化,在真实社会的民意调查中,可以被清晰地测量出来。例如,一项通过电话辅助调查系统开展的2014年相关全国性调查结果显示,在被调查的1080个有效样本中,女性比男性更信任法官和警察,男性比女性更信任农民工群体;东部被调查者对出租车司机和记者的职业信任度更高,中部被调查者对钟点工群体的信任度更高。此外,在熟人社会信任度、信息来源信任度、媒介信任度、阶层认同、社会生活感受等很多方面,都显示出在性别、年龄、文化程度、收

---

① 万旋傲:《突发公共事件中的网络舆论传播与公共政策制定》,转引自谢耘耕主编《中国社会舆情与危机管理报告(2015)》,社会科学文献出版社2015年版,第279-287页。

入、地域等变量上的差异。① 这些变量差异的背后,充分反映出当前社会心态的多样和多变。

针对新媒体时代的网络社会的相关研究,既可能是对海量往来帖文的文本分析,也可能是对内容丰富的网络调查数据的综合研判,还可能是对每一年层出不穷的网络流行语的汇集筛选和舆情研究。例如,2015 年,百度百科发布了 2014 年度热词榜单,互动百科也发布了 2014 年互联网十大热词。其中,政治领域的"打老虎"和"依法治国",环境方面的"APEC 蓝"和"霾",国际方面的"马航失踪事件"和"埃博拉病毒"等同时位列两个榜单。② 上述结果说明,网民既关注改革、反腐、法治等国家大事,又关心环境保护这些身边事,还关心国际上发生的大事,显示出网络舆情诉求表达的多维度。再看百度百科十大热词的月度排行榜。其中在 2016 年 8 月的月度热词排行榜中,一个大事件和一个影视明星格外引人注目。大事件就是里约奥运会,围绕着奥运会,傅园慧、中国国家女排等词条同时上榜,共占据了 8 月份网络十大热词的四项。但值得关注的是,占据热词第一名的是"王宝强、马蓉"③,这源起于几乎与奥运会同时出现的"王宝强离婚声明",因涉及婚姻家庭、两性关系、出轨失范、财产安全、职业道德、法律司法等相当复杂的社会问题,又与百姓的生活息息相关,因此,牵动了几乎所有网民的目光,并迅速升温至线下,成为一个全民热议,甚至引发国际性关注的焦点事件。在这一事件中,一方面,绝大多数的网民表达了对男当事人的同情和支持,有着极强的态度倾向

---

① 谢耘耕主编:《中国民生调查报告(2015)》,社会科学文献出版社 2015 年版,第 6-7 页。
② 孙茜:《2014 年网络热词年度报告》,转引自谢耘耕主编《中国社会舆情与危机管理报告(2015)》,社会科学文献出版社 2015 年版,第 344 页。
③ 百度百科十大热词——2016·8_百度百科,http://baike.baidu.com/item/百度百科十大热词——2016·8/19923426。

性。另一方面,网民关注此类事件的侧重点又有着极大的不同。其中,大量的帖文极富个人感情色彩,表达了网民的愤怒、嫌恶、惋惜、怜悯等复杂情绪,也充斥了大量的非理性表达,甚至各种版本的"阴谋论"甚嚣尘上。同时,网络上冷静探讨婚姻家庭与阶层关系的有之,共同讨论婚前婚后财产安全的有之,针对相关法律进行互动交流的亦有之。

这些围绕着大量的人或事所进行的网络舆情表达,看似纷繁庞杂难以梳理,但依然可以看出社会心态的复杂多变之趋势。且有一点是共同的,就是均反映出网络民众越来越倾向于通过网络,去表达既具有鲜明个人色彩又拥有大量的集体主张和共识的利益诉求这一基本事实,这其实既需要我们去正视社会心态日趋多元多变的大趋势,也为我们提供了难得的契机,可以剥茧抽丝,去粗取精,精准把握舆情变动规律,使基于网络协商民主的舆情合理性表达机制建设工作,以及网络舆情合理性表达的培育和引导工作更加有的放矢。

(四)决策理念更新

习近平总书记指出:"网民来自老百姓,老百姓上了网,民意也就上了网。群众在哪儿,我们的领导干部就要到哪儿去,不然怎么联系群众呢?"①如何才能更好地联系群众呢? 好的决策和好的行动首先来自好的理念,因此,树立正确的决策观念至关重要。

进一步分析,法国的托克维尔认为:"民主政治的成功不仅依赖于一套完备的民主制度,还依赖于一种对民主、自由和参与的民主性

---

① 习近平:《在网络安全和信息化工作座谈会上的讲话》(2016年4月19日),人民出版社2016年版,第7页。

格的培育。"①养成民主的性格,不单单是对民众的希望,也包括执政者和政府本身。因为欲推行民主,自身必先从决策观念上形成民主的意识、民主的模型,并形成认同,才能付诸各项决策。何谓决策观念? 观念是人的大脑对客观事物的反映形式。决策观念是人们在现实活动之前,首先建立起来的关于决策的前提条件、途径、步骤等的观念模型。决策理念的本质规定约束着其必须能够反映客观规律和主体的现实需求。② 综观当前,形成推动网络协商民主建设的决策观念,既应该是能够尊重人性,关爱大众,服务于网络民众对自身利益的渴望、主张和要求,又应该是遵循客观现实,最大限度地符合网络社会发展的客观规律和自然规律,还应该本着负责任的精神,欢迎网民监督,及时、恰当地对民意做出回应。而为适应社会急剧转型,网络高速发展,网络诉求表达日益高涨的新形势和新要求,各级国家管理者正在不断更新网络决策理念,以便将舆情合理性表达更好地纳入协商民主建设大系统之中。

理念的更新带来了实效。从 1999 年建立第一个网络论坛"强国论坛",再到各级各部门开通了各类政府网站或相关网络栏目回应民意,一直到目前新媒体时代网络政务微博、政务微博群、政务微信公众号、政务头条号等遍地开花,我们的管理者一直在努力与发展同步。以新浪微博为例,截至 2016 年 6 月 30 日,全国各级政府机关部门已开设政务微博 159320 个,其中,机构类微博达 120920 个,官员认证微博则达到 38400 个。较 2015 年底新增加 6930 个。从工作新变化看,为适应移动互联技术发展后带来的视频化新特点,微博正在成

---

① [法]托克维尔著,董果良译:《论美国的民主》(上卷),商务印书馆 1996 年版,第 320 - 360 页。
② 周天楠:《决策理念的本质规定》,《东岳论丛》2002 年第 5 期。

为"移动直播＋政务"的主阵地,移动视频直播则成为政务公开和与民互动的一种新常态。①

二、客观因素分析

(一)网络社会的疾速成长

从 1994 年接入互联网至今,中国的网络社会实现了从零跨越的高速成长。那么,如何来考察网络社会的迅猛发展呢? 一方面,恐怕数字更能给我们提供直观的反映。数据之一,截至 2016 年 6 月底,中国网民的数量已经超 7 亿。② 我国互联网普及率达到了 51.7%,同时,超过全球平均水平 3.1 个百分点,超过亚洲平均水平 8.1 个百分点。数据之二,截至 2016 年 6 月底,手机网民的数量为 6.56 亿。这意味着每 10 个互联网网民中,有超过 9 个曾经利用手机上网。数据之三,以新浪微博为例,截至 2016 年 6 月 30 日,经过新浪平台认证的政务微博达到 16 万个,比 2015 年底增加 6930 个。其中政务机构类微博 12 万余个,新增 6214 个,公务人员类微博近 4 万个,新增 716 个。另一方面,我们也可以通过文献资料所提供的文字内容,来深化对网络社会发展状况的了解和认知。文字内容之一,到 2016 年上半年,伴随移动通信网络环境的不断健全完备,以及智能手机的进一步普及化,移动互联网应用正深入渗透至用户的各类生活需求,包括网上支付线下场景的不断丰富,大众线上理财的习惯正在逐步养成;在线教育

---

① 人民网舆情监测室:《2016 年上半年人民日报·政务指数微博影响力报告》(2016 年 8 月),http://yuqing.people.com.cn/NMediaFile/2016/0804/MAIN201608041302000017647350845.pdf。

② 注:虽然随着时间推移,中国互联网发展状况统计最新数据已经更新至 2019 年上半年,中国网民的规模也已经达到 8.54 亿人。但因三年的数据变化,并没有改变网络社会稳步发展的整体走势,因此,为了研究的统一性,本书还是以初稿完成时的 2016 年上半年数据为准。

和在线政务服务呈现迅猛发展,互联网特别是移动互联网带动了公共服务行业向纵深扩展。文字内容之二,作为政务微博中的中央机构微博在 2016 年上半年表现突出,经综合评价,其中 15 个账号入围政务微博百强榜,广大网民则对"国家队"的工作表示高度认可。文字内容之三,目前,政务微博越来越多地使用视频化手段,包括网络视频、自制视频、移动视频直播等形式得到了大量的应用。同时,政务微博正在通过强化服务意识和服务功能,不断抢占舆论制高点。[①]

上述数据和描述其实从不同侧面揭示出一个事实,那就是,如今的网络社会发展现实,实际上为该社会出现初期人们所持的"虚拟"说和"附庸"说等观点画上了休止符。网络社会既不是完全与世隔绝的电子化世界,也不完全充当真实社会的影子和附属角色,它是真实社会在网络世界的延伸和扩展,同时又是网络世界对真实世界的反渗透和反建构。这种反向作用力,随着网络社会,特别是移动互联网络社会的不断壮大和兴盛而日益显现。当前,中国公民中有一半以上在网络社会中留下了痕迹(且中青年群体所占比重很大)。而近些年,大量的社会舆情热点事件的信源和传播表达中心来自网络,同样,为了适应网络社会快速发展的特殊要求,由党和政府设置的基数庞大的网络舆情表达承载渠道,正在发挥着越来越重要的功能和作用,也愈加成为新媒体时代官民沟通交流协商对话的纽带与桥梁,这无疑使得网络协商民主建设这一协商民主的新形式,开始有着愈发重要的权重和影响。

---

① 中国互联网络信息中心:《第 38 次中国互联网络发展状况统计报告》,http://www.cnnic.net.cn/hlwfzyj/hlwxzbg/hlwtjbg/201608/P020160803367337470363.pdf;人民网舆情监测室:《2016 年上半年人民日报·政务指数微博影响力报告》(2016 年 8 月),http://yuqing.people.com.cn/NMediaFile/2016/0804/MAIN201608041302000017647350845.pdf;全球及亚洲互联网普及率,转引自 http://www.internetworldstats.com/stats.htm。

（二）社会事项刺激交杂

与舆情表达相类似的，有学者提出了"民间话语"的概念，提出在新媒体时代，传统的话语格局被打破，形成了民间话语空间与主流话语空间博弈互动；民间话语空间碎片化表达与集团联盟表达共生；官方舆论场与民间舆论场话语表达主题方式各有侧重；民众在舆论生成与传播中的主体地位凸显等特征。[①] 其实，在强调新媒体时代传统话语格局业已发生重构和分化，且民间话语空间中的舆情诉求表达在舆论场中的主体地位得到极大提升的同时，我们亦要思索，导致话语格局产生改变的重要影响因素有哪些？ 如前所述，网络社会崛起是一个重要原因，同时，信息技术日新月异的发展又是另一个重要的影响因素。不过，当置身于社会发展的宏观大背景下，我们发现，社会变革和转型条件下，以中介性社会事项运行为主体的，各类社会事项的多重作用与刺激，亦成为不能忽略的重要影响维度。就协商民主建设本身而言，像与建设相关的重要文件，以及与互联网建设和信息化工作有关的中央重要会议精神，党和政府的重要领导干部针对新闻网站的视察等活动，以及从中央到地方各级相关部门所采取的各类专项措施，设置的专项平台等，这些都可能成为引发相关舆情表达的刺激源。

例如，中共中央在 2015 年 2 月印发了《关于加强社会主义协商民主建设的意见》。《意见》不仅对新形势下开展政党协商、人大协商、政府协商、政协协商、人民团体协商、基层协商、社会组织协商等做出了全面部署，而且提出，协商民主建设是一个不断发展的过程。各级

---

① 田丽丽：《多元话语空间下的舆论引导策略》，转引自张春华主编《社会舆情：核心议题与治理实践》，社会科学文献出版社 2016 年版，第 31－34 页。

党委要加强领导和组织协调,鼓励探索创新,通过各种途径、各种渠道、各种方式进行广泛协商,建立健全提案、会议、座谈、论证、听证、公示、评估、咨询、网络、民意调查等多种协商方式。尊重群众首创精神,注重实践经验提炼总结,并适时上升为制度规范。① 这一指导社会主义协商民主建设的纲领性文件作为国家管理者权力运行的结果——中介性社会事项,又引申出相关网络平台设置、网上网下共建,以及将网络协商这一协商民主的新内容和新形式,纳入政党协商、人大协商、政府协商、政协协商、人民团体协商、基层协商、社会组织协商等协商民主建设大系统的分机构中的各项政策措施之中。同时,还激发了理论界对相关理论研究的极大关注和广泛讨论,也促使新闻媒体加大了相关宣传和传播力度,这些社会事项的多重作用,无疑对于尊重和倡导网民的合理性和有序性诉求表达起到了良性刺激和促进作用。

(三)技术发展提供基础

互联网的出现,首先是技术所赐。当然,短短几十年的时间,技术的巨大进步让互联网的发展日新月异,在互联网诞生初期,在宽 3 毫米、长 4 毫米的人工硅片上,只不过集成了 2250 个晶体管,目前,在相同面积的硅片上,竟然已经集成了数亿个晶体管。同时进步神速的还有存储功能,如今在相同面积的芯片上,所能储存的字节,已经是互联网刚出现时的 30 亿倍了。再看使用成本,在 1968 年,1 元钱仅仅可以购买 1 个晶体管,如今则是上千万个。储存效率得到了难以想象的提升,成本则几乎降低为零,这是何等的飞跃。这些飞跃的核

---

① 中共中央印发《关于加强社会主义协商民主建设的意见》,新华网,http://news. xinhua-net. com/politics/2015 – 02/09/c_1114310670. htm。

心就是信息技术的急速发展。当然,技术的飞跃也为中国的互联网发展插上了翅膀。

先看基础硬件的建设状况。中国互联网络信息中心(CNNIC)提供的数据显示,截至 2016 年 6 月,我国的 IPv4 地址数量达 3.38 亿个,拥有 IPv6 地址 20781 块/32。同时,我国域名总数为 3698 万个,其中,".cn"域名总数半年增长为 19.2%,已达到 1950 万个,在中国域名总数中所占比例为 52.7%。而我国网站总数量达到了 454 万个,半年增长了 7.4%,其中,".cn"下的网站数量为 212 万个。

再看应用软件的使用状况。截至 2016 年 6 月末,微信为代表的"即时通信""搜索引擎""网络新闻"等用户规模占到了互联网应用的前三位,人数达到了 5.7 亿及以上。同时,"手机即时通信""手机搜索"和"手机网络新闻"的用户规模也占到了移动互联应用的前三位,人数达到了 5.1 亿及以上,且使用人数依然处于上升状态。此外,"网络直播服务"和"在线政务服务"成为网络服务的新亮点。其中,"网络直播服务"的用户人数达到了 3.25 亿,"在线政务服务"的用户使用数量也达到了 1.76 亿。①

从表面上看,上述所展示的是来自基础设备与具体使用的系列数据,但能够支持如此规模的硬件设施和软件应用顺利运转的,是强大的技术能力。例如,为了做好用户信息精准服务工作,在信息分发方面,移动互联网促进了网络新闻"算法分发"模式的快速发展,基于用户兴趣的"算法分发"逐渐成为网络新闻主要的分发方式。相比于纸媒和 PC 门户时代的"编辑分发"模式,"算法分发"利用数据技术,

---

① 中国互联网络信息中心:《第 38 次中国互联网络发展状况统计报告》,http://www.cnnic.net.cn/hlwfzyj/hlwxzbg/hlwtjbg/201608/P020160803367337470363.pdf。

筛选用户感兴趣的新闻资讯,极大地提升了新闻的分发效率。① 而这些技术所提供的源源不断、持续稳定、不断更新以及几乎零费用的便利保障,无疑既可能影响党和政府网络社会治理的决策理念和行动方式,同时,也影响着网民充分利用网络进行群体智慧创造、利益诉求表达、自我价值实现的意识、信心和途径。例如,正是依托强有力的网络技术,党和政府所进行的,囊括了政务网站、政务微博群、政务微信公众号、政务客户端的网络协商矩阵式平台建设,才能从构想变成应用化现实,并从各个角度得到了运营商、网络媒体,以及广大网民的关注、支持和参与。

(四)平台与体制建设初见成效

平台建设和法制建设成为促进网络协商民主,确保舆情合理性表达机制建设向前稳步推进的两个重要抓手。先看平台建设。从初期的网络论坛、网络门户网站、特殊渠道(主要是各级各部门主要领导干部)网络信箱、网络访谈互动平台等,一直到新媒体时代的网络微博、网络微博群、网络微信公众号、网络客户端、网络直播等,党和政府一直围绕着服务于人民当家作主,进行着网络协商民主平台的系列化建设工程。例如,《人民日报》发布了"2016 年上半年政务微博影响力排行榜",排行榜由人民网舆情监测室制作,微博提供数据支持,评价对象包括全国所有通过微博认证的官方机构微博,评价体系

---

① 中国互联网络信息中心:《第 38 次中国互联网络发展状况统计报告》,http://www.cnnic.net.cn/hlwfzyj/hlwxzbg/hlwtjbg/201608/P020160803367337470363.pdf。

包括"传播力""服务力"和"互动力"三个维度。①

　　研究结果显示,截至2016年上半年,入选前二十位的中央机构微博,覆盖了公安部、共青团中央、教育部、地震台、中科院、国务院办公厅、外交部、故宫博物院、最高法院、最高检察院、气象局、国资委、国际救援队、文明办等各个单位部门,其中,公安部下属机构成绩突出,团委系统、司法系统、气象系统、教育系统的政务微博也有非常出色的表现。特别是共青团中央的官方微博,其"传播力"和"互动力"均排在中央机构官方微博的第一位。而公安部治安管理局暨"打四黑除四害"专项行动办公室官方微博的"服务力"评价指标,则高居中央机构微博的首位。还值得一提的是,"@中国政府网"作为党政新闻发布系统的代表,位列中央机构政务微博积分榜的第六名。

　　同时,在入选全国前二十位的党政新闻发布微博中,中央一级的包括了排名第六的国务院办公厅的"@中国政府网",省和直辖市一级的,包括了"@上海发布""@中国广州发布""@北京发布""@天津发布""@重庆微发布",此外,还包括了分别排在第二位和第三位的"@南京发布"和"@成都发布"等城市的新闻发布官方微博,②这些官方微博,无论是在信息"传播力",还是在为广大网民的"服务力",以及在官民交流协商的"互动力"上,都显示出相关平台建设所

---

　　①　说明:该榜单中,"传播力"表明政务微博发布信息的传播情况,传播力指标越高,说明政务微博的内容被越多的网民看到。"服务力"表示政务微博一对一服务网民、为民办事的情况,服务力指标越高,说明政务机构通过微博平台服务了越多的网民。这项指标依据主动评论数、私信数、发博总数和原创发博数来计算。"互动力"指标反映出政务微博发布信息的影响情况,互动力指标越高,则说明政务微博的内容引发了越多的网民响应。该项指标依据微博被转发数、被评论数和被赞数来计算。这一排行榜榜单的评价体系中,对"互动力"的考察,既包括"被动互动",也就是政务发布带来的评论、点赞,更注重考量政务机构主动回复、双向互动的能力。

　　②　人民网舆情监测室:《2016年上半年人民日报·政务指数微博影响力报告》(2016年8月),http://yuqing.people.cn/NMediaFile/2016/0804/MAIN201608041302000017647350845.pdf。

取得的积极进展。

再看制度建设状况。为了营造良好的网络协商环境,需要道德约束,更离不开法律制度保障。正像习近平同志提出的,我们要本着对社会负责、对人民负责的态度,依法加强网络空间治理,加强网络内容建设,做强网上正面宣传,培育积极健康、向上向善的网络文化。① 正因此,近年来,伴随着网络社会发展的,是政府对包括网络协商环境、网络舆论和网络舆情表达环境在内的网络生态环境的依法治理水平的不断提升。据中国互联网络信息中心统计,"十二五"期间,中国出台互联网相关法律法规、规范性文件 76 部,同比增加了 262%,其中,2014 年中央网信小组成立以来共出台了 47 部法律法规文件,占总出台法律的 62%。② 如,2014 年 2 月 27 日,习近平同志担任中央网络安全和信息化领导小组组长并主持第一次会议。会议审议通过了《中央网络安全和信息化领导小组工作规则》《中央网络安全和信息化领导小组办公室工作细则》《中央网络安全和信息化领导小组 2014 年重点工作》等相关重要文件。

2014 年 5 月 9 日,为提高党政机关网站安全防护水平,保障和促进党政机关网站建设,经中央网络安全和信息化领导小组同意,颁布了《关于加强党政机关网站安全管理的通知》。2014 年 8 月 7 日,网信办为进一步推动即时通信工具(微信)公众信息服务健康有序发展,保护公民、法人和其他组织的合法权益,维护国家安全和公共利益,根据《全国人民代表大会常务委员会关于维护互联网安全的决

---

① 习近平:《在网络安全和信息化工作座谈会上的讲话》(2016 年 4 月 19 日),《党建》2016 年第 41 期。
② 祝华新、潘宇峰、陈晓冉:《2015 年中国互联网舆情分析报告》,转引自李培林、陈光金、张翼主编《2016 年中国社会形势分析与预测》,社会科学文献出版社 2015 年版,第 236 页。

定》《全国人民代表大会常务委员会关于加强网络信息保护的决定》《最高人民法院、最高人民检察院关于办理利用信息网络实施诽谤等刑事案件适用法律若干问题的解释》《互联网信息服务管理办法》《互联网新闻信息服务管理规定》等法律法规,专门制定了《即时通信工具公众信息服务发展管理暂行规定》,其中第六条中规定,即时通信工具服务使用者注册账号时,应当与即时通信工具服务提供者签订协议,承诺遵守法律法规、社会主义制度、国家利益、公民合法权益、公共秩序、社会道德风尚和信息真实性等"七条底线";第七条中则规定,鼓励各级党政机关、企事业单位和各人民团体开设公众账号,服务经济社会发展,满足公众需求;第八条同时规定,对违反协议约定的即时通信工具服务使用者,即时通信工具服务提供者应当视情节采取警示、限制发布、暂停更新直至关闭账号等措施,并保存有关记录,履行向有关主管部门报告义务。①

第二节　网络协商民主机制的运行规律

如果说,机制常常表现为在制度和规范约定下的人的复杂活动,或者在事物所包含的多要素、多环节参与下相对稳定的运行②,那么,网络协商民主机制本身,就是这样一种相对确定和稳定的,包含了多

---

① 《关于加强党政机关网站安全管理的通知》,中共中央网络安全和信息化领导小组办公室,http://www.cac.gov.cn/2014－05/10/c_1112142115.htm;《即时通信工具公众信息服务发展管理暂行规定》,国家互联网信息办公室,http://www.cac.gov.cn/2014－08/07/c_1111983456.htm。

② 中共中央宣传部舆情信息局、天津社会科学院舆情研究所编著:《舆情信息汇集分析机制研究》,学习出版社2006年版,第16页。

要素和多环节的活动。且网络协商民主机制的运行环节和流程是复杂并关联的,也就是说,在网络协商民主大的机制下,还包含着几个相互关联、相互制约的工作方式或工作机制,即网络协商民主的汇集分析机制、沟通互动机制、实现引导机制和保障约束机制,这几个相关的工作方式或机制,我们称之为相关子机制。

一、网络协商民主大机制中的汇集分析机制

中国共产党在十六届四中全会中提出,"建立舆情汇集和分析机制,畅通社情民意反映渠道"。随后,党的十六届六中全会、党的十七大又从完善决策民主化、科学化,构建社会主义和谐社会的战略高度出发,提出建立社会舆情汇集和分析机制。那么,何谓汇集分析机制呢? 从党和政府主导的舆情信息工作来考察,这一机制,是指根据舆情信息这一特殊信息在党和国家决策中的地位和作用,按照舆情变化规律,通过从事舆情信息工作的组织机构和个人,运用舆情信息直报点、信访、网络论坛、微博、微信等,以及专门社会调查等信息搜集渠道和手段,采取定性和定量相结合的方法,依靠有关制度保障,对舆情信息进行汇集、加工、分析、报送和反馈的较稳定的工作方式。[①]

相关研究还提出,舆情汇集和分析机制是主机制,在实际运行中,还包含舆情信息汇集、舆情信息分析、舆情信息报送、舆情信息反馈、舆情信息工作保障和激励等几个先后有序、各司其职、相互配合、不可或缺的子机制。同时,舆情信息汇集分析机制的要素,囊括了服

[①] 中共中央宣传部舆情信息局、天津社会科学院舆情研究所编著:《舆情信息汇集分析机制研究》,学习出版社 2006 年版,第 15 页。

务对象、操作主体、基本环节、制度规范、主要方法等内容。[①]

上述阐释,对汇集分析机制的概念及内涵,做了比较清晰的界定,还对舆情汇集和分析机制做了进一步细分化的综合性研究。这些虽然针对的是实体社会,但从本质上看,虚拟社会管理最终要依托和延伸至真实社会,因此,针对网络协商民主机制中的汇集分析机制研究,也要对此加以借鉴。

(一)网络协商民主下的舆情汇集分析相关工作方式

1. 网络舆情信息的汇集

相关研究提出,舆情信息汇集机制,特指为了保障及时、准确、全面掌握舆情,通过组建有效运作的工作网络,组织专兼职工作人员,利用灵敏有效、便捷快速的手段与途径,运用科学方法等环节和要素,形成的一整套针对舆情信息的搜集、整理与汇总的稳定、高效工作体系。[②] 这一工作体系是有关党政机关和领导干部,了解舆情变动规律,做好整个舆情信息工作的基础。

与此高度相关,网络协商民主下的网络舆情信息的汇集,就是指为了保障及时、全面和准确掌握与网络协商民主相关的舆情,通过组织专兼职工作人员,组建有效运作的工作网络,利用快速、顺畅的手段与途径,运用包括互联网技术在内的科学方法等环节和要素,所形成的一整套收集、整理、筛选与汇总相关舆情信息的稳定、高效的工作体系。这一特殊工作体系同样是掌握包括网络舆情合理性表达在内的舆情变动规律,做好网络协商民主工作的最基础工作,且与真实

---

① 中共中央宣传部舆情信息局、天津社会科学院舆情研究所编著:《舆情信息汇集分析机制研究》,学习出版社 2006 年版,第 16 – 23 页。

② 中共中央宣传部舆情信息局、天津社会科学院舆情研究所编著:《舆情信息汇集分析机制研究》,学习出版社 2006 年版,第 35 页。

社会的舆情汇集工作体系相比,有着以下不同特征。

首先,所汇集的网络舆情信息虽然数量庞杂,但并不来自网下,而集中于互联网(主要包括电脑等固定端)和移动互联网(主要包括智能手机、笔记本电脑、平板电脑等移动端)上,这一类信息,主要以文字(网络帖文)的形式出现,也包含图片、照片、网络音视频等。其次,发布相关信息的为网民中的特殊一群人,特别是在与网络协商民主相关联的电子政务平台中,参与网络舆情合理性表达的这部分网民,而并不主要考量这些信息发布者在真实社会中是何种社会身份。最后,相比现实社会,互联网时代特别是新媒体时代的网络舆情表达信息的传播速度更快,传播途径更加多元,传播影响力更难以把控,所以,针对网络舆情合理性表达信息的汇集,除了沿用以往的定量研究方法外,还需要运用更加科学和先进的搜集方法和技术手段。例如,线下的搜集、鉴别、筛选、归纳、分类、汇总等针对社会舆情信息的汇集过程,需要采取文献资料归纳、抽样调查、个案访谈、参与观察、实验法、焦点组访谈等传统研究方法。而随着新媒体技术的发展,对"物理不在场"这一虚拟空间的网络合理性表达信息的汇集,则除了应用网络抽样调查,计算机信息挖掘抓取技术外,还可以利用预警研判系统、"大数据"分析、"云计算"等新的研究方法。

2. 网络舆情信息的分析

相关研究认为,舆情信息的分析,主要是针对舆情信息中蕴含的内容和价值,采取有关激励和保障制度,依靠相关人员,特别是专业化人员,采取科学手段与方法,对各类舆情信息所进行的科学、全面、深刻的分析和研判,并提出对策和建议的工作运行方式。① 这一工作机制的建立并非毫无根据或信手拈来,而是在前期舆情信息汇集机制运行的基础上进行的,且在整个舆情信息工作中处于关键位置。

受此概念启发,网络协商民主下的网络舆情信息的分析,也是以探寻相关网络舆情信息中的价值内核与深层内容为目标,通过相关制度的激励和保障,依靠相关人员,特别是专业化人员,采取科学的手段与方法,对网络协商民主建设过程中的舆情表达信息(包括舆情合理性表达信息)所进行的科学、全面、深刻的分析和研判,并提出对策和建议的工作运行方式。同样的,相关网络舆情信息的分析工作,也是在前期网络舆情信息的汇集机制运行的基础上来完成的,且在网络舆情信息工作中处于非常重要的地位。具体来看,网络舆情信息的分析具有以下几个特点。

第一,理念创新是关键。"明者因时而变,知者随事而制。"在新媒体时代,相关理论分析和研判工作不能墨守成规,要以时间、地点和条件为转移,在理念上与时俱进,不断更新。理念创新的重要表征在于积极倡导和运用互联网思维开展工作。即了解互联网所具有的平等分享、实时交互、颠覆创新、疾速转换、注重体验、独立表达和联众聚合等丰富内涵,亦在关系理念、文化观念、时空认知、行动意识与心理偏好上,与传统思维形成分野的鲜明特质②,运用互联网思维开展工作。

第二,这项工作极富专业性,因此,对理论功底、技术手段和科学方法的运用提出了很高的要求。具体来看,相关工作不但需要对网

---

① 中共中央宣传部舆情信息局、天津社会科学院舆情研究所编著:《舆情信息汇集分析机制研究》,学习出版社 2006 年版,第 54 页。

② 毕宏音:《互联网思维的舆情表达与节点把握》,《重庆社会科学》2015 年第 5 期。

络舆情合理表达信息的真伪、归属进行明确甄别,同时采取惯常使用的质性研究与量性研究相结合的科学研究方法进行初步分析,而且需要我们具有运用新技术方法的能力,以及综合研判与深度分析的能力。

第三,相关舆情信息的分析结果将直接或间接影响到领导的重视程度,网络协商民主开展的深入程度,以及进入决策并产生效果的可行程度。

3. 网络舆情信息的报送

有关研究提出,舆情信息的报送,就是指信息工作人员根据决策工作的需要,通过一定的信息渠道和网络,按照一定的程序,采取科学的方法,有计划、有组织、有目的地针对各类重要动态舆情类信息,而进行的筛选、提炼、整合与上报的过程。简言之,通过传递民意和反映下情,便于上级领导和相关部门把握全局,了解实情,科学决策。[1] 在整个舆情汇集分析机制的运行过程中,报送环节起到了承上启下的功能。

实际上,在网络协商民主建设中,相关舆情信息的汇集与分析里,也有报送这一关键环节。而根据上述概念的启示,基于网络协商民主建设的网络舆情信息的报送,就是指在网络协商民主的过程中,信息工作人员根据协商对话与民主决策的需要,通过一定的网络信息渠道和信息网络,按照一定的程序,采取科学的方法,有计划、有组织、有目的地针对与协商民主相关联的网络舆情动态类信息,所进行的筛选、提炼、整合与上报的过程。同样的,相关网络舆情汇集分析

---

① 中共中央宣传部舆情信息局、天津社会科学院舆情研究所编著:《舆情信息汇集分析机制研究》,学习出版社 2006 年版,第 81－82 页。

机制的运行过程中,报送环节也起到了贯通上下的重要作用。具体来看,网络舆情信息的报送有着以下几个特点。

第一,相关网络舆情信息的报送并非眉毛胡子一把抓,而是主要集中于网民在利益协商中遇到的舆情表达变化趋势上,主要囊括了网民在网络协商过程中,围绕着党和政府的工作大局,国际和国内发生的各类大事,针对经济、社会、政治、文化发展大势等所进行的网络舆情表达信息的报送。

第二,相关网络舆情信息的报送,要遵循全面性原则、时效性原则、真实性原则、针对性原则、鲜活性原则、连续性原则。

第三,相关网络舆情信息的报送有着特殊的方式、程序和手段,具体包括对口报送、逐级报送与直报、定期报送与随时报送、专题报送与连续报送等方式,也包括筛选、分类、编辑、核对、审签、发送、归档等报送程序,以及互联网涉密报送和非涉密报送等不同的报送手段。[①]

4. 网络舆情信息的反馈

综合考察整个信息报送工作环节,其实不仅包含着筛选、提炼、整合与上报的过程,也包含着后续舆情信息的进一步反馈过程,这一过程被称之为舆情信息的反馈。具体就是指上级对下级所上报舆情信息的处理情况和意见,以及对舆情信息工作的部署和要求等,应通过一定的信息工作载体,反映或者传送回到信息报送单位。此外,也包括上级要求舆情信息部门落实工作的情况,并反馈回到有关决策者的过程。简言之,它是针对舆情信息的反馈要求,以组织相关人

---

① 中共中央宣传部舆情信息局、天津社会科学院舆情研究所编著:《舆情信息汇集分析机制研究》,学习出版社 2006 年版,第 84 - 98 页。

员,制定相关制度,建立起纵向的和横向的信息网络,组织协调系统运转等环节为主的一种工作方式。①

与此高度类似,相关网络舆情信息的反馈工作,也是保证网络舆情信息报送工作机制完整与高效运转一个非常关键的后续环节。具体分析,基于网络协商民主建设需要的网络舆情信息的反馈,就是指针对与网络协商民主相关联的舆情信息的反馈要求,以在新媒体平台组织相关人员,制定相关制度,建立起互联网、移动互联网中的纵向和横向信息网络,组织协调系统运转等环节为主的一种工作方式。这种工作方式也有着以下特征。

第一,发挥着重要的桥梁作用。如果说,网络舆情信息汇集、分析和报送工作是做好网络协商民主的基础和关键工作,那么,相关舆情信息的及时、准确和持续性反馈工作,则起到了促进上通下传的桥梁和纽带作用。通过信息反馈,我们能够及时了解上级和同级相关部门对舆情信息的了解程度,信息进入决策的转化程度,决策者据此对协商民主建设的指示要求和进一步部署等,使得相关工作的针对性更强,效率更高。

第二,相关网络舆情信息的报送有着相对固定的内容,具体包括三种反馈情况。一是从上向下的反馈。例如,上级部门按照大局、大事和大势的要求,向下级相关网络舆情信息的报送单位通报工作要点、选题安排等,从上向下的反馈。针对相关领导批示,下级部门要及时反馈贯彻落实情况。二是同级平行的反馈。也就是相关网络舆情信息工作部门,向同级别的党政职能部门、相关单位通报和反馈工

---

① 中共中央宣传部舆情信息局、天津社会科学院舆情研究所编著:《舆情信息汇集分析机制研究》,学习出版社 2006 年版,第 18、100–101 页。

作要求和要点,以便增加彼此间的协作与配合。三是上级舆情信息部门定期或不定期,对下级相关工作部门报送信息采用和刊发情况的统计通报等特殊类反馈。

第三,相关网络信息的反馈工作也有着比较固定的工作手段。具体囊括了反馈信息的日常汇集、编辑和归档、反馈信息的常态化传输、紧急传输和加密传输流程、反馈信息的具体督察督办等。

5.相关工作的保障与激励

舆情信息工作的保障与激励,就是指针对舆情保障和激励的要求,以制定相关制度,提供相关财政支持,建立行政责任制,开展各项竞争和实施奖惩措施等环节为主的工作方式。①

新媒体时代,针对网络协商民主建设所进行的网络舆情信息的汇集分析工作中,不但需要保证工作机制的良性循环,还离不开对人员工作积极性的调动。具体分析,相关工作的保障和激励,就是指针对相关工作所提出的保障和激励要求,通过管理规范、行政责任制等制度化约定,通过提供财政支持,规定各种绩效考核目标和竞争任务,实施各类激励或惩戒措施等环节,所形成的工作方式。具体分析,相关工作的保障和激励也有着自身的特点。

第一,有效促进相关工作的保障和激励,关键在于领导。其中,既包括领导从思想上的高度重视和清晰把握,也包括领导在行动上的有力提倡和合理安排。

第二,以充足和稳定的资金保障为基础,才能做好相关工作。具体来看,需要通过制度化程序,对资金来源、资金使用和资金调配等

① 中共中央宣传部舆情信息局、天津社会科学院舆情研究所编著:《舆情信息汇集分析机制研究》,学习出版社 2006 年版,第 19 页。

加以明确,且需做好相关资金组织、使用、调配和调整的审查和监管工作。

第三,新媒体时代的网络社会发展可谓日新月异。因此,相关保障和激励工作顺利实施与否,不仅在于通过发放福利奖金、给予荣誉表彰、提供发展平台等措施来进行正向激励,也在于通过罚款、警示、追责等措施所进行的有效惩戒,同时,还在于从观念上认知创新、理解创新、支持创新,为促进相关工作的保障和激励,建立起以新发展理念引领发展的"容错纠错机制",来鼓励改革者,维护创新者,震慑越界者。①

总之,人力资源是最宝贵的财富与最核心的力量,也是促使相关机制良性运行和协调流转的最活跃的因子和再突破的关键。因此,必须高度重视和推动相关工作的保障与激励机制的建立与完善,以不断激发机制畅行与再造的内生动力。

二、网络协商民主大机制中的沟通互动机制

从前面的分析可以看出,网络协商民主大机制中的汇集分析子机制,就是依靠管理者所进行的,针对相关舆情(特别是合理性舆情)表达信息,所做的一系列基础性案头工作。不过,就整个建设系统而言,网络协商民主机制的完整运转绝不仅仅停留在搜集和分析、上报信息阶段。对于协商民主中的主要参与者——网民来说,他们所进行的相关网络舆情表达,不仅需要被各级、各类管理者了解和掌握,还需要进入实践程序,容纳至集体与个体的反复讨论、辩论、协商过程里,并力求进入公共决策之中。因此,作为国家管理者,在过去设

---

① 毕宏音:《从各地试水看"容错纠错机制"的系统建构》,《人民论坛》2016 年第 11 期。

置政府网站、新闻网站专栏,在与百姓交流和互动的基础上,陆续建立起政务微博、微信公众号、新闻客户端等依托新媒体技术的各类网上平台,其目的就是通过建构沟通互动子机制,用实际行动公开政府信息、回应舆情诉求、畅通网络政务协商渠道,吸纳民智民力,以促进网络决策的科学化和民主化。而这一沟通互动机制的运转与畅行也是有规律可循的。

1. 网络政务信息公开

政府部门及其工作人员是公共事务的管理者,也是推动公共事务协调发展的参与者。一个公共决策的颁布、实施,要得到人民群众的支持和拥护,在第一时间里充分公开权威信息必不可少。而且,如果说,网络协商民主下的网络舆情表达(信息)的汇集分析机制,是管理者对网民表达权的尊重,那么,网络政务信息的公开则是保障了网民的知情权。知情权得到满足,即百姓对相关政策产生的背景、触及的问题、酝酿的过程、影响的群体、调整的空间等方面的信息,都可以有一个较为详细和清晰的认知和了解,这无疑是解决信息真空、信息盲区等信息不对称问题,促进网民有序理性参与网络协商关键的第一步。

有研究者提出,政府主动信息公开有着两种主要形式。一是采取包括网络公告在内的公告方式进行公开。例如,在政务网站、商业网站专版的基础上,更多地利用政务微博、政务微信公众号、新闻客户端等平台,主动向网民进行相关信息的及时性公开。二是根据申请要求来进行信息公开。政府部门根据包括民主协商在内的社会治理的需要,在公共场所和指定位置中直接放置想要公开的信息,在申请人提出信息公开的请求时予以公开,此类信息公开在现实社会中采取卷宗阅览的形式。① 与此相类似,在新媒体时代,基于网络协商民主的网络政务信息的管理者,也在指定位置放置(存储)数量庞大的网络政务信息。只是这里所说的指定位置设立在新媒体网络平台上,也就是说,这类按照需要主动进行公开的政务信息,以电子文档的形式存储在专栏内,当普通网民需要调看时,不但可以去公共图书馆和国家档案馆等机构进行申请,浏览中国政府网的政府信息公开专栏,而且可以省去网下的申请环节,鼠标轻轻一点,就可以直接登录到相关网页中,通过电子屏幕进行阅览了。

例如,当登录中华人民共和国中央人民政府网站(www. gov. cn)时,点击"政策"专栏,就可以进入专有页面。其中,就设置有"信息公开"板块,该板块包含"信息公开指南"和"政府信息公开目录"两方面内容。其中,信息公开指南就规定,"国务院办公厅公开政府信息的范围,主要是涉及群众切身利益、需要群众广泛知晓或参与的事项,以及法律和国务院规定需要公开的其他事项。涉及国家秘密或公开后可能危及国家安全、公共安全、经济安全和社会稳定的政府信息,不属于公开范围"。指南同时规定,"国务院办公厅在中国政府网开设政府信息公开专栏,公众可随时检索、查阅"。② 这些规定明确了政府信息可以公开的范围,为民众随时调阅打开了方便之门。为了便于信息管理和查阅,国务院又将公开的政府信息分条缕析,详细划分为包括国务院组织机构、综合政务、国民经济管理、国有资产监管等在内的共计 22 个类别。③ 截至 2017 年 1 月 3 日,网站上政务公开的

① 黎昱睿:《新媒体时代政府信息公开及网络舆情引导》,《新闻爱好者》2014 年第 5 期。
② 《国务院办公厅政府信息公开指南(试行)》,中华人民共和国中央人民政府网,http://www. gov. cn/zhengce/node_331. htm。
③ 《国务院办公厅政府信息公开目录(简介)》,中华人民共和国中央人民政府网,http://www. gov. cn/zhengce/node_331. htm。

各类信息条目合计达到 4578 项。这些举措使得相关网络信息公开既便民又高效,从而为网络协商民主的顺利展开提供了可靠与权威的基础性信息保障。

2. 网络政务舆情回应

比照相关网络政务信息公开,更进一步的是网络政务舆情的回应。2016 年 7 月末,国务院办公厅印发《关于在政务公开工作中进一步做好政务舆情回应的通知》,对各地区各部门有效开展政务舆情回应工作进行了全面部署。其中,文件在开篇就指出,近年来,随着互联网的迅猛发展,新型传播方式不断涌现,政府的施政环境发生深刻变化,舆情事件频发多发,加强政务公开、做好政务舆情回应日益成为政府提升治理能力的内在要求……但是,与互联网对政府治理的要求相比,与人民群众的期待相比,一些地方和部门仍存在工作理念不适应、工作机制不完善、舆情回应不到位、回应效果不理想等问题。①

由此可见,互联网发展带来了政府施政环境的巨大变化和深刻挑战,使得舆情回应不但是政务公开中的有机组成部分,而且已经几乎成为独立影响人民期盼和网络治理的一个重要因素。因此,单独研究实现网络政务舆情回应的良性运转的规律就势在必行。

那么何谓回应呢?"回应",顾名思义,就是有针对性的反映和回答。从长程来看,回应是一种有来有往的互动。进一步看,何谓"政府回应"呢?有学者提出,政府回应,就是政府在公共管理过程中,对于公众的需求以及提出的问题,做出积极敏感的回复与反应的过

---

① 《国务院办公厅关于在政务公开工作中进一步做好政务舆情回应的通知》,中华人民共和国中央人民政府网,http://www.gov.cn/zhengce/content/2016 - 08/12/content_5099138.htm。

程。① 这也同时意味着,"公共管理人员和管理机构,必须对公民的要求做出及时的和负责的反应,不得无故拖延或没有下文,在必要时还应当定期地、主动地向公民征询意见、解释政策和回答问题"②。从"政府回应"的概念阐释看,这一回应过程所针对的公众的需求和提出的问题,其背后暗含着公众的舆情表达。因此,政府回应所面对的实质上主要是舆情。这样,"政府回应"亦主要是"政府的舆情回应"。

进一步分析,上述阐释虽然针对的是整个政府的舆情回应,但也可以移至虚拟空间中。网络政务的舆情回应主要指党和政府在电子政务建设中,针对网民的渴望、要求和提出的意见、问题,所做出的积极、正面、系统的反应和答复的过程。

具体来看,政府舆情回应并不是刻板抽象的法规条文,而是针对性很强的制度安排和程序设计。有研究提出,舆情回应机制就包括了政府决策承诺制、政务公开与决策公示制、重大决策听证制、政府决策复决权制、政府决策责任制度等主要的制度形式。③ 例如,政府决策责任制度强调,政府作出及时、准确、有效、合理的决策,是政府决策责任的基本要求。明确决策者所担负的决策责任,是行政决策法治化的具体体现。对决策行为和决策结果承担政治以及法律责任,这是决策回应责任制度的重要内涵④,也体现在具体的制度规定和设计安排中。

而考察网络协商民主下的网络政务舆情回应,由于回应所面对的问题通常并不在网络中,最终依然是现实中的群众利益诉求和协

---

① 何祖坤:《关注政府回应》,《中国行政管理》2000年第7期。
② 李伟权:《"互动决策":政府公共决策回应机制建设》,《探索》2002年第3期。
③ 叶国平:《舆情视角下的协商民主建设》,天津社会科学院出版社2015年版,第58-60页。
④ 叶国平:《舆情视角下的协商民主建设》,天津社会科学院出版社2015年版,第60页。

商共识需要,因此,上述制度形式就仍然适用于网络中。为此,国务院发布的《关于在政务公开工作中进一步做好政务舆情回应的通知》进一步明确了包括网络政务舆情的回应责任在内的政务舆情回应责任,"对涉及国务院重大政策、重要决策部署的政务舆情,国务院相关部门是第一责任主体。对涉及地方的政务舆情,按照属地管理、分级负责、谁主管谁负责的原则进行回应,涉事责任部门是第一责任主体,本级政府办公厅(室)会同宣传部门做好组织协调工作;涉事责任部门实行垂直管理的,上级部门办公厅(室)会同宣传部门做好组织协调工作。对涉及多个地方的政务舆情,上级政府主管部门是舆情回应的第一责任主体,相关地方按照属地管理原则进行回应。对涉及多个部门的政务舆情,相关部门按照职责分工做好回应工作,部门之间应加强沟通协商,确保回应的信息准确一致,本级政府办公厅(室)会同宣传部门做好组织协调、督促指导工作,必要时可确定牵头部门;对特别重大的政务舆情,本级政府主要负责同志要切实负起领导责任,指导、协调、督促相关部门做好舆情回应工作"[1]。上述法律和行政责任与义务的规定,条块清晰,层层到岗,无疑有助于增强舆情回应机构和人员的责任心和主体性,避免了因相关机制运行中回应主体的应对迟滞和推诿扯皮,而贻误舆情回应的最佳时机。

3. 网络互动平台的搭建

除了网络政务信息公开、舆情回应等软件建设外,网络协商民主大机制下的沟通互动机制的顺利运转,还离不开通过技术支持所提供的基础设施——沟通互动平台的建设。纵观30年,这项建设既走

---

[1] 《国务院办公厅关于在政务公开工作中进一步做好政务舆情回应的通知》,中华人民共和国中央人民政府网,http://www.gov.cn/zhengce/content/2016-08/12/content_5099138.htm。

过了雏形→专属网站(网站专栏)→政务微博→政务新媒体矩阵的递进式的发展历程,也呈现出几何式增长的趋势。

在20世纪末和21世纪初,中国的民主协商互动平台几乎都设置和运转于政协、人大、街道、社区、传统媒体等真实的社会组织结构中。那时候,我国的互联网建设还处于起步阶段。普通百姓的电脑拥有量不多,接入和使用互联网的普通网民数更少,活跃于网上的主要是一些新闻类网站和门户网站。具体来看,一方面,政府还未开通专属的网络协商民主渠道,只是通过新闻类网站和门户类网站,间接地开展汇集网络民情、汲取网络民意的工作;另一方面,在这类渠道中发声表达的主体几乎都是散在的普通网民,党和政府等管理者也并未走向前台,未形成官民互动和交流沟通的常态。因此,那时并没有完全符合标准的网络沟通互动平台,只是存在着一些"类网络沟通互动平台"。以新闻网站"人民网"中的"强国论坛"为例,其创办于1999年5月9日,是新闻网站中最早开办的时政类论坛,当时,名字叫"强烈抗议北约暴行 BBS 论坛",开通源于广大网友为表达对以北约为首的美国袭击中国驻南斯拉夫大使馆的野蛮行径的强烈愤慨。1999年6月19日,该 BBS 论坛正式更名为"强国论坛",因之有着自由表达、观点碰撞、互动聚合的典型特征,党和政府等管理者也会从其中搜集民情和了解民意。因此,这样的论坛也可以被看作网络协商民主平台的雏形。

21世纪初,随着互联网的快速发展,国家管理者开始打造专门的网络协商民主平台,以开通各级政府网站,特别是在网站中开办专门栏目、设置专有用途信箱等形式进行官民互动交流,从而打通了网络协商互动新领域。2006年1月1日,经国务院常务会议决定,中华人民共和国中央人民政府门户网站(简称"中国政府网",网址是 www.

gov. cn)经过三个月的试运行后正式开通,从此,中国各地的民众与政府开始真正进入互联网上"面对面""点到点""心连心"的时代。互联网打破了时间和空间的限制,使得许多过去老百姓不知道的事、办不了的事可以从互联网上得到解决,也更使过去很多停留在老百姓心里的,或者是存在于街谈巷议的,对大局、大事和大势的感受、评价和建议,可以通过这一类"网络直通车",以最快的速度、最鲜活的表述直达决策层,从而推动了网络协商民主的建设进程,也带动了政府网站发展的不断成熟与完善。根据国务院办公厅进行的"第一次全国政府网站普查"提供的数据,截至 2015 年 11 月,各地区、各部门共开设政府网站 84094 个。其中,在正常运行(剔除了存在"僵尸""睡眠"问题之后)的 66453 个政府网站中,地方网站 64158 个,国务院部门及其内设、垂直管理机构网站 2295 个。经抽查,全国政府网站总体合格率为 90.8% 。其中,省部级政府门户网站合格率为 100% ,市、县级政府门户网站合格率超过 95% ,其他政府网站合格率达到了 80%以上①,调查还显示,推动网络协商民主,已经成为政府网站的重要建设内容之一。

近些年,随着移动互联技术的不断发展,一方面,我国网络基础设施建设不断完善,移动互联网覆盖地域和用户数量疾速拓展;另一方面,微博、微信和新闻客户端等具有"自媒体化"和"移动社交化"特征的大量新型互联网应用层出不穷和快速崛起,标志着移动互联网络逐渐成为网络社会生活的主要场域。有研究显示,截至 2015 年,中国移动宽带(3G/4G)用户累计达到 6.74 亿户,公共及家庭的无线网

---

① 《国务院办公厅关于第一次全国政府网站普查情况的通报》,中华人民共和国中央人民政府网,http://www.gov.cn/zhengce/content/2015 – 12/15/content_10421.htm。

络(Wi-Fi)环境日益普及,无线局域网(WLAN)公共运营接入点(AP)总数达到 604.5 万个。① 同时,在各类移动终端平台,微博、微信、客户端的覆盖人群以及影响力仍在不断扩大。以微信数据为例,2016年的微信数据报告表明,截至 2016 年 9 月,微信平均日登录用户达到7.68 亿,其中,50% 的用户每天使用时长达到 90 分钟。② 面对新形势,党和政府管理者紧跟时代发展脉动,审时度势,将政务新媒体建设工作当作网络社会治理工作的重中之重来抓,网络协商民主建设的主战场也快速移至移动互联空间,经过数年耕耘,网络政务新媒体的影响力全方位提升,特别是在政务微博、政务微信的基础上,依靠逐步深化的政务新媒体矩阵建设实践,新媒体网络政务平台已经从单兵作战转变成集团发力,逐渐形成了包括政府网站移动端、微博、微信、新闻客户端等在内的移动网络政务矩阵,打造了一个个超时空、跨圈群、零距离的网络政民沟通的新渠道,对网络协商民主的贡献更是可圈可点。中国互联网络信息中心(CNNIC)的相关数据显示,截至 2016 年 6 月底,我国在线政务服务用户人数已达到1.76亿,网民的使用率达到了 24.8%③,伴随着新媒体网络政务平台的用户规模和服务领域不断扩展,更多的网民亦开始通过新媒体网络政务平台直抒胸臆,有序表达,协商互动。

三、网络协商民主大机制中的实现引导机制

舆情(合理性)表达的实现与引导,是在协商民主大机制运行过

① 中国互联网络信息中心:《国家信息化发展评价报告(2016)》,http://www.cnnic.net.cn/hlwfzyj/hlwxzbg/hlwtjbg/201611/P020161118599094936045.pdf。
② 《2016 微信数据发布报告》,腾讯网,http://tech.qq.com/a/20161228/018057.htm#p=3。
③ 中国互联网络信息中心:《第 38 次中国互联网络发展状况统计报告》,http://www.cnnic.net.cn/hlwfzyj/hlwxzbg/hlwtjbg/201608/P020160803367337470363.pdf。

程中的两个紧密协作与相互关联的部分。进一步看,管理者在协商民主大机制建设过程中,不单纯需要做好前期的汇集、分析、上报和反馈等舆情信息基础工作,也不仅仅是搭建舆情沟通互动平台和做好信息公开与回应工作,就可以完成协商民主建设任务。实际上,其要完成的最重要的工作目标和任务,一方面就是以协商民主促进舆情合理性表达(民众利益)的最终实现;另一方面则是在促进利益表达实现的基础上,顺利做好相关舆情的引导工作。正因此,探讨舆情(合理性)表达中的实现与引导,也即实现引导机制的运行规律,也是相关研究中所涉及的重要内容。当然,研究之初,我们还是要先聚焦于真实社会。

舆情合理性表达的实现。在真实社会中,舆情表达实质上反映的是民众针对各自利益的主张和要求,其实现的最直接形式就是利益满足。这种满足在程度上有所不同。一种是舆情诉求表达的理想目标得到完全实现;另一种则是在利益交织纠缠、矛盾冲突双方或多方的协商、妥协和宽容下的,利益的相对、部分或暂时实现,在这一过程中,协商民主可以说是促成利益相对、部分或暂时实现的关键与核心。因此,舆情(合理性)表达的实现机制就是指在一定条件(时间、空间和程度)下,为确保民众的利益诉求能最大限度得到回应、满足及救平,由舆情表达对象为主导的多元决策主体,通过汇集、分析、沟通、协商、参考、决策、指挥、施行、监督、疏导等多个环节,将有关舆情诉求表达主体的利益要求信息综合起来,制定和选择尊重民意、遵循规律的决策方案,最终加以实施的连续化过程。这种针对诉求表达信息的决策和执行过程具有阶段性、相对性和针对性特征。

实际上,在现实生活中,舆情诉求表达的实现往往并不能理想化,相当一部分都以利益的部分、相对或者暂时实现的面目出现,有时,也会面临利益暂时无法得到满足的情况。利益包括私人利益和公共利益。由于利益是一个社会关系的范畴,民众的利益诉求只能在社会关系中实现。因此,无论是何种程度的实现,都需要公共权力作为利益代表。这其中离不开科学民主的决策理念,离不开理性共识的协商程序,离不开民意为先的决策系统,离不开客观可行的操作措施,同时也离不开对利益缺失或部分缺失者相应的舆情安抚和疏导。因此,舆情诉求表达的实现机制必须是符合民意、抚顺民心的民主机制和尊重规律、契合客观的科学机制。①

舆情引导工作。舆情引导就是通过树立舆论引导理念,运用舆论引导的技术、手段和方法,启发、带领和引导人们的意识、认知和行为倾向,从而保证人们的行为按照社会管理者制定的路线、方针、政策、措施、规制来从事社会活动的一种特殊的传播行为。而舆情引导机制,就是指在舆情引导工作中,各个组成要素之间由于某些机理而产生的相互作用、相互影响、相互制约的联系方式,以及通过要素和环节之间的有机联系,完成整体任务目标,达成整体功能作用的相对稳定的运行方式。② 由于舆情引导面临的是长期性、交织性、渗透性、变动性、复杂性和艰巨性的工作环境,因此,舆情引导工作虽然从工作流程看,最主要的是舆情合理性表达所涉及的利益实现(包含着部分、短暂、一次性实现)之后的特殊传播行为,但从协商民主建设的长期发展实践看,它又应是作用和影响着从舆情生成到舆情结束(积淀),从舆情隐含到舆情表露,从原生舆情到延伸舆情发展变动全过程的一项工作。

---

① 毕宏音:《诉求表达机制研究》,天津社会科学院出版社 2009 年版,第 171 页。
② 叶国平:《舆情视角下的协商民主建设》,天津社会科学院出版社 2015 年版,第67－68页。

第三章　新媒体时代网络协商民主与舆情合理性表达机制运行规律

深入网络社会,舆情表达引导机制的运行,是建立在新媒体时代网络协商民主建设基础上,它虽然脱胎于真实社会,亦大抵遵循着上述运行规则,但由于网络社会具有虚拟性、超时空、非在场之在场、去中心化、隐匿性、即时直播性、裂变性传播等特质,特别是在当今,继"两微一端"之后,知识型问答社区、弹幕网站、网络视频直播、网络电台播报,以及全媒体的跨圈群传播渐成常态,移动互联技术所塑造的各类新型网络社群不仅成为网络关系的重要纽带,且已渐次成为舆情表达的新载体,并且在公共事务运行和发展中是重要的信息源头,并具有推进作用,从而悄然改变着舆论场中的规则。因此,我们更应该对聚焦于新媒体时代的移动互联社会,对网络协商民主大机制中的实现引导机制运行的规律加以提炼和总结。也正因为网络协商民主的实现和引导在特殊的网络社会空间中进行,故而,其具有以下几个鲜明特质。

第一,网络社会多元利益主体的复杂性和变动性远胜于实体社会,需要相关工作人员具有更高的驾驭能力。具体来看,在实体社会中,我们的交流和讨论的时空是既定的,人数是有限的,情绪和话语走向是可以当面感知和被约束的。因此,各种分歧、矛盾、冲突和共性问题,能够在多元共识、相互尊重和倾听差异的基础上,得到理性和公正解决的可期待性和可能性就很高。反观新媒体时代的网络社会的情形要复杂很多,这使得实体社会的状况并不能轻松复制到新媒体时代的网络社会。这主要包括了三方面:一方面,协商空间和时间发生了颠覆性改变,即网络协商民主过程中的多元表达场域不是真实固定的,而是存在或远在万里或近在咫尺的一个个闪烁的屏幕背后的虚拟的表达平台上。而多元表达的时间也不再是同步和既定的,既可以 24 小时不间断在线,亦可能与过去、未来的某个时点发生勾连。另一方面,协商主体数量是非确定性的。可以是寥寥数百,也可以动辄十万、百万,可以是几小时内话题大热,人数飙升,也可以是话题消散,人去无踪。再一方面,一对多、多对多的复合多重的交叉互动,也使得协商民主多元主体的情绪走向和态度趋势千变万化,也就更加难以捕捉。上述种种,都无疑增加了相关工作的难度。因此,准确了解和及时掌握新媒体时代网络社会的特殊变化规律,遵循和适应虚拟社会空间的运转频率,练就高超的舆情研判、民主会商、议题把控和舆论引导能力,就成为网络协商民主大机制下的实现和引导工作机制顺利运行的前提。

第二,日新月异的网络技术发展,需要相关工作极具创新性和发展性。实际上,任何新的媒介载体作为一种新的技术手段,都能够为舆情引导助力添彩。如何主动利用新技术发展契机,拥抱新媒体,在网络协商民主建设中不断创新工作模式,打造专属平台,形成政务航母,也成为当前"互联网 + 政务"创新实践,促进实现与引导工作顺利开展的关键环节。前面已经提到,随着移动互联技术的迅猛发展,移动网民的数量急剧增长,除了微博、微信、移动客户端等互联网应用被普遍使用外,移动网络社群也向专业化、娱乐化、社交化等细分市场发展,带动了知乎问答、悟空问答、微视频、弹幕等一系列新型网络社区的兴起,这就要求充分利用新技术发展提供的强大支持,除了已经发展并不断成熟的政务微博、微信外,各级管理者还要创新工作理念,通过开通政务微视、政务易信,打造自己的专属新闻应用软件(APP),入驻各类新闻客户端平台,来拓宽信息传播和引导的覆盖面,促进各种媒体形式和协商平台的互融互通。总之,乘新技术发展之东风,打造"多微"联动机制。运作成熟的官微媒体矩阵,就可以使之既成为舆情表达信息汇集、分析,信息发布和回应的综合性、集群化服务平台,又可以成为在利益焦点问题和重大公共突发事件中应对处置、交流互动和舆情引导的主阵地。同时,政务媒体向移动端发展,通过政民点对点、心连心式的"指尖问政"①,还可以确保在满足时、度、效的基础上,搭建起为网络协商民主建设服务,容纳舆情合理性表达,完善利益实现和引导功能的政务移动社群新航母。

第三,利益实现和引导工作最终要与真实社会对接,效果也要通过线上和线下舆论的综合走向加以检验和评判。我们知道,网络社会并不虚拟,它既脱胎于真实社会,也是真实社会的延展和再造。更何况,网络新媒介载体只是提供了一个诉求表达、交换意见、理性商量、谋求共识的窗口。网民实际上也是真实社会中的公民,他们的利益主张和要求,提出的意见和建议,只是在网络社会中完成了信息互动,最终还是要在真实社会中加以解答和解决,而实现的结果如何,人民满意不满意,答应不答应,引导的效果怎样,网民与管理者能否形成共振和"同心圆",也还是要通过网上网下的多组舆论数据进行双向评判。因此,网络协商民主大机制下的实现和引导工作与真实社会的相关工作有着紧密联系。为完成这一工作而设置的网络协商民主平台又绝不是一个脱离现实社会的独立渠道,它不仅为网络多元利益主体的利益诉求和舆情表达提供极大的便利,也成为促进网上与网下各地域、各行业、各层级、各部门的信息共享共通,实现跨系统、跨部门间形成由上至下、交叉联合、统筹兼容的协商民主大系统,从而保障民众多元利益表达的实现和发挥舆论引导正功能的一个重要的桥梁。

---

① 詹婧:《新型网络社群兴起 政务舆情引导要有新突破》,新华网,http://news. xinhua-net. com/yuqing/2016－05/20/c_129000755. htm。

四、网络协商民主大机制中的保障约束机制

我们知道,网络协商民主大机制的协调配合和顺畅运行,除了需要建立和完善相关舆情合理性表达的汇集分析机制、沟通互动机制、实现引导机制外,还需要从外在强制力和内在控制力入手,建立起相关的保障约束机制。

笔者针对真实社会的相关研究指出,保障机制就是指为了舆情表达信息汇集、分析、报送和反馈工作的顺利实施,为了保证诉求表达沟通管道的畅通稳定,为了保证诉求表达主体和诉求表达对象互动关系的协调有序,也为了保证民众合理利益诉求和舆论引导的顺利实现,通过一定的制度、法律法规、道德伦理规范以及乡规民约等的约束、控制与渗透,并通过国家立法、司法和监督体系的强力保证,促成建立起基于网络协商民主的实现舆情合理性表达的制度化、法制化和有序化的工作方式和运转方式。简言之,制度、执行和监督贯穿了保障机制运行过程的始终。

如果说,和谐社会的实现有赖于制度,网络协商民主作为一种在网络空间中形成的平等交流和理性共识,它的实现亦有赖于制度,尤其要通过伦理道德和法律法规的和谐安排及均衡发展来调整和推动。实际上,协商民主就是一种利益诉求表达、博弈后的均衡状态,利益均衡了,人们的心态才能平和,思想才能平稳,良好价值观的形成才可期盼,而利益的均衡有赖于制度的均衡安排与切实实施。一方面,法律重在利益的协调和行为的约束,另一方面,道德重在核心价值观的培养和文化的建设,只有法律与道德共同发力并协调和谐

发展,社会主义和谐社会的目标才能最终得以实现。①

以上分析提示我们,以相关法律制度和规范程序为基础的强制性手段,无疑是党和政府促进网络协商民主大机制中的舆情合理性表达机制顺利运行的重要保障。而以倡导符合社会主义道德法治要求的公民文化作为补充的调节性手段,作为一种调整人们社会行为和社会关系的内在动力,同样在相关保障机制运行中发挥着举足轻重的作用。因此,由国家管理者所提倡和推行的法律制度、道德规范,这两个保障舆情合理性表达顺利进行的制衡性手段,无疑成为本书研究的重点。而法律法规与道德规范不仅是法条、文件、布告和宣传,还需通过有力执行与有效监督加以落实。执法与监督的实现与完善,无疑为相关保障机制建设提供了全方位的回应。正因它们对民主和谐和表达有序同样起到了重要约束作用,也需要我们进行专题分析。②

1. 建立制度法规

政治制度无论存在于真实社会,还是作用于虚拟空间,产生之后,就具有内在的一致性和独立性。它在社会生活中作为一个自主的角色而存在,并且独立影响着全部社会生活和社会环境。③ 从宏观上把握,中国政治制度,就是指 1949 年 10 月中华人民共和国成立以来,在中国实行的,规范中华人民共和国国家政权、政府制度、国家与社会关系等一系列根本问题的法律、体制、规则和惯例。发展社会主义民主政治,就是要以社会主义宪法制度为根本。

---

① 蔡宝刚:《社会转型与法理回应——以 21 世纪初中国为背景》,社会科学文献出版社 2007 年版,第 164 页。

② 毕宏音:《诉求表达机制研究》,天津社会科学院出版社 2009 年版,第 215－216 页。

③ ［美］J. 马奇、J. 奥尔森:《新制度主义:政治生活中的组织因素》,《美国政治科学评论》1984 年第 4 期。

例如,《中华人民共和国宪法》明确规定:中国共产党领导的多党合作和政治协商制度将长期存在和发展。①

正由于"协商是社会稳定的安全阀。改革需要保持社会有一个稳定的格局。但这种稳定不是鸦雀无声'一言堂'式的稳定,而是'和而不同'的稳定;不是僵滞的稳定,而是有机的稳定"②,因此,中国的政党制度作为一项基本政治制度,正是通过多党合作和政治协商,保证了中国特色社会主义建设事业的不断前进,推动了中国政治体制改革和社会主义民主政治的不断发展,维护了社会的民主团结和有序和谐。而综观新中国的发展历程,特别是党的十八大以来,为适应新形势和新需要,以协商民主制度建设为代表的社会主义民主政治建设,又有了重大飞跃和突破。下面将此做一简单梳理。

大事记一:在2012年11月8日召开的党的十八大上,首次明确提出要"健全社会主义协商民主制度","完善协商民主制度和工作机制,推进协商民主广泛、多层、制度化发展"。

大事记二:在2013年11月9日至12日召开的党的十八届三中全会上,将"协商民主"定位为"我国社会主义民主政治的特有形式和独特优势,是党的群众路线在政治领域的重要体现"。

大事记三:2014年9月21日,在庆祝中国人民政治协商会议成立65周年大会上,习近平总书记指出,社会主义协商民主,是中国社会主义民主政治的特有形式和独特优势,是中国共产党的群众路线在政治领域的重要体现。

大事记四:2015年2月9日,中共中央印发了《关于加强社会主

① 参见国务院新闻办公室:《中国的政党制度》白皮书,《人民政协报》2007年11月16日。
② 张华青:《公民文化对政治现代化的意义——一种非制度条件的分析视角》,《社会主义研究》2004年第6期。

义协商民主建设的意见》,明确了社会主义协商民主的本质属性、基本内涵,阐述了加强社会主义协商民主建设的重要意义、指导思想、基本原则和渠道程序,对新形势下开展政党协商、人大协商、政府协商、政协协商、人民团体协商、基层协商、社会组织协商等工作进行了全面部署,这成为社会主义协商民主制度建设的纲领性文件。①

　　同样,以社会主义宪法为根本基础,以党和国家治国理政大政方针为指导的制度建设,作为网络协商民主大系统下的保障约束机制中的一个重要制衡因素,也一直发挥着巨大的力量。② 也就是说,在网络社会空间下,协商民主制度建设仍以社会主义宪法和制度为根本基础,以现实社会的相关建设为依据和范本。且进一步看,基于网络协商民主的保障约束机制建设,不仅要通过多党合作和政治协商来完成,还要以此为基础,主动适应虚拟社会的发展变动规律,通过思想论断、纲领文件和制度创新,不断进行新的制度设计和制度安排。我们党和政府正是通过一系列的顶层设计和决策引领,来不断推动保障约束机制的运行。

　　例如,2016 年 4 月 19 日,习近平总书记发表《在网络安全和信息化工作座谈会上的讲话》。他在谈到"讲讲建设网络良好生态,发挥网络引导舆论、反映民意的作用"问题时强调,要多一些包容和耐心,对建设性意见要及时吸纳,对困难要及时帮助,对不了解情况的要及时宣介,对模糊认识要及时廓清,对怨气怨言要及时化解,对错误看法要及时引导和纠正,让互联网成为我们同群众交流沟通的新平台,成为了解群众、贴近群众、为群众排忧解难的新途径,成为发扬人民

---

　　①　王静:《盘点十八大以来中国协商民主发展重大事件》,中国网,http://www.china.com.cn/cppcc/2015-12/11/content_37290474.htm.

　　②　毕宏音:《诉求表达机制研究》,天津社会科学院出版社 2009 年版,第 238 页。

民主、接受人民监督的新渠道。① 习近平总书记高屋建瓴,他在网络安全和信息化工作座谈会上所发表的重要讲话,是对党的群众路线理论和实践的丰富和发展,为各级党政机关和领导干部走好群众路线、提升工作能力和治理水平指明了努力方向,也为相关建设提供了理论遵循和制度保障。

再例如,2016 年 8 月 12 日,国务院办公厅特此印发了《关于在政务公开工作中进一步做好政务舆情回应的通知》,《通知》要求,进一步明确政务舆情回应责任,把握需要重点回应的政务舆情标准,提高政务舆情回应实效,加强督促检查和业务培训,建立政务舆情回应激励约束机制。② 这一《通知》,为进一步做好网络政务相关舆情回应提供了规范依据。

还例如,在十九届四中全会中,习近平总书记指出:"坚持社会主义协商民主的独特优势,统筹推进政党协商、人大协商、政府协商、政协协商、人民团体协商、基层协商以及社会组织协商,构建程序合理、环节完整的协商民主体系,完善协商于决策之前和决策实施之中的落实机制,丰富有事好商量、众人的事情由众人商量的制度化实践。"③这一纲领性文件,显示出协商民主是中国特色社会主义制度的重要内容,也为通过网络协商民主制度化探索,"丰富有事好商量、众人的事情由众人商量的制度化实践",提供了重要思想论断和制度引领。

---

① 习近平:《在网络安全和信息化工作座谈会上的讲话》(2016 年 4 月 19 日),人民出版社 2016 年版,第 8 页。

② 《国务院办公厅关于在政务公开工作中进一步做好政务舆情回应的通知》,中华人民共和国中央人民政府网,http://www.gov.cn/zhengce/content/2016 - 08/12/content_5099138.htm。

③ 《中共中央关于坚持和完善中国特色社会主义制度 推进国家治理体系和治理能力现代化若干重大问题的决定》,人民出版社 2019 年版,第 11 - 12 页。

2. 提倡道德约束

道德约束亦称道德规范,是指比风俗习惯高一层次的社会规范。人们对那些与社会共同生活的关系较为重要的事物与行为,给予是非、善恶、公正或偏私的评价,加以褒贬,从而形成了道德标准。从特点来看,道德具有一定的普遍性、稳定性以及连续性。一个国家、地区或民族,有着若干共同的道德标准,这些标准一般可以继承,也不因社会形态的变化而戛然而止。在阶级社会中,包含有全民族的道德和阶级的道德。当然,阶级的道德规范则会随着社会的变迁以及阶级的变化而发生变化。总之,道德规范是一种被内化的行为规则,道德行为是自觉采取的;违反道德的行为,要受到社会舆论和良心的谴责。[①] 伦理道德规范既具有普遍性也具有民族性。任何一个民族都有自己散发着精神文化特质的道德规范体系。中华民族作为一个有着五千年历史的文明礼仪之邦,自然形成了一整套为本民族所公认的伦理道德传统。虽然,社会发展至今,其中的一些不合理成分的阻滞作用业已开始显现,但道德伦理文化传统中的精华部分,像"和谐"的思想、"公平"的观念和"以义取利"的价值追求等,仍对从理念上认同协商民主思想和协商民主的行动,以及对保障舆情合理性表达的规范性和秩序性,产生着强有力的调整和控制功能。

第一,"和谐"思想对认同协商民主,倡导理性诉求表达,进而将之移至网络社会,产生了深远影响。中国的传统文化可以称为儒道文化,在儒道文化中"和谐"是一种不散的精神。在甲骨文和金文中都有"和"字。在中国古代典籍中,"和"被应用到天、地、人,无所不在。在传统文化中,"和谐"从理论到实践,形成"和谐社会"经世致用

---

① 胡乔木主编:《中国大百科全书·社会学》,中国大百科全书出版社1991年版,第302页。

的思想。① 中国人崇尚贵和守中,主张中庸之道,讲究遇事不走极端、张弛适宜,"和谐"观念早已深入人心,也同时深刻影响着网络协商民主大机制下的道德约束的形成。

子思曰:"中也者,天下之大本也。和也者,天下之达道也。致中和,天地位焉,万物育焉。"②中和作为达到不偏不倚、体用结合境界的一种状态,得到了儒道文化的极力主张和大力推崇。提倡保持和谐就要处理好人与人、人与家庭、人与国家、国家与国家、人与自然的关系。与人相处要"和以处众""和气生财",与家庭相处要"琴瑟相合""和和美美",与社会相处要"和而不同""和衷共济",与别国相处要"协和万邦""和平共处",与自然相处要"天地人和""天人合一"。中国的"和谐"思想深入人心,就能够保证民众冷静稳妥、情理兼顾地表达自己的愿望和要求,亦能够约束执政者在强调大局的同时承认差别,在维护秩序的同时尊重多元。

第二,"公平"观念对国家管理者秉持道德约束,大力倡导和弘扬网络协商民主,进而推动舆情合理性表达,亦产生了积极影响。翻开历史长卷,中国的先哲们针对社会平等提出了诸多见解。

墨子的社会平等思想,主要体现在其"尚贤"理论中。"故古者圣王之为政,列德而尚贤。虽在农与工肆之人,有能则举之。高予之爵,重予之禄,任之以事,断予之令。曰:爵位不高,则民弗敬;蓄禄不厚,则民不信;政令不断,则民不畏。举三者授之贤者,非为贤赐也,欲其事之成。故当是时,以德就列,以官服事,以劳殿赏,量功而分禄。故官无常贵而民无终贱。有能则举之,无能则下之。举公义,辟私怨,此

---

① 李君如:《社会主义和谐社会论》,人民出版社 2006 年版,第 37 – 38 页。
② 《中庸》,第一章。

若言之谓也。"①墨子提出尚贤的主张,寻求社会机会的平等,要求政权向普通平民阶层开放,有才能上,无才能则下。这一主张反映了具有广泛社会基础的下层人士参与政治的要求,表达了普通百姓希望通过发挥自己的才能,使天下达到平治的愿望。

明代的李贽,基于对儒道思想的批判以及理想主义的构想,提出社会平等思想。他提出夫妇平等、男女平等、男女婚姻自由平等思想,还提出了圣与众、贤与不肖平等的思想。他提道:"天下宁有人外之佛,佛外之人乎?"②他还说:"人之德性,本是至尊无对,所谓独也,所谓中也,所谓大本也。……人但率性而为,勿以过高视圣人之为可也。尧舜与途人一,圣人与凡人一。"③强调在道德上、人格上,天下人与佛、圣人都是平等的。

这些提倡平权、追求平等的思想,为国家管理者重视网络民众的知情权、表达权、参与权,将其积极主张和合理要求纳入国家决策提供了思想基础。同时,网络民众珍视权利、勇于表达,也对推动社会主义民主政治事业的进步发展起到了积极的推动作用。

第三,"以义取利"的价值观念对国人影响深刻,也被国家管理者大力提倡和积极践行。古人云:义与利,人之所良友也。利义矛盾是人类社会生活中一对基本矛盾。它们在对立统一中发展变化,推动着社会的不断前进。利义关系问题是长期争执的焦点。到底是利义统一还是利义有别?到底是应该重利轻义还是应该重义轻利?各个学派莫衷一是。

但从整体上和本质上分析,儒、道、释都主张以义取利、以无欲遂

---

① 《墨子·尚贤上》。
② (明)李贽:《答周西岩书》,《焚书》卷一。
③ (明)李贽:《明灯道古录》卷上,载《李贽文集》卷十八。

有欲。如孔子有"义然后取"①。荀子有"义与利者,人之所两有也"②,"先义而后利者荣,先利而后义者辱"③。老子曰:"是以圣人后其身而身先,外其身而身存,非以其无私邪? 故能成其私。"④而《佛说善生经》说:"居士子! 求财物当知有六非道,云何为六? 一曰种种戏求财物者为非道,二曰非时行求财物者为非道,三曰饮酒放逸求财物者为非道,四曰亲近恶知识求财物者为非道,五曰常喜妓乐求财物者为非道,六曰懒惰求财物者为非道。"⑤由此可见,"君子爱财,取之有道"是儒、道、释处理义利矛盾的基本方针和策略。⑥ 也就是说,中国的传统道德伦理提倡的是在维护国家整体利益——"义"基础上的个人利益——"利"。义与利是统一并重的,当两者发生冲突时,"义"要先于"利",但也不能因为强调整体的"义"而忽视个人的"利"。总之,对于执政者来说,在网络协商民主大机制建设过程中提倡这种"以义取利"的利义观,无疑有利于帮助人们树立正确的表达观、利益观,且有助于调整关系、缓和矛盾和实现和谐。

当然,在网络协商民主大机制建设过程中,提倡和推动道德约束,发挥这一要素的能动性,除需要加强针对影响社会关系和社会结构的重要事物和行为的价值标准——道德规范的建设之外,也需要将建设融入自发于民众日常生活的社会规则——风俗习惯之中。同时,我们还要不断强化在民间形成的,将风俗习惯、道德规范与法律

---

① 《论语·宪问》。
② 《荀子·大略》。
③ 《荀子·荣辱》。
④ 《老子·七章》。
⑤ 北京大学哲学系、山东大学哲学系编:《佛说善生经讲录》,中国佛教协会出版发行,出版年不详,第16页。
⑥ 窦炎国:《中华民族伦理传统再辨识》,《道德与文明》2004年第6期。

制度规定相结合的一种特殊的教育控制形式——乡规民约的建设。只不过,在实体社会中,乡规民约(village regulation and agreement)是中国城市、乡村的基层社会组织中的社会成员共同制定的一种社会行为规范。① 而在网络虚拟社会空间中,乡规民约就出现在被大家共同订立、约定俗成和共同遵守的网络社会公约、社区论坛以及微博、微信等的相关管理规定中。

3. 以执行和监督确保约束机制的良性运转

如果说,在网络协商民主建设过程中,以相关制度、法律、政策条例为基础的强制性手段和以风俗习惯、道德规范、乡规民约等为支撑的道德文化因素,构成了相关保障约束机制中的两个重要的制衡要素。那么,除此之外,制度法律的执行和对执法活动的监督,也是保障约束机制运行中的重要环节。②

正因为网络社会并非法外之地,而法律制度和道德约定虽具有强制性和规范性特征,但只具有纸面上和精神上的抽象意义。因此,要使这种制度约定转化为保证网络协商民主落地生根结果的现实,还需要通过执行,将法律制度、法规条例真正转化到复杂多变的网络社会关系和社会互动中,也要使得正向的风俗习惯、道德规范和网络柔性约定等真正落实到网络管理者和普通网络民众的社会意识和社会行为中。故而,以执法行为为例,正像有学者指出的,法律的生命在于它的实行,要把这种可能性转化为现实性,就需要一定的中介机制,这一中介机制就是法律的执行。执法有广义和狭义两种含义。广义的执法,是指一切执行法律的活动,包括国家司法机关、行政机

---

① 毕宏音:《诉求表达机制研究》,天津社会科学院出版社 2009 年版,第 248 – 253 页。

② 毕宏音:《诉求表达机制研究》,天津社会科学院出版社 2009 年版,第 231 页。

关及其公职人员,依照法定的职权和程序,贯彻执行法律的活动。这层含义的执法,既包括国家司法机关的执法活动,也包括国家行政机关的执法活动。狭义的执法,仅指国家行政机关及公职人员依照法定职权和程序,所进行的贯彻执行法律的活动。① 受上述研究启发,书中所指的相关执法者是广义的执法者,因为无论是进行新媒体时代电子政务建设的国家政府机关还是司法机关,都会因中介性社会事项中的重要部分——执法行为,以及在网络协商民主实施过程中的管理约束行为,与网民发生着各种各样的利益互动,他们的执法水平、执行质量和管理效果,均会对网民的舆情合理性表达产生不同向度的刺激和影响,进而影响相关保障机制的运行状态和运行水平。② 正因此,网络社会中的相关执法者,才更应重视将典章法规落在促进网络协商民主和舆情合理性表达之中。

具体分析,从网络协商民主大机制下的保障约束机制运行实践来看,即便设计和制定的相关制度再完备,即便对优秀道德文化进行了大力倡导和弘扬,同时,即便设置再多的相关互动交流平台,但最终还需要通过执行、维护和监督落到实处。综观建设实践,各级管理者正是通过实实在在的行动,力促理念、价值、文件、纲领、方针和政策的具体转化,维护交流平台的畅通高效,监督和控制其中的不当、失策或失效,从而有力推动了保障约束机制的良性运行。其中,有效的监督和纠察亦成为促进保障约束机制运行的重要环节。

例如,为进一步做好全国政府网站信息内容建设有关工作,有效解决政府网站"不及时、不准确、不回应、不实用"等问题,维护政府公

---

① 蔡宝刚:《社会转型与法理回应——以 21 世纪初中国为背景》,社会科学文献出版社 2007 年版,第 363 – 364 页。

② 毕宏音:《诉求表达机制研究》,天津社会科学院出版社 2009 年版,第 255 – 256 页。

信力,从 2015 年 3 月至 12 月国务院办公厅组织开展第一次全国政府网站普查开始,已陆续开展了三次全国性的政府网站普查和抽查工作,通过摸清家底,定期抽检,狠抓落实,限期整改,强化了政府网站主管职责,普遍建立了责任到人、层层督办的推进保障机制,形成了准确、完整和可以随时查阅的政府网站动态档案库。这些措施使得被百姓诟病的,个别全国政府网站信息不更新、咨询信件长期不回复、内容严重错误、服务内容不实用等问题得到了明显改善。①

再例如,树立先进典型是与通过摸底抽查施行监督相补充的做法,具有鼓励先进、鞭策中游、警示后进之效。为了减少"面子账号"和"僵尸账号",扩大政务微博的影响力和公信力,2014 年 7 月 22 日上午,人民网微博"对话官微"出品了"全国政务微博办实事排行榜"第 1 期。榜单中不但收录了"对话官微"上线两周以来的最佳回复账号、最佳回复地区,还根据排行榜评选出"政务微博办实事七宗最"。在"政务微博办实事七宗最"中,收录了网友通过"对话官微"反映的"最高频词""最佳回复地区""最佳回复账号""最佳回复媒体""最快回复""最温情回复"等七个"最"值得关注的方面,并希望借此鼓励做得好的政务微博账号,同时敦促和提示其他政务微博账号积极回应网民问题,做好网络互动协商,努力为网民办实事。

数据显示,从 2014 年 7 月 22 日至 2017 年 1 月 23 日,人民微博"对话官微"平台同时推出的"政务微博办实事回复排行榜"和"政务微博办实事地区回复排行榜"两大榜单,已经发布了 120 期。该平台希望通过"红榜"形式,鼓励先进,鞭策后劲,以期让更多的政务微博

① 《国务院办公厅关于第一次全国政府网站普查情况的通报》,中华人民共和国中央人民政府网,http://www.gov.cn/zhengce/content/2015-12/15/content_10421.htm。

账号重视政务微博建设,发挥实际效用,建立政务微博与网友沟通交流与协商互动的快速、高效、便捷的良好网络社会生态环境。① 这一做法已经取得了实实在在的效果。

第三节　网络舆情合理性表达机制的运行规律

　　针对网络协商民主机制的运行规律,前面内容进行了比较全面的思考和系统的探讨。研究发现,在网络协商民主大的机制下,实际上应包含网络协商民主的汇集分析机制、沟通互动机制、实现引导机制和保障约束机制等几个子机制。而且,从理想的工作流程看,这几个工作方式或工作机制又是相互关联、相互衔接和相互制约的。

　　在这一节中,我们将继续围绕着网络协商民主作用的对象进行研究。而基于舆情研究视角,网络协商民主机制作用的主要对象是网民,而且,在网络这一特殊的环境中,网民在协商民主中角色功能的发挥,是通过网络舆情合理性表达来呈现的。也就是说,网民是在网络空间,通过国家管理者在此创设的各类表达渠道,以文字、言语、图片、视频等信息载体形式,通过合理、合规、合法的途径,表露自己以及倾听和了解他人的情绪、认知、感受、评价、愿望、主张和要求,来参与到网络协商民主的进程之中。故而,在网络协商民主的大系统下,我们不但需要探寻网络协商民主机制的运行规律,同时,还要对

---

　　① 李娜:《细数"政务微博办实事七宗最"全国政务微博办实事排行榜第 1 期出炉 北京居首》,人民网,http://www.people.com.cn/n/2014/0722/c347079-25316685.html;乔外:《细数"政务微博办实事七宗最"政务微博办实事排行榜120:@赣州检察发布 获赞最多》,人民网,http://jx.people.com.cn/GB/n2/2017/0124/c186330-29643157.html。

网络舆情合理性表达机制的运行规律进行比较深入系统的研究。

一、网络舆情合理性表达机制的刺激产生规律

我们知道,网络舆情合理性表达机制的形成,首先源自合理的"舆情表达"或者"诉求表达",没有合理合规的诉求表达,机制的运转无从谈起。进一步看,网络舆情合理性表达机制的形成,还与舆情合理性表达形成论的常态化运行有关。也就是说,在网络空间,一次性的、间断性的或者非线性的舆情表达数量再多、能量再强,也形不成彼此关联、前后衔接、平稳有序的运行机制。故而,舆情合理性表达的常态化和模式化,成为舆情合理性表达机制顺利畅行关键的第一步。那么,网络舆情合理性表达是怎样被频频触发,从而推动形成相对稳定的运行状态? 或者说,在网络空间,舆情合理性表达是如何被源源不断地刺激和产生出来的,这无疑成为相关研究的重点。

在前期研究中,笔者曾经针对类似问题,即实体社会中的诉求表达(刺激)发生机制进行过专门探讨。研究提出,诉求表达发生机制,就是指针对诉求表达发生的整个过程,各个环节相互推动和制约的工作模式。具体来看,在复杂与变动的社会环境中,民众需求与动机的无尽性和客观供给和产出的有限性的矛盾,国家管理者权力运行结果——中介性社会事项的各种刺激作用,民众在获取利益时的意识、能力、地位、机会的差别等因素,均可能造成需求满足的不均衡,从而产生各种利益纠纷和利益冲突,成为舆情诉求表达发生的主要动因。综上,诉求表达发生机制的产生和运转,既来自内因的驱动,也有外因的刺激。而当民众的诉求表达以一种常态化、模式化的面貌出现时,诉求表达发生就形成诉求表达的发生机制。

研究进一步阐明,在深入探讨发生机制的含义时,首先,应强调

需求和动机等心理因素的作用。例如，人的物质需要和精神需要，生理欲望和心理欲望，人的成功动机和亲和动机等，都是促使诉求主体不断产生表达愿望并付诸行动的内在动力。离开这些，就失去了表达的心理基础。就一般规律而言，人们因需求引起动机，动机又支配着人们的表达行为，行为朝向一定的目标，直到需求得到满足，再开始新一轮的循环过程。但实际情况是，人们的欲望和需求不可能被无限制地满足，动机也有可能受阻甚至挫败，因此，受其影响，人会产生不愉快的心理状态，这些不愉快的体验如果不能减轻或消除，就会在外部行为中显现出来，导致民众的表达也有可能是消极和偏激的。其次，我们还必须审视外因对诉求表达的影响作用。这些外因包括主体利益差别的影响，中介性社会事项的刺激，以及一定社会情境的作用。民众获取利益的地位、机会、能力和意识的差别造成了利益个体之间和利益群体之间的各种不平衡，导致了利益矛盾的复杂化，使得利益表达需求不断高涨；中介性社会事项的运行直接或间接地触及民众的利益，会对表达主体产生重要的刺激作用；一定的社会情境对诉求表达的维度又可能产生激发或抑制作用。总之，无论内因或外因，这些因素都为诉求表达发生机制的不断运行提供了"燃料"，成为诉求表达发生机制产生的动力。[①]

上述研究成果，一方面提供了借鉴性素材，另一方面，也需要根据本书的研究需要，也就是针对新媒体时代网络社会的新特点，特别是网络舆情的合理性表达这一特殊表达，加以甄别和区分。而总体来看，一方面，网络舆情合理性表达的刺激的发生本质上还是源于人的社会性，这就使得网络舆情合理性表达机制的刺激产生依然源自

---

① 毕宏音：《诉求表达机制研究》，天津社会科学院出版社 2009 年版，第 81－82 页。

各类需求,受到社会动机的驱动,被利益差别的落差助推,受中介性社会事项的刺激,以及被社会空间情境影响。另一方面,网络舆情合理性表达不同于网络舆情表达,它是剔除了非理性、不合法和极端表达的那一部分,即虽然内外因的刺激和冲撞导致了情绪、认知、意愿的产生,但表达行动本身是理性和可控的,且因其产生于虚实交互、复杂多变的网络实践,因此,还有着自身的独特性。

(一)技术发展使得各类网络传播效应在网络舆情合理性表达刺激发生中的作用增强

网络舆情合理性表达刺激发生中的表达主体,不仅受现实生活中的心理动机、需求、中介性社会事项等因素的影响,也受强大的网络技术的复合作用的影响。虽然互不见面,但网络技术发展所提供的一人多角、随时在线、超越时空、相互补充、互动强化等强大功能,使得“瞬间聚焦”“疾速扩散”“热点唤起”“叠加互动”等新媒体传播效用被不断放大,从而刺激了网络舆情表达的发生。

先以“瞬间聚焦效应”为例。移动互联网兴起后,笔记本电脑、手机等便携式电子设备可以随时移动,在理论上造成了这些自媒体工具能随携带者在任何时间到达任何地点。因此,任何人对任何热点问题、新闻事件的报道和评论也就成为可能,而这种报道也许在经过准备的情况下发生,也可能在没有任何预测和防备的情况下突然释放完成。特别是在协商民主建设过程中,当一些突发公共事件发生时,更有可能刺激新媒体使用者们瞬间聚焦事件并将之传播开来。这就为信息的加速传播奏响了“序曲”。当然,网络所提供的“网络热点事件集散点”和“放大器”的特殊环境,又使得大量的热点事件被快速聚焦,迅速传播,也迅速为新的热点事件所替代。

再进一步分析“热点唤起效应”。在网络协商民主进行过程中,

新媒体网络舆情合理性表达与协商民主体系建构

围绕着某些公共事件,经反复协商,达成共识,逐步解决,淡出公众视线后,或者被迅速讨论和迅速淡化之后,并不意味着新媒体传播效用的完全发挥和退出舞台。这是因为,一方面,强大的数据库支持使相关信息在理论上并不会消失,而是被暂时隐匿和嵌套于时间流和超空间中,一旦同质或类似事件再度出现,新媒体就会两两比照,再次传播的功效亦会显现;另一方面,在微博、微信等新媒体平台上,具有关心各类时事、积极表达舆情的共同观念和目标的网民们很容易相互辨认和结识,他们组成一个个固定或流动的圈子——"新诉求群体",他们往往对常驻的表达圈群具有高度的忠诚度和归属感,呈现出对某一类或某几类事物的共同兴趣以及相似的行动倾向。这使得当某一个被探讨、争论和达成共识的公共事件逐步淡出后,舆情只是积淀在"新诉求群体"的潜意识中,当同类事件或共性事件再次出现时(比如关系到国家大局大事和大势的问题、食药安全问题、生态环境保护问题、交通出行和安全问题等),就会立即引发关注,舆情或者舆论非常容易被激活,并引发新一轮的传播和热议浪潮。此外,由于物以类聚的特点,那些与之相似的"故事"也会主动寻找可以引起共鸣的平台,或者是当事人由主要情节衍生出一些相关"故事"以作助推之力,叠加在原来"病毒母体"的余波之上,以致掀起新一拨社会热点和舆论热潮。总之,新媒体热点唤起效用从客观上推动了一些社会热点事件被反复传播和讨论①,也就使得网络舆情合理性表达刺激发生的频率、强度和覆盖面大大地增加了,而且刺激源、影响因素之间的关系也变得更加错综复杂。

例如,一项针对2015—2016年的微博热点事件的研究表明,在微

---

① 毕宏音:《重大突发公共事件中的新媒体传播》,《重庆社会科学》2013年第4期。

博讨论中,一方面,热点事件呈现出在"关键词"确定后的第一个小时内迅速达到顶峰,随后就呈递减的趋势,72 小时后基本消散的总体趋势;另一方面,在与国家相关的大局大势和大是大非面前,在关系到自身根本利益的大量民生问题上,相关舆情表达总是容易被反复激发和叠加唤醒。

（二）群体互动等群体心理在网络舆情合理性表达刺激发生中的作用显著

在真实社会中,群体互动是指社会中个人和群体之间、群体和群体之间通过信息的传播而发生的相互依赖性的社会交往活动。社会心理学认为,趋群性是人类的本性之一,正是人的这种群聚本能才使之能够结成各种社会群体,而形成群体的重要条件是必须有持续的互动。网络群体的形成亦如此。不过,在虚拟社区中人与人之间的互动主要是通过文字等信息传播途径来表明自己的好恶、情绪、思考和态度,并通过网络交流对他人产生影响。正由于网络协商民主下的舆情合理性表达离不开网络互动与反复协商,因此群体互动等群体心理,无疑会对网络舆情合理性表达的刺激发生产生重要影响。从当前基于网络协商民主的舆情合理性表达现实来看,这些表达的刺激发生来源于网络竞争性互动,同时也源自合作性互动。

1960 年,多伊奇（Deutsch）和克劳斯（Krauss）进行了著名的卡车游戏心理实验,要求被试者在尽量短的时间内让卡车从某地开到某地。两辆车的起点和终点不同,但是中间有一个障碍:对两辆卡车来说,到达终点的最快路径都交汇在一条单行路上,而两辆车必须逆向而行,不能同时通过,以此测试卡车司机在群体互动中采取竞争与合作方式的可能性。结果发现,即使合作更加有利时,大部分被试者仍然倾向于选择彼此竞争。而囚徒困境游戏的实验结果与卡车游戏相仿,参加游戏者都有很强的竞争倾向。

当然,许多因素都决定着人们在一起是选择竞争还是合作,这些因素包括情境的奖励结构、竞争性的个体差异、沟通模式和相互作用的影响等。例如,维赫曼(Wichman)于1970年的一项研究成果表明,在没有沟通的情形下,约有40%的人的反应是选择合作的;当允许语言沟通时,选择合作的反应提高到70%。因此可以认为,沟通可以增加认同感,使得两个人以上的人群可以采取合作的行为,讨论行为计划,彼此承诺,使对方相信自己值得信赖,相互了解等。[①]

在竞争式群体互动中,为了努力超越别人,必须优先考虑个人利益。网络中也会时常出现类似情形。即便是在以理性讨论为前提的网络协商民主渠道中,无论是在第一代互联网(Web1.0)时代的各个论坛和讨论组中,还是在新媒体时代的微信公众号和政务微博讨论平台上,上站次数、发文章数、经验数值、上站时间、表现数值都可能决定成员的表现等级,要想自己的言论不被淹没在文海之中,要想获得高访问量、高转载率和高回复数,就必须文章好、观点引人注目。更重要的是,高点击率并非没有回报,能够结识更多的网友,或因之成为群体的元老而赢得尊重,自己的观点更可能得到协商各方的关注,还可能因此得到更多的网络特权,甚至因为在网络中扬名而在现实生活中获利的情况也并不鲜见。因此,处处可见因网民争相发言,而刺激和助推了网络舆情合理性表达发生的现象。当然,网民在争夺话语权的过程中,难免会出现为了抢风头而舆情表达偏激和过度的情况,这又是网络合理性表达中的异数与不和谐,需要引起重视。

---

① [美]S. E Taylor, L. A. Peplau, D. O. Sears,谢晓非译:《社会心理学》,北京大学出版社2004年版,第331—335页。

当然,作为群体中的个体为了完成共同的目标,实现共同的利益,也更经常地会站在对方视角,选择彼此妥协、合作并趋向团结,从而形成网络中的合作式互动心理与模式。而网络中的群体合作式互动,无疑有利于形成群体凝聚力,刺激舆情合理性表达的发生,进而达成共识,获得利益。正由于共同的目标促成了群体成员间相互提供帮助,互惠互利本身增进了人和人之间的责任心、信任感和认同度,人们在合作中使得群体更加协调有序。因此,当群体成员越来越多地注重合作时,群体凝聚力在增强,因合作互动所刺激发生的舆情表达也愈发积极向上。①

（三）信息鸿沟使得网络舆情合理性表达刺激发生的主体与现实主体间产生差异

马克思说:"人们奋斗所争取的一切,都同他们的利益有关。"②利益作为一种重要的社会现象,关乎我们生活的方方面面,故不能不引起民众的期盼、渴望和追求。不过,随着社会结构深刻变化,利益格局深刻调整,个人利益和家庭利益、团体利益和国家利益、眼前利益和长远利益、局部利益和整体利益、暂时利益与根本利益之间的关系变得错综复杂,现实生活中的利益差别成为常态。特别值得注意的是,当前,随着信息技术发展的日新月异,信息获取意识和能力的不均衡又导致了新的差别,我们将这种差别称为信息鸿沟。

信息鸿沟又被称为数字鸿沟,英文称之为"Digital Divide""Digital Gap"或"Digital Division",主要是指信息富有者和信息贫困者之间的巨大差距。观察现实生活,我们的生活被移动互联网、物联网、数字信息、

---

① 毕宏音:《网络舆情形成与变动中的群体影响分析》,《天津大学学报》(社会科学版)2007 年第 3 期。

② 《马克思恩格斯全集》(第一卷),人民出版社 1956 年版,第 82 页。

社交网络、电子商务、智能手机、平板电脑、可穿戴设备、智能设备、大数据以及人工智能等彻底改变,驶入了移动互联快车道,并分享着信息技术发展所带来的巨大红利。但令人感到遗憾的是,还有大量的包括偏远地区的农民及其子女、城市建设中相对封闭的老一代农民工、有缺陷的残疾人、几乎对信息化产品一无所知的老人在内的特殊人群,并未享受到信息革命的红利,而依然停留在信息的史前时代。这种现象就称为信息沟现象、信息鸿沟现象或者数字鸿沟现象。

实际上,信息鸿沟不单单体现在因信息拥有能力的差距而产生的占有资源的权力和财富拥有能力的差距上,也体现在因诉求表达机会的差距而导致的参与协商和获取利益的差距上。例如,据《2016新浪微博用户发展报告》,截至 2016 年 9 月 30 日,微博月活跃人数已经达到 2.97 亿,较 2015 年同期增长 34%。在微博活跃用户中,年轻白领化趋势明显。其中,从学历上看拥有大学及以上的高学历用户始终是微博的主力用户,所占比例高达 77.8%;从年龄上分析,18~30 岁用户占比接近 70%;从性别与年龄的交互分析来看,女性微博用户中 11~21 岁相对活跃;相对更加活跃的男性微博用户则集中于21~33 岁年龄段。[①] 而《2016 微信数据报告》则显示,截至 2016 年 9月,微信平均日登录用户达到了 7.68 亿,其中,月活跃的典型用户中,大部分是 80 后和 90 后,17~21 岁的 95 后月活跃用户占比 14%,55岁以上的月活跃用户则仅占 1%。[②] 上述两组调查结果虽然是动态的,同时,也不能完全精确反映出群体乃至个体参与网络舆情合理性

[①] 《2016 新浪微博用户发展报告》,新浪微博官网,http://www.weibo.com/2154481623/Ens12nCAJ? type = comment#_loginLayer_1486281554405。

[②] 《2016 微信数据报告:50% 用户每天使用微信 90 分钟》,凤凰科技,http://www.techweb.com.cn/internet/2016 – 12 – 28/2463512.shtml。

表达之间的差异,但依然可以看出,从大的趋势上看,在当前电子政务建设日趋成熟的情形下,高学历人群和青年群体,无疑更可能是参与网络舆情合理性表达的主体。他们的情绪更容易因各类网络热点事件而被点燃,其认知、感受、评价和主张也易表露出来。同时,他们也能够利用网络提供的技术优势展开竞争式表达或者开展互动式合作协商。因此,他们也更倾向于和更善于通过参与新媒体时代的诉求表达和网络协商而获得相关利益。而对信息贫困者来说,要么只能依靠网下传统的诉求表达手段,要么只能期望网上的代言者为其呼吁,甚至只能采取隐忍等消极应对方式。

二、网络舆情合理性表达机制的接触交流规律

如若说,网络舆情合理性表达机制的刺激产生规律,反映的是舆情表达主体——网民,由于内因外因刺激,而持续性产生的情绪、认知、感受、评价、愿望、主张等社会态度及其运行模式,那么,在网络协商民主建设大背景下,舆情合理性表达的刺激产生只是整个网络舆情合理性表达机制运行的开端。或者换一种角度分析,舆情合理性表达机制的良性运行绝不会止步于网络舆情的刺激产生,当网民们因各种因素的作用而源源不断地"制造"出舆情表达信息时,一方面,就如邓小平同志指出的那样,"群众有气就要出,我们的办法就是使群众有出气的地方,有说话的地方,有申诉的地方"①。网民的合理性诉求表达一定会得到诉求表达对象——国家管理者在制度上、设计上、渠道上、执行上的关注和重视。另一方面,诉求表达主体自身具

---

① 邓小平:《共产党要接受监督》,载《邓小平文选》(第一卷),人民出版社 1994 年版,第273 页。

有主观能动性。他们也会主动在合理、合法的范围内,进入规范的制度和渠道的框架下,与诉求表达对象,同时也与其他诉求表达主体发生常态化的接触交流。因此,我们需要对网络舆情合理性表达机制的接触交流规律进行研究。

在上一章,笔者对诉求表达对象——各级和各个层次的国家管理者的分析,是着眼于影响诉求表达沟通互动机制运行状态关键的认识和考量,着重对舆情合理性表达对象及其相关制度、机构、工作程序、作用大小、素质高低、沟通管道的完善畅通程度等工作衍生物,进行了系统分析。在这里,我们则将与其相对应的诉求表达主体——网民的接触交流规律作为研究重点。研究中可见,基于网络协商民主这一大背景,在网络舆情合理性表达过程中,与网络管理者及其设置管道对应的网民的接触交流活动有着其自身的特质。

(一)网络舆情合理性表达主体的接触交流动力既来自管理者的推动,也来自网络参与的政治效能感

习近平同志指出,要扩大人民民主,健全民主制度,丰富民主形式,拓宽民主渠道,从各层次各领域扩大公民有序政治参与,发展更加广泛、更加充分、更加健全的人民民主。[①] 这一重要讲话,成为指导我们实行人民民主,保证人民当家作主的指南。而现阶段,各级党和政府机关及其领导干部,根据新媒体时代网络社会发展的新形势和新特点,通过系统制度建构和多方积极施策,将网络舆情合理性表达纳入网络协商民主的主阵地中,正是扩大人民民主,健全民主制度,丰富民主形式,拓宽民主渠道的充分体现,自然也得到了广大网民的

① 《习近平总书记系列重要讲话读本(2016年版)》,学习出版社、人民出版社2016年版,第170页。

热切支持和积极回应。他们不仅充分利用各种电子政务渠道表达自己的社会态度,也充分利用这些平台,与管理者进行更深层和更广泛的接触、沟通和交流。

管理者推动的关键在于技术先行。在移动互联网时代,国家主导的信息化基础设施建设正在疾速向前推进,从而带动了使用者基数的快速增长。例如,《国家信息化发展评价报告》(2016)公布的数据显示,根据中国互联网络信息中心的报道,截至2015年末,我国的移动宽带(3G/4G)用户已经达到6.74亿户,家庭和公共环境中无线网(Wi-Fi)日益普及。① 这些,不但直接推动了阳光型、服务型、法治型政府等移动电子政务的建设步伐,同时也带动了更多人更加频繁地利用移动互联政务的强大服务功能,进行舆情诉求表达和交流互动。

管理者推动的关键还在于制度建设。在新媒体快速发展的社会环境下,发展网络协商民主就需要练就适应网络时代日益纷杂的治理环境,及时回应民众的利益诉求,真正走网上群众路线,保证人民当家作主的真本领。于是,各级党政机关和相关部门积极行动,制定和建立起各种形式的回应制度,如政务舆情回应制度、网络发言人制度、网络回应人制度、回应热线平台、专家咨询制度等。② 政府通过对网络舆情及其合理性表达的制度化约定、接纳、回应和引导,一方面为民意诉求找到了承载的出口和平台,另一方面也得到了民众的高度拥护和积极响应。例如,民心网成立于2015年1月,仅仅经过了两年发展,就通过相对完善和健全的"网络回应人制度"流程建设,在政府与网民之间搭建起自助式接触交流互动平台。截至2017年2月7

---

① 中国互联网络信息中心:《国家信息化发展评价报告》(2016),http://www.cnnic.net.cn/hlwfzyj/hlwxzbg/hlwtjbg/201611/P020161118599094936045.pdf。

② 韩志明:《网络时代的政府回应制度》,《学习时报》2015年12月28日。

日,民心网已接到网民留言550333件,政府部门回应521348件,其中,大量问题的解决并不是一蹴而就,而是经过了双方或多方的反复接触和交流。

上述民心网提供的海量互动数据其实也说明一个事实,舆情合理性表达的回应过程并不是单向度和一次性的。回应效果的高低是由管理者与网民通过互动来共同建构的。如果缺乏舆情表达主体的了解、认同、支持和参与,即便管理理念再高明,制度再完善,技术再强大,也不一定产生良好结果。因此,我们也绝不能忽略网民自身在舆情合理性表达中的参与作用。而考察网络社会,网络舆情合理性表达主体的接触交流动力正是来自自身网络参与的高政治效能感。

何谓政治效能感(Political Efficacy)? 坎贝尔提出,政治效能感就是一种个人认为自己的政治行动对政治过程能够产生政治影响力的感觉,也是值得个人去实践其公民责任的感觉,是公民感受到政治与社会的改变是可能的,并能在其中扮演角色的主观感觉。莱恩进一步把政治效能感划分为内在政治效能感和外在政治效能感。又有学者在此基础上提出:"内在政治效能感是个人相信自己可以影响政府的感觉,而外在政治效能感则是个体相信当权者或者政府应该回应民众的感觉。"或者说,内在政治效能感是个体相对于他人的一种对自己政治影响能力的相对认知;外在政治效能感则是相对于其他政府,个体对本国或本地政府回应民众的效率和质量的相对认知。① 这些研究成果同样适用于对网络政治效能感的阐释。

观察网络社会现实,网络舆情合理性表达的接触交流的动力正

---

① 转引自冯强《互联网使用、政治效能、日常政治交流与参与意向——一项以大学生为例的定量研究》,《新闻与传播评论》2011年第1期。

是来于网民对自身行为影响（政治影响）能力，以及对党和政府回应行动和质量的双维度的正向肯定。具体分析，当民众具有高网络政治效能感时，他们的诉求发生后并不会就此止步或者毫无指向，也就是说，从网络舆情发展变化规律来看，高网络政治效能感使得网络合理性表达的刺激发生并不会静止在一个凝固的、封闭或者毫无目的的过程里，而是一方面坚信，通过利用坚持不懈的表达和更进一步的交流，可以实现自己的公民责任；另一方面坚信，通过与网络诉求表达对象进行反复的接触和交流，可以得到他们的积极响应和反馈，从而在行动上更加自主地推动接触交流。

　　例如，一项针对341名大学生网络使用情况的研究结果表明，对网络使用特别是对于网络政治类信息的关注与使用，分别正向影响了政治效能感、日常政治讨论和参与意向。大学生通过对互联网的政治类信息使用实现了个体赋权，互联网信息的庞大及个体自主性改变了信息使用的物质鸿沟，从而增强了大学生融入国家、政府和社会事务中的自我感知能力，进而提升了个体的内在政治效能感。同时，也使得大学生更加相信，包括参与互联网电子政务建设在内的互联网政治参与，可以实现日常政治交流、讨论和民主协商。① 由此可见，对于网络舆情合理性表达主体来说，通过表达和交流，更加深入和全面地参与到电子政务建设中，为网络协商民主建设贡献智慧和力量，就会使得广大网民更具内在和外部的政治效能感。政治效能感的增强，无疑起到了正向激励的作用，从而使得网民与网络管理者之间的接触和交流更加积极踊跃。

---

　　① 冯强：《互联网使用、政治效能、日常政治交流与参与意向——一项以大学生为例的定量研究》，《新闻与传播评论》2011年第1期。

（二）网络舆情合理性表达主体主要通过文字类信息进行互动式的接触交流,还兼有多媒体化特点

有研究指出,人际沟通简称沟通,它是社会中人与人之间的联系过程,即人与人传递信息、沟通思想和交流感情的过程。人际沟通可以归结为信息的交流。而通常的人际沟通分为两种形态,一种是一方发出信息,另一方只接收不反馈的单向度沟通,另一种则是互为沟通主客体的双向度沟通,常见于双向对话。① 结合上述研究成果,考察网络舆情合理性表达的运行规律,可见网络中的舆情表达也是一种在赛博社会空间下所进行的人与人的沟通过程,即信息、情感和思想的联系过程。且在通常状态下,这一过程并非无反馈的一次性信息传递,而是体现为表达主客体之间的,有来有往的信息与情感的对话交流。

具体分析,在当前的网络舆情合理性表达过程中,网民的舆情表达是以诉求信息的形式出现的。从基本的信息沟通模式来看,包括发信体、编码、信息、通道、译码、受信体以及反馈。具体来看,发信体就是指把一定的意图、感情、态度、知识等传递给受信者的个人或者群体。编码则是指将意图、知识等变成对发信者和受信者均有意义的符号。信息最为我们所熟悉,它是指用以进行沟通的符号系列。还有一个比较熟悉的概念是通道,它主要指沟通的媒介。译码则是指将接收的信息恢复原意,并且给予解释。受信体通常指的是那些接受信息同时给予反应的个人或群体。反馈就是将对信息的反应送回发信者②等要素。且进一步看,信息应该是动态的,其产生之后需

---

① 全国 13 所高等院校《社会心理学》编写组:《社会心理学》(修订版),南开大学出版社 1995 年版,第 206 – 207 页。

② 胡乔木主编:《中国大百科全书·社会学》,中国大百科全书出版社 1991 年版,第 77 页。

要得到关注、回应和安置,而交流接触正是表达主体通过自身的行动,保证信息的流动和运转的关键。同理,当网络舆情表达发生之后,也亟须通过上述以沟通与互动为目标的沟通形式进行接纳、倾听和承载,以保证信息流动。这样,无论是诉求表达主体及其进行接触交流中所发出的各种诉求信息,还是沟通管道,以及诉求表达对象及其操作的原则规范和流程,都被纳入整个舆情合理性表达的大系统中,通过它们的互动互制,整个舆情合理性表达机制得以良性运转起来。①

　　如果,在真实社会中,官民接触交流所使用的诉求表达信息属于社会信息的范畴,包括了民众通过语言、言语、文字、图像、行动和特殊表情等为载体,主要针对中介性社会事项所表达出来的各种社会态度②,那么,在新媒体时代的网络社会中,网民与网络管理者进行接触交流时所使用的舆情合理性表达信息,依然属于社会信息的范畴。只是,在这个物理不在场的特殊场域里,以各类帖文为符号化载体的"文字",始终充当着表达社会态度的主要角色。当我们进入管理者基于协商民主而设置的种类繁多的网络舆情表达管道,海量的舆情表达信息扑面而来,而这些信息无论是以正式文体写成,还是辅以各类网络文体,无论是长文档,还是短表述,无论是原创,还是转载,从其载体类型看,大抵都可归为"文字"一类。当然,从舆情表达刺激发生到为实现接触交流目标而付诸的努力,网民为此所发出的海量文字类信息,无疑为网络管理者倾听民声、了解民情和汇集民智提供了宝贵的第一手资料,也为利用包括大数据分析、"云计算"在内的各种

---

① 毕宏音:《诉求表达机制研究》,天津社会科学院出版社 2009 年版,第 114 – 115 页。
② 毕宏音:《诉求表达机制研究》,天津社会科学院出版社 2009 年版,第 114 页。

统计手段进行分析研判,提供了科学的依据。当然,就目前的技术发展水平来看,面对面的行动和表情类表达信息则不可能纳入其中。

同时,网络社会的快速变迁也带动了多媒体技术的发展。从专业角度看,多媒体,就是指一些设备和一个交互式媒体间产生的链接,或是一些媒体和一个交互式设备间的链接。这表明带有声音、文本、数据和图像的应用程序能够和一些设备的结合体或一个单一的设备实现融合。① 这些互联网技术应用,可以同时支持文字、数字数据、音视频等的制作、处理与发送,这在 1994 年互联网刚刚接入时是难以想象的,而现在已经日益成熟。正是多媒体技术发展所提供的强大、便捷、低成本、软硬件结合交互的使用功能,网民不但利用"文字"等传统的接触交流载体进行表达,对多媒体的利用也愈加频繁。例如,当我们进入政务微信公众号时,这个平台本身已经不只可以完成简单的文字、图表和图片传播工作,还可以同时进行语音通话、视频对话、超级链接,甚至可以模拟真实社会场景,发起实时多人对谈,当然,这群人也许相隔遥远,但这并不妨碍平台中的主客体就协商民主建设中共同关心的诉求表达议题进行反复的接触交流。

(三)网络舆情合理性表达主体所进行的接触交流活动具有超时空和虚实结合的特点

考量现实社会,我们的社会结构、社会互动和社会角色扮演被约束在固定时空下,因此,真实社会中的思维受限于时间与边界带来的约束和距离。我们的精神活动,也就是基于清晰可辨的时空域的认知和判别过程,并由此按照确定的时间和既定的空间行事。虚拟网

---

① 〔荷〕简·梵·迪克著,蔡静译:《网络社会——新媒体的社会层面(第 2 版)》,清华大学出版社 2014 年版,第 57 页。

络则打破了时间和空间界限,其超越了空间限制,时光可以游走于过去与当下。这种设置,因颠覆了对远与近、有和无、过去同未来的传统判断,网络主体的超时空感、泛在感和互联互通意识被大大激发。这种思维导致人们不再受距离远近和线上线下的束缚。移动互联技术的不断成熟,更使得现实与虚拟即时互联与随地渗透成为常态。①这无形中强化了舆情合理性表达主体的表达愿望和表达能力,亦推动了基于网络协商民主的,舆情合理性表达主体与客体之间接触交流的超时空泛在。

具体分析,如果按照传统思维和经验做法,管理者与表达者就该正儿八经地在真实的、固定的场所进行接触交流。不能想象,两者之间并未谋面或者距离遥远,却可以通过有线或者无线网络完成互动与沟通的任务。再例如,对于真实社会而言,协商民主下的舆情表达主体与客体的接触交流,在时间上必须同步。也就是说,双方的接触交流必须是共时的。亦不能想象,一个个过去某时发起的网上询问事项,可以在当下进行答复和回应,并与未来某个时刻再次的接触和交流相关联。

例如,从2016年12月20日开始,为听取网民对2017年政府工作的意见建议,在2017年两会召开前,网民建言活动"我向总理说句话"又如约和广大网友见面了。这一活动照例由中国政府网发起,联合了央视网、人民网、新华网、凤凰网、中国网、网易网、一点资讯、中国日报网、中国经济网、新浪微博、微信、腾讯视频、今日头条等26家网络新闻媒体。点击登录中国政府网专题页面,在广大网民感兴趣的"焦点话题"分类可以看到网友们在不同网络媒体中发表的精彩帖

---

① 毕宏音:《互联网思维的舆情表达与节点把握》,《重庆社会科学》2015年第5期。

文,各大网络新闻媒体的每日建言排行榜及其网上查询,各大新闻媒体的相关报道等内容被张贴在网站页面中。同时,前两年开展的"2015政府工作报告我来写——我为政府工作献一策"活动、"2016我向总理说句话"活动等网民建言献策活动,也在同一网页得到呈现,只要点击链接立即可以查阅。翻阅这些帖文,有的形成了网民热议,有的被新闻媒体汇集后置顶,还有的则汇总上来直通国家政府最高机构,形成了舆情合理性表达与政府大政决策相互交流对话的良好局面。而总结上述网络舆情合理性表达主体与政府管理者接触交流的传播规律,则可以充分领略到这种信息交流行动对传统意义上的时间与空间、远和近、有和无、过去同未来的全方位打破与颠覆。

当然,重要的还在于,基于网络协商民主的网络舆情合理性表达主客体的接触交流与沟通互动,虽然主要在互联网上进行,但就网络协商民主是协商民主建设大系统重要的有机组成部分来说,网络协商民主建设活动不可能与现实社会的协商民主相剥离,而是时时发生着现实与虚拟的信息共享与交互。因此,网络舆情合理性表达主客体之间的接触交流与沟通互动也就不可能止于网间,而是呈现出漫过边界与虚实结合的特点。

具体还是以"2015政府工作报告我来写——我为政府工作献一策"活动为例。2015年1月22日至3月15日,中国政府网、人民网、新华网、央视网、中国网、新浪网、腾讯网共7家网站联合推出了"政府工作报告我来写——我为政府工作献一策"活动,首次公开就政府工作报告起草工作向网民征求意见。建言共设置了"社会保障""简政放权""三农""财税金融""医疗改革""环境保护""反腐倡廉"等17个具体类别。另外,考虑到17个类别不可能涵盖网民建言的所有内容,还设置了"其他"类别,作为兜底选项。活动开展期间,中国政府网的访问量大幅攀升,总访问人数达到2000万,累计点击次数达到7.6亿,这是中国政府网自2006年开通以来的峰值。大数据分析显示,网站访问量中近20%是来自此次活动。截至2015年3月15日,7家网站共计收到网民建言7.9万余条,其中,报送政府工作报告起草组建言1426条,最终,46条建言在报告中得到直接吸纳,其余1000余条建言也在报告中得到了体现。①

在这一草根建议与政府决策接触与对接的经典成功案例中,网络民众因"政府工作报告我来写——我为政府工作献一策"这一新的网络建言形式而形成了网络围观。这一方面促使各大网络新闻媒体的网络访问量急速攀升,网民们的表达热情得到极大释放,一个个真知灼见通过帖文在网络上呈现;另一方面,也推动了网络管理者将这些帖文汇集起来,经过甄别、筛选和整理,回到真实社会,送达中央高层,送达政府工作报告起草小组。其间,不但总理高度关注"我为政府工作献一策"活动的进展情况,政府工作报告起草小组成员及有关网站负责人,还与部分献计献策的网民,就表达内容进行了面对面接洽和交流,从而在网上网下,形成了政府决策与民间智慧联合互动的良好局面。

三、网络舆情合理性表达机制的协商共识规律

有学者在谈到以网络合理性表达为主要形式的网络政治空间特征时,强调了这一特殊政治空间与协商民主实践要求的"契合度",即网络政治空间一定程度上满足了真实社会政治空间中的协商民主实

---

① 张婷:《1426条网民建言被政府工作报告"相中"》,新京报网,http://www.bjnews.com.cn/inside/2015/03/30/358217.html。

践的三个要求。这三个基本要求包括:拥有特定协商场所,即这一场所相对公开,可以让平等的参与者畅所欲言;拥有宽松直接的协商环境,即在这一环境中,参与者有时间直接参与协商和讨论,且能在该特定协商场所中进行接近于面对面的对话和交流;拥有达成协商的氛围,即在协商的过程中,参与者能够对不同意见予以理解、尊重和包容,通过讨论和妥协来达成共识等。① 上述研究提示我们,如果说,第一步,当基于网络协商民主的舆情合理性表达被刺激产生,并进入网络管理者所创设的一系列的相关承接表达信息的管道;而且,第二步,在这些管道中实现了表达主客体间的物理不在场,乃至网上网下虚实结合的接触和交流;那么,第三步,作为网络协商民主实践的目标和结果,舆情合理性表达主体进行表达的核心,是在尊重多元利益表达的基础上,通过理性讨论和协商,最大限度地形成公约数——共识,也就是在达成多元共识的基础上,促进自身利益的实现。因此,就网络舆情合理性表达机制的运行规律而言,对在互联网这一特殊空间下,网民的协商共识规律的讨论就成了应有之义。

(一)基于网络协商民主的舆情合理性表达共识的形成,更是对表达主体的公共精神的考验

所谓公共精神,是指公民具有超越个人狭隘眼界和个人直接功利目的,关怀公共事务、事业和利益的思想境界和行为态度。公共精神是现代社会对公民提出的一种最基本、最重要的美德要求。具体来看,公共精神有着丰富的内涵,其中,既包括体现为公民尊重国家法律制度和行政规章,并与政府合作的精神态度,也体现为公民自觉关注与维护公共事务、公共建设、公共安全、公共环境、公共资源、公

---

① 张星:《网络空间的协商民主实践:现状与问题》,《电子政务》2015 年第 8 期。

共卫生、公共财物等公共利益的态度与情怀。同时,还体现在公民在社会公共生活中,能够换位思考,理解、尊重、包容他人,具有与他人平等相处、坦诚商量、相互妥协、合作共赢的精神气度和行为偏好上。① 而公共精神的培育和养成,是公民认同并参与协商民主建设的心理基础。

网络社会不是独立王国,网络公民实质上是社会公民的一分子,他们在以协商民主为基础的网络表达和达成协商共识的过程中,要想实现表达与协商的合理、合法和有序,依然需要超越纯粹个人至上和纯粹功利主义,具备关怀公共事务、事业和利益的公共精神,而且,网络的特殊性使得对网络表达主体的公共精神提出了更高要求。这主要是由网络社会的"相对隐匿性"特征所决定的。

说起隐匿性特征,我们总会想起 1993 年画家斯坦纳(Peter Steiner)发表的一幅漫画作品。画中,两只狗煞有介事地坐在电脑前上网,而下面的文字写着"在互联网上,没人知道你是一条狗(On the Internet, nobody knows you're a dog)"②。这一漫画看似夸张荒诞,其实影射了网络社会的"隐匿性"所带来的深刻影响。在当前的网络中,除非通过"视频"交流,否则像动作、体态、表情等非语言类信息则会缺失,从而无法发挥非语言信息的"暗示"功能,这被称之为"交流暗示缺失"现象③。当然,就算网络技术发展至今,动作、体态和表情等非语言类信息已经可以被呈现,但无论如何,对于基数庞大的网民来说,他们的社会属性和社会角色还是可以在网络上得到一定程度的

① 龙兴海:《大力培育公民的公共精神》,《光明日报》2007 年 8 月 28 日。
② 刘毅:《网络舆情研究概论》,天津人民出版社 2007 年版,第 77 页。
③ 严耕、陆俊、陈伟平:《跨世纪青年学者文库——网络伦理》,北京出版社 1998 年版,第64 页。

掩饰和修饰,故而,这种"相对隐匿性"降低了表达与交流的风险,也就意味着对最具原始性、冲动性的"本我"的控制力的弱化,从客观上亦可能弱化超越个人狭隘与偏见,崇尚宽容与妥协的网络公共精神的发扬。也正因此,在基于网络协商民主建设的网络舆情合理性表达的过程中,为了达成协商共识,不但需要网络管理者履行好"把关人"职责,而且需要多元表达主体通过自觉反思和主动修为,具备和养成理性思考、换位移情、求同存异、尊重权利、包容他人、平等相处、坦诚商量、相互妥协、合作共赢的协商民主意识和协商民主精神。而标准高并不意味着无法企及,考察虚拟空间,虽然依然存在着这样或那样的问题,但不可否认,网络文明意识和公共精神,已经在当今的网络社会生活中逐步形成。

例如,2017 年两会前夕,当我们登录新华网"发展论坛",有关如何"办事少跑腿""大国政策我来说""老有所养""教育那些事"等都成为网友们热议的话题。其中,网友"天是蓝的么"提出了"病有所医"问题供大家讨论。在数百个互动帖子中,有的希望实现医保全国联网,有的希望可以统一城乡医保报销政策,有的希望重视老年人看病不会网络约号的问题,还有的希望解决儿童、罕见病患者、农民、老年人等弱势群体的看病难问题,不一而足。这些讨论,虽然从各自的角度出发,但并没有出现极端表达和非理性争吵,有的发言因站位较高、思考全面、内容客观、分析到位,还收获了不少"点赞"和回帖,从而形成了一定的协商共识,其中的真知灼见还可能通过新华网汇集起来,送达相关管理部门,以利于决策。

(二)舆情表达环境以及利益主体的开放多元使得达成共识的难度更高

开放性是互联网产生的基础。翻阅互联网不算漫长的发展历史,梳理技术发展脉络,自因特网的前身阿帕网开始,就放弃了传统的中央控制式和线路交换式网络体系,建成了每一个计算机都是节点之一的分布式的网络体系,并采用可以实现信息无障碍流动的包切换的信息传递方式。而互联网出现后,经反复商讨,最终采用了一系列网络协议的总和(TCP/IP)协议,以便实现不同的计算机间的信息交流和资源共享。再到伯纳斯·李发明了超文本标识语言,使任何一个文件在任何操作系统、任何浏览器上都具可读性。这些技术设置与技术规范,都使互联网有了鲜明的开放性特质。从个人层面来说,在因互联互通和开放平等理念所创设的这个超时空场域里,就意味着每个人无论是何种社会角色,处于社会结构的哪个层级,从理论上讲,都拥有表达自身情绪和态度、发表自己见解和主张的地位与权利,从而成为为自己发声的"信息源"。与此同时,具有超储功能的计算机与有线和无线网络连接,又可以让海量的表达信息从四面八方扑涌而来,这又难免使得各种信息间既可能有交流和沟通,也可能有碰撞和摩擦。

再看网络舆情合理性表达空间中利益主体的多元性。我们知道,在现实社会中,社会变迁与社会转型带来了利益格局的深刻变化,这就让民众在对共同的社会问题发表意见时,时常出现分布于社会各个角落的意识传递与流动,人与人之间的相互诉说则呈现出辐射状态。[①] 这种多元与分散,可以看作是民众对同一问题的态度分化,以及利益、需求和观念、价值观的多元性。在网络中,人员的海量、信息的庞杂、交流的便捷、攻防的快变,特别是背后利益需求的千差

---

① 刘建明:《穿越舆论隧道——社会力学的若干定律》,中共中央党校出版社 2000 年版,第 29 页。

万别,都使得这种多元性被放大开来,更有可能反过来,加深不同利益和需求主体之间的意识传动与交锋,从而助推网络表达空间的多元性发展。虽然说,研究技术的发展,还不能让我们完全搞清楚当今的网络社会中到底有多少族群,他们的主流态度是什么,不过2016 年一项由网易传媒和北京大学联合开展的,从互联网经济需要出发,针对6.2亿移动网民(以年轻网民为主体)在网络消费中"态度"的分类研究,倒颇具启发和借鉴价值。该研究以"态度"为主要指标,通过大数据挖掘,总结出目前在移动互联网消费中最具中国特色的"表情党""跟帖族""开门族""搞机族""VC 族""会买族""追萌族""外卖党""直播控"九大族群,研究表明,每个用户都可以通过对应的态度族群,找到一群和自己志同道合的"族人",从而对号入座,心有灵犀并产生态度共鸣。①

不过,在网络消费过程中出现如此多"态度"族群,又从侧面提示我们,新媒体时代的网络社会中的舆情表达也一定会呈现出多元复杂样貌。事实确实如此,当登录各大诉求表达平台,我们常常可以从两个维度出发,发现舆情表达主体的多元性。

一个维度是人们所关注的焦点问题的千差万别。比如,同样是关心和讨论民生类问题,即便经济收入、环境保护、食药安全、社会治安等问题均会引发极高的关注度,但实际上,不同的网民的关注点也有着很大不同。老年人可能更关心医疗和养老,大学生就可能更关心就业和房价,农民则也许更加关心新农村经济建设和社会保障问题,子女尚在读书的网民或许可能更加关心教育问题等。再如,就算

---

① 《中国网民站队 九大态度新"族群"首登戛纳》,网易,http://news.163.com/16/0620/21/BQ1J2DPA00014N4Q.html。

是同年龄段的网民,但因阶层和地域差异,也会产生诸如关注焦点、情绪态度和社会动机的差异。一项针对"在线城市群"的研究就得出了这样的结果。研究显示,通过对 100 个城市中网民的微博、微信数据的聚类分析,可以发现,从倾向关注话题来看,可以分为"国际新闻关注型""兴趣广泛型""生活休闲型""低关注型""中性型""娱乐型"六种城市网民类型。在微信中,上述城市中的网民的关注话题倾向,则可以被划分为"公共安全型""严肃型""娱乐型""民生型""国际新闻型"五种类型。①

　　另一维度则是针对同一问题的表达的多样化。例如,通过查阅公开或未公开途径所提供的大量的舆情研究分析报告可见,有的时候,在针对某一项舆情热点问题进行对话、讨论和辩论时,我们时常可以看到诉求表达的多元走向,其中有些观点之间的态度取向比较相近,有些观点之间则差异很大,甚至有些观点间出现了对立。如果通过大数据分析,这些态度就可以被高度抽象为积极情绪占主导地位的"希望型",积极情绪与消极情绪均不强的"内敛型",积极情绪和消极情绪均处于中等水平的"均衡型",消极情绪占主导的"消极型",以及积极情绪和消极情绪均很高的"活泼型"。② 再加上网络的技术支持、超时空性和自由流动性,可以让动辄数万、数十万、数百万,甚至是数千万乃至数亿的网民几乎同时形成围观,并就一个热点事件发声,这些情形无疑对网络协商共识的达成提出了更高的挑战。

---

　　① 赖凯声等:《在线城市群:中国城市网民心态研究》,转引自王俊秀主编《中国社会心态研究报告(2016)》,社会科学文献出版社 2016 年版,第 214 – 215 页。
　　② 赖凯声等:《在线城市群:中国城市网民心态研究》,转引自王俊秀主编《中国社会心态研究报告(2016)》,社会科学文献出版社 2016 年版,第 216 页。

（三）通过网络合理性表达形成的协商共识成果更需要加以长期维护巩固

有学者在探讨真实社会中的协商民主问题时提出，虽然个人针对需要协商的种种问题，总会有自己的选择偏好，但是这种偏好不是固定僵化的，而是可以发生改变的。也就是说，个人的原有偏好可以通过平等协商和相互讨论，朝着更加理性、更加利他、更加可行、更折中的偏好转移。正因此，从技术上来看，现实中的协商民主实践，绝不是简化或者浓缩在选票上的同意或者不同意，也不是简简单单地说"是"或"不是"，而是体现为彼此平等和相互尊重的一群人的以话语为中心的民主实践，是一种需要经历意见表达、交流、互动和修正等复杂过程的话语互动，也即是在唇枪舌剑中体现和实践的"看得见的"在场的民主。①

上述研究结果提供的启示是，在真实社会环境中，协商民主过程既不是一个个人偏好难以打破的过程，也不是一个不假思索就一次给定个人态度的简单处理过程，而是对一个问题从分歧的表达到共识的形成，需要通过面对面的、理性的、长时间的、反复的、逐步深化的辩论、对话、对谈，才能找到让各方都能够接受，并具有约束力的整合域。接下来我们就要进一步思考，在新媒体时代的网络社会，网络协商民主下的舆情合理性表达主体间的协商共识的达成，是不是一如真实社会呢？如果有所差异，差异又主要表现在哪里呢？

先看网络社会与真实社会中舆情表达主体达成协商共识的共同点。首先，即使不是面对面"看得见"的商谈，从整体上分析，进行舆

---

① 韩志明、顾盼：《民意技术的形与质——群众路线与协商民主的技术比较》，《河南社会科学》2017 年第 8 期。

情合理性表达的网民们还是把对尊重和平等的认可,对"态度不强加"和"有事好商量"的原则贯彻到了网络协商过程,始终秉承说服和说理原则。其次,从大的方向上看,他们能够将话语互动当作实现网络协商共识的常态,并加以贯彻。也就是说,网络舆情合理性表达主体能够基于理性,尊重表达的多元性和利益的差别化,也愿意实现协商共识,而进入反复的和长期的意见表露、相互交流、探讨差异、谋求妥协和偏好修正的过程中。

再分析差异。首先,这种差异突出表现在网络的超时空性,这加大了对协商共识达成主体本身的分析识别难度,以及对协商共识渠道和时间的控制约束难度。考察网络协商民主过程,即使网络技术的发展使得网络表达的速度大大优于网下,似乎鼠标一点就可以万事搞定,网络的超级容量让所有参与的人都可以在最短时间内亮明观点,也可以比网下更快地实现交流和对话,但需要强调的是,实际上网络舆情合理性表达所指的社会问题的复杂性和利益表达的多元化状况本身却没有发生变化,还因为网络社会的匿名性和网民身份的多重性等原因,使社会问题的呈现和解决变得更加错综交杂了。因此,基于网络协商民主的协商共识的达成过程,不可能因技术的飞跃变得一蹴而就或轻而易举。更何况,网下有形时空的限定已经将协商互动的人数、场地和时间设置在一个可控的范围内。在这一有形时空中,我们可以在明确的、被多方约定的时间内和协商场所里,比较容易地感受到来自不同协商主体的利益偏好、话语走向、表情变化和肢体语言,从而在复杂多变的话语互动中不断调整自己的偏好,以利于达成"身体在场"的民主共识。而网络的超时空恰似一把双刃剑,理论上不设人数上限、自由的跨圈群流动、泛在的时间(共时性和历时性交错),一方面可能有助于更多的网民参与到协商共识的达成中,从而形成更多的协商共识成果,推动国家决策的科学化和民主化;另一方面,协商人数、场域和时间的不确定,却可能削弱对网络协商共识中的主体、渠道和时间的约束力。这些客观影响,实际上更需要通过长期和反复的磨合和整合才能够加以抵消。

以对协商共识达成主体本身的分析识别为例,在真实社会的人际交往以及社会互动过程中,不仅我们的语言等信息载体可以反映人们的情绪,表情也是人类表达和识别情绪的主要的视觉情绪性线索。再进一步分析,除了面部表情是情绪表达和识别的极其重要的线索外,从事人类情绪认知研究的德盖尔德及其团队的研究还发现,躯体动作及各种姿势也能表达和传递高兴、愤怒、恐惧和悲伤等与面部表情相类似的基本情绪。此外,在一些特殊场景中,躯体线索还能超越面部线索,表达和传递出更加丰富的信息。因此,躯体线索在情绪识别中具有独特的"优势作用"①。不过,考察和比较网络社会与真实社会,无论是表情识别还是动作识别,这些视觉性情绪识别线索,在舆情表达人数有限和可控的真实社会协商过程中,确实可以发挥积极的作用,从而使得表达者不完全依靠有来有往的听觉性话语信息去了解对方的情绪与态度,还能通过对有限的表达主体的细微的、微妙的面部和躯体表情变化的洞悉和捕捉,从侧面评估和分析对方的情绪走向,来调整自己的态度和表达,最终完成复杂的话语互动,实现协商共识。但是,基于常识,人类能够同时捕捉的面部和肢体等视觉性情绪变化的数量和范围毕竟是有限的。更何况,网络协商过程中,鼠标轻点的低成本和便捷性,还难免出现大量人数几乎同时在线,并且只通过浩繁纷杂的网络文字信息进行诉求表达的情形。这

---

① 丁小斌、康铁君:《躯体表情:情绪识别的敏感器》,《中国社会科学报》2016 年 9 月 6 日。

就使得表达主体间常常仅能够依靠这些文字来判别其他人表达利益之所在,而诸如面部表情和躯体动作等这些面对面的辅助情绪识别要素,要么因为根本无法在大量的网络语言前观察到,要么因为人数难以控制,而几乎失去了它的功效。再加上我们知道,情绪具有鲜明的短暂性、波动性和易变性特征,网络视频和网络直播等毕竟是一种"身体不在场"的,由表达主体自己掌控的网络应用软件,由于并不能实现协商主体之间真正的面对面,其实还是难以满足我们对稍纵即逝和变化多样的表情和动作等情绪线索的整体捕捉。对"表情"这一重要的情绪判别维度掌握缺位和管控不足,实际上不利于对不良舆情表达的控制和约束,当然,也就不利于网络协商民主成果的巩固和维护,这些问题都需要我们在理论研究和网络实践中加以重视。

当然,这种差异还突出表现为特殊的互联网思维和海量网络热点事件的刺激干扰,这也影响到网络协商共识的达成效果。笔者通过对网络主体的互联网思维的研究发现,网民具有疾速转换的互联网思维。具体分析,社会的变迁与转型带来了全方位的变动,人们追赶着时代的潮流唯恐落后。面对接踵而来的新事物,"一万年太久,只争朝夕"的快餐文化渐受推崇。网络社会的互联互通,更是无时无刻不抛射出海量与冗余的网络信息,没有最新只有更新,还没玩转这一个,又迎来了另几个,于是乎,无尽无休的网络"岔路口"搞得人应接不暇、力不从心。这些都导致了大量的网络用户的疾速转换式思维的形成,表征为或追逐时热,或浅尝辄止,或钟情碎片,或偏爱读图,即无论对待什么,都既无长时间的关注度,也缺乏深度的思考和质疑,形象言之,就是三分钟热度思维。①

---

① 毕宏音:《互联网思维的舆情表达与节点把握》,《重庆社会科学》2015 年第 5 期。

这些思维特征反映在行动上就导致大量网民加入围观和形成讨论并不需要预热,且攻防转换极快。考察新媒体时代的网络社会,他们关注的领域和交流的话题虽然是多方面的,但除了对国家一系列的大政方针保持了长期高度关注之外,对有关民生民计、社会公德、文化现象、突发事件等大量社会热点事件(实际上具有高度相关性的事件的聚焦),则呈现出来得快、去得快的不持续性和短暂性特征。由于缺乏针对共性问题的长期思考、深入交流、反复讨论和理性对谈的过程,大量协商共识成果要么亟待巩固,要么则难以形成有效的协商共识。例如,有研究表明,2015 年网络热点舆情话题主要集中在党的十八大后新的中央领导集体全面深化改革、全面推进依法治国、"九三"阅兵、简政放权、"互联网 +"、南海等国家领土主权问题、亚投行建设、"一带一路"、全面从严治党、坚持反腐倡廉"老虎苍蝇一起打"等问题上,舆情合理性表达的走向始终积极、正面,管理者与民间的共识度极高。[①] 但同时,就像相关研究中反映的那样,大量网民对关注热度的维持是短暂的,导致他们偏爱追踪热点事件和突发事件,他们既忧虑雾霾天气,也关注自然灾害;既调侃"主要看气质",也戏谑"蓝瘦香菇",不过,常态化的情形是,这一类网民对事情的关注度却仅仅维持三天,甚至更短。当然,网络热点事件的应接不暇本身,更加重了此种状况。凡此种种,恰恰折射出"三分钟热度"式的网络围观和讨论与专注于长期的、反复的理性协商间所形成的差距,同时,也折射出维护和巩固网络舆情合理性表达主体所达成的协商共识成果的艰巨性和复杂性。

---

① 祝华新、潘宇峰、陈晓冉:《2015 年中国互联网舆情分析报告》,转引自李培林、陈光金、张翼主编《2016 年中国社会形势分析与预测》,社会科学文献出版社 2015 年版,第 220 – 221 页。

四、网络舆情合理性表达机制的长效监督规律

　　党的十八大提出,"要围绕构建中国特色社会主义社会管理体系,加快形成党委领导、政府负责、社会协同、公众参与、法治保障的社会管理体制"[①]。在这段论述中,社会组织和普通公众成为社会管理(社会治理)体制中的参与主体之一。这无疑对如何看待社会公众在虚拟社会管理中的地位和作用具有指导性意义。进一步分析,网络协商民主作为在互联网中形成合法决策的社会主义协商民主形式,也是中国特色社会主义社会中国家治理体系的有机组成部分。而且正如前述,基于网络协商民主的网络舆情合理性表达机制的运行是一个长期的和反复的过程。这个过程不但要经历因协商民主社会事项的刺激,而导致的网络舆情表达的发生,也需要在网络协商民主的大背景下,实现网络舆情合理性表达主客体间和主体间的接触交流,以便整合偏好,形成理性的、包容的网络协商共识。当然,网络协商共识的达成常常是一次性的、暂时的或者阶段性的,故而,网络协商共识的形成并不意味着整个网络舆情合理性表达目标的完成,还需要经过网络协商共识成果的巩固过程。发挥巩固协商共识作用的,不仅仅是互联网中的国家管理者及其他们所提供的各种约束和保障规定,还需要通过网络舆情合理性表达机制的运行,形成能够巩固和完善网络协商共识成果的外在与内在的监督力量,同时,亦需要通过长期的民主化监督,对网络协商共识中的不合理以及不适宜因素进行不断修正和调整。综观当今的网络社会,网络舆情合理性表

　　[①]　胡锦涛:《坚定不移沿着中国特色社会主义道路前进　为全面建成小康社会而奋斗——在中国共产党第十八次全国代表大会上的报告》(2012 年 11 月 8 日),人民出版社 2012 年版,第 34 页。

达机制运行中的长效监督行动有着以下鲜明的特点。

（一）网民积极参与社会民主监督，有助于建构新的舆论监督生态

考察网络社会，近年来，随着网络空间中的诉求表达对真实世界的影响日深，特别是以微博、微信、新闻客户端、微视频等为代表的网络新媒体崛起以后，激发了更多的普通人利用网络空间进行诉求，这无疑大大加快了网络民主政治建设的步伐。这突出表现在普通网民参与网络协商民主的热情不断高涨，数量庞大的民间新媒体（自媒体）充分利用互联网，特别是利用移动互联网提供的新的社情民意反映渠道。作为个人门户、舆情表达主体和社会态度的持有者，他们并非虚拟社会管理和网络民主化建设的旁观者，而是在新媒体社会运行过程中，愈加发挥着积极功能和强大威力，他们不仅通过网络积极发表个人的见解，努力倾听别人的呼声，还通过有序参与，加入对网络协商民主成果的维护与监督之中。这些行动，也从客观上促使党和政府以及新闻媒体等，对社情民意做出更加积极的反馈与回应，从而改变了原有的舆论监督生态。

正像有学者指出的，这种对舆论监督生态的改变是多维度的，也是多方位的。具体来看，一是传统舆论格局发生了改变，从而形成了个人发布、公众愿听、大众评论、亿万人互动参与的巨型舆论广场。二是传统信息发布渠道被改变，已经形成了从新媒体曝光，到传媒跟进，至政府回应的一种往复的传播渠道。三是改变了监督的样貌，自我内部监督变为众目睽睽下的群众监督、网民监督，为权力的阳光运行提供了弥足珍贵的政治资源。① 这一论述也同样适用于对网络协

---

① 武和平：《创新法治工作 微博大有用场》，《检察日报》2012 年 12 月 12 日。

商民主建设过程的监督,而浙江网友通过网络直播平台参与政协提案的办理和监督过程,则是一个好典型。

事情的源起:提案人毛建华是省政协委员,又是某企业的工会主席,通过每年年底为企业困难员工发放补助,他发现70%的员工生活困难源自疾病,而给他们的补助金则占到了公司全部补助款的八成以上。正因为慢性病的治疗费用不菲,患病员工家庭都背负着巨大的经济压力。作为一名省政协委员,毛建华觉得,自己有责任也有义务把这项《关于扩展大病保险病种报销的建议》提案提到省政协大会上,看看能否转化成政府助困扶贫的特殊政策。当建议被确定为重点提案后,相关部门立刻由主要领导负责成立提案办理小组,经广泛深入协商,在征求会办单位和毛建华委员意见的基础上,省人力社保厅制定了重点提案办理方案。主办单位、会办单位有关人员两次当面听取委员对提案办理的意见建议,多次修改提案答复意见。2016年8月9日,省政协相关领导赴省人力社保厅督办座谈,确定相关会议召开时间。

召开时间:2016年10月18日下午。

地点:浙江省政协办公楼一号会议室。

会议名称:提案办理会。

议程:讨论并办理浙江省政协第225号重点提案《关于扩展大病保险病种报销的建议》。

与会人员:提案者(省政协委员,某公司党委副书记、工会主席毛建华)、其他相关省政协委员、承办单位(省人力社保厅、省卫生计生委、省财政厅、省民政厅相关负责人)、界别群众、网民代表。

网络报道者:浙江在线新闻网站。

会外参与者:7.2万观看直播的普通网民,以及大量通过各种网络新媒体平台直接与现场互联互动的网民。

会议时间：两个多小时。

会议结果：10 月 18 日当天，除了参会的提案人、政协委员、承办方，还有 7 位界别群众和网民代表来到会场发言。同时，截至下午 4 时，共有近 300 名网友积极参与了网上评论、提出问题，这些评论都得到了相关部门的正面回应。也有一些网友表示，会对这个问题的后续进展持续关注。两个多小时的时间内，参政议政各方都以最大的诚意各抒己见、交流对话、建言献策，有关部门则积极回应、欢迎各方监督、承诺落实到位。

点评：浙江省政协积极运用互联网平台，提出问题和亮出提案供大家讨论与协商，利用包括新媒体直播平台在内的各种网络传播手段，让提案办理过程，同时也让更多的政府工作和思路"晒"在了公众眼皮底下。特别是这场由浙江省在线进行全程网络直播的提案办理会，通过"互联网＋提案办理"的制度化和常态化形式，让更多有同样想法和期许的人围绕着中心议题提出真知灼见，相互交流协商，彼此凝聚共识，直至问题的落地解决，这无疑使得普通网民参与网络协商，维护协商成果的主动性和能动性得到了进一步提升[1]，也构造出一个群众监督、媒体跟进、政府回应的新的民主化舆论监督生态。

上述实例说明，成绩的取得既体现出党和政府积极推进网络协商民主的坚强决心和制度力度，同时也与普通网民充分利用新媒体时代的网络表达平台，积极参与虚拟社会管理建设和协商民主共识成果的维护，通过自己的自觉行动，形成强大的正向舆论能量和外在

---

① 吕玥等：《省政协连续 11 年开展重点提案办理网络直播 民主协商，请网民参与》，浙江在线，http://zjnews.zjol.com.cn/zjnews/zjxw/201610/t20161019_2006309.shtml。

的网络监督力量密切相关。

（二）"草根"内部监督自律有助于形成健康和谐的网络公共领域，从而更加有利于巩固协商民主成果

实际上，网络空间生态环境与自然生态环境相类似，既存在着和谐共融，也有污染破坏。这中间既包含了因网络舆情合理性表达而形成的对协商民主共识成果的监督力量，同样也包含需要正视这样或者那样的矛盾问题。正因此，诸如令人忧虑的"网络成瘾"，毫无底线的"人肉追杀"，冲破理性的"群体极化"，难以遏制的"网络谣言"等在网络空间中时隐时现就不足为奇了。例如，在所谓的"微博反腐""微信科普"中出现的中伤造谣，对他人隐私的无底线爆料、恣意窥视等，这些问题使得基于网络协商民主的虚拟社会管理的重要性愈加凸显。而要保证协商民主工作机制的良性运行和协调发展，党和政府的有效治理管控是关键，媒体和运营商等的引导和监管不可或缺，同时，亦需要普通网民积极行动起来，通过加强网络环境监督和自律自省来实现。从自律维度上看，不仅需要网民具有理性的舆情表达民主素养，同时，也需要网民们具有昌明的舆情表达科学素养。这一点，由媒体人在微博和微信上发起的"免费午餐"公益活动自觉接受网民监督，可以看作是比较成功的范例。

2012 年底，在四川部分地区开始流传一则消息："2012 年 12 月 21 日，地球将会有连续 3 天黑夜。"据当地媒体报道，四川省某县甚至出现了抢购蜡烛和火柴风潮。当然，事实上，这是一则不折不扣的谣言。

谣言的各种版本还在出炉，有微博就煞有介事地称："科学家终于确定了：2012.12.21 地球会有连续 3 天是黑夜，是地球的换纪时刻……玛雅人说的并不是世界末日，他明明写的是'2012 年 12 月 21

日的黑夜来临,12 月 22 日的黎明不会到来!'但 3 天后,差不多是圣诞,白天就会来的！12 种预言都记录了 2012 年是不平凡的一年。"一时间,"听信末日疯抢蜡烛"成了微博热门话题之一。

与此同时,还有一种力量在发声:从天文学角度来说,地球上根据晨昏线总会出现昼夜半球,这种连续黑夜的说法是无稽之谈。发声的是一些科普类微博。①

其实我们发现,这几年,每当这类伪科学信息甚至反科学信息出现在网络上,特别是利用微博和微信平台兴风作浪之时,总会有一些民间科普团队挺身而出,他们既批驳谣言,也并不害怕讨论和争辩,而是欢迎大家亮明观点,通过在讨论平台上反复对话,科学解释,民主讨论,澄清事实,达成共识,以正视听。

这些民间科普团队通过冷静分析、理性辩驳,利用微博、微信公众号等新媒体平台,通过相关科学栏目,发挥着直面危机、粉碎谣言、稳定情绪、科学启蒙的积极作用。这些科学传播看似并不能直接应用到协商民主过程本身,但作为普通网民而言,通过自觉行动,努力传播科学知识,提高科学素质,具备科学视角,远离流言迷信,确可以使得我们的协商民主更加理性客观,也会对尊重他人利益,乐见共识达成,维护协商成果,起到积极的推动作用。

(三)网络合理性表达主体开启协商共识的依法长效监督模式,也有助于网络协商共识的改进与完善

我们知道,社会变迁与社会转型带来了社会思想、利益格局、阶层流动等深刻变化,而网络社会的发展更加剧了这种巨变。仅考察数量变化,就可见只经过短短二十余年的发展,我国网民数量已从 20

---

① 高四维、张晔:《"三天黑夜"谣言引发蜡烛抢购潮》,《中国青年报》2012 年 12 月 12 日。

世纪 90 年代末的 62 万,急剧扩增到目前的 8 亿多,而网民的数字化、移动化生存的日常化,则是在互联网出现伊始闻所未闻的事情。再加上网络协商民主本身既脱胎于真实社会的协商民主,又是可以形成比较完备的运转方式和流程的独立系统,这就使得嵌入了网络舆情合理性表达的网络协商民主共识的达成,及其成果的巩固和完善,既不可能一朝一夕完成,也面临着比以往更加复杂多变的局面。故而,维护网络协商民主共识绝不仅是网络管理者的责任,网民作为网络协商民主建设本身的亲历者和受益者,也需要积极参与到监督和维护的队伍之中,并需要长期坚持。

网民的监督之所以是依法长效监督,主要是基于两方面的原因。其一,网民的民主监督必须遵循法治的理念和法治的原则。环顾从诉求表达发生到实现协商共识的整个进程,实际上就是不同利益群体、阶层、社会成员间的利益博弈过程。在利益博弈过程中,公平与效率之间往往具有对立统一性,而当维护公民的权利的正义原则和追求利益的最大化的效率原则发生冲突时,离不开法律的强制约束作用。因此,依法治国,不仅是党领导人民治理国家的基本方略,也是建立和健全网络舆情合理性表达机制的基本原则。而建立和健全网络舆情合理性表达机制,就应树立社会主义的法制观念,这不但适用于党内民主过程以及政府的决策过程,也同样适用于网民参政议政和民主监督的全过程。也就是说,发扬人民民主也要以法治为基础,网民必须依法行使监督这一当家作主的权利。维护和巩固网络协商民主共识的成果虽然是光荣使命,但绝不意味着可以享有治外法权,可以凌驾于法律之上,随心所欲、为所欲为,而应该坚持法律至上、依法依规、遵纪守法的原则来进行监督,才能保障监督的实效。其二,网民的民主监督必须保障其长效性。这是因为,一方面,网络协商民主建设是长期的和复杂的。大量的网络协商民主共识,从形成共同利益点到探索性实施,再到纳入政策和法律制度,中间需要经历不断的试错、调整和完善的过程,一次性或者短时间的关注和督促,要么使得监督工作半途而废,要么使得监督效力大打折扣。另一方面,随着现实社会以及网络社会的不断发展,各项相关法律制度也要随之进行制定、调整和完善。因此,在立法和法律修订过程中,要依靠立法机构的不断努力和专家、学者的研究论证,加强立法制度建设,在内容、方式、形式和程序上对民众献计献策和监督行动进行法律规定①,这些也需要网民在长期的民主监督实践中,根据现实变化,不断加以调整和遵守。考察"免费午餐"公益活动中的网民监督与完善,正是依循了法治化和长效化轨迹。

项目源起:2011 年 2 月,国务院发展研究中心、中国发展研究基金会发布了一项关于中国贫困地区学生营养状况的调查报告,提出中国儿童贫困将导致未来人力资本的巨大损失,形成贫困代际传递。因此,政府应把儿童营养干预作为基本职责,并由执政党和国家做出政治承诺。

项目名称:"免费午餐"公益活动。

发起时间:2011 年 4 月。

发起人:邓飞联合 500 名记者、国内数十家主流媒体、中国社会福利基金会。

任务目标:倡议并发起免费午餐基金公募计划,为贫困学童提供免费午餐。

运行效果:自 2011 年 4 月正式启动至 2016 年 12 月底,募款已超

---

① 毕宏音:《诉求表达机制研究》,天津社会科学院出版社 2009 年版,第 77 - 79 页。

过 25125 万元,累计开餐学校达 716 所,帮助孩子免于饥饿,能够享有热腾腾的免费午餐。

监督保障:为确保善款善用,一方面,从 2012 年开始至今,基于方便网民全面了解掌握和监督"免费午餐"团队的运营情况的目的,由天职国际会计师事务所进行审计后,发布本年度的《财务信息披露报告》和《审计报告》。另一方面,由网络志愿者出面,协助学校陆续开通了微博,每日进行收支信息公开,稽核团队负责暗访突查。同时,邀请当地政府、媒体、家长、非政府组织(NGO)、网友、旅友等一起参与一线监管。① 通过几年的运行,这些监督和管理措施,不仅被纳入了法律规范程序,而且在网友们的建议协商和长期监督下,不断得到补充和完善。

第四节　网络协商民主机制与舆情合理性表达机制的联动规律

如果说,我们在前两节中为适应机制化建设需要,立足中观视野,各自讨论了协商民主机制与舆情合理性表达机制的运行规律。而更进一步,在上述分别进行的模式抽象和模型探讨的基础上,如果将两者的运行轨迹进行比照就会发现,这两种机制并非两个毫无交集的平行线。实际上,它们不但不是毫无关联,还应该存在着非常清晰的工作机制上的逻辑联系。正因此,我们需要深入其中,探寻并找

---

① 《关于我们》,免费午餐官网,http://www. mianfeiwucan. org/aboutus/;《中国福基会免费午餐基金项目信息披露》,基金会中心网,http://www. foundationcenter. org. cn/mfwc/。

到高于现实而又指导现实的理想工作模式。

一、两大机制间的互动关系

通过上面两节的综合分析,我们可以分别提炼出网络协商民主工作机制和网络舆情合理性表达机制的运行规律。一方面,从协商民主的推动主体——各级国家管理者的工作出发,可见为实现网络协商民主机制运行所形成的前后衔接、不断深入与形成环路的汇集分析机制、沟通互动机制、决策引导机制及保障约束机制。其中,汇集分析机制、沟通互动机制与决策引导机制这三个环节还可以构成一个相对封闭的小的工作环路,即形成由舆情合理性表达信息的搜集、分析、报送和反馈,到建立政务信息公开和政民沟通互动渠道,直至畅通民意——决策直通车系统和实现网络舆论引导的工作环路。当然,保障约束机制则通过法律、道德等规范,全程维护整个网络协商民主工作机制的顺利运行。另一方面,从舆情合理性表达主体——网民入手,深入分析舆情合理性表达机制的运行过程,亦可总结出与网络协商民主工作机制相类似的,依然是前后衔接、不断深入与形成环路的刺激发生机制、接触交流机制、协商共识机制和长效监督机制。同样,刺激发生机制、接触交流机制与协商共识机制这三个环节,也可以构成一个相对封闭的小的运行环路,即形成了从舆情合理性表达的刺激发生,到网民在协商民主渠道中实现主客体间和主体间接触对话,再至达成相互包容的协商共识的运行环路,以促成基于网络协商民主的,网络舆情合理表达目标的一次性或阶段性达成。当然,长效监督机制则通过察看、评判和督促的常态化,保证整个舆情合理性表达机制的协调有序。①

不过,我们需要追问的是,如果说,网络舆情合理性表达机制已嵌入网络协商民主大系统之中,那么,网络舆情合理性表达机制与网络协商民主工作机制要想形成良性运行和协调发展,互动和联合是否已经是应有之意了? 假若答案是肯定的,那在理想的条件下,它们之间又应该发生何种互动联系,就自然而然成为本书的关注点。

正因此,我们抛开了对网络舆情合理性表达机制嵌入网络协商民主大系统之中的包含关系的讨论,转而立足于中观视角,考量网络协商民主工作机制和网络舆情合理性表达机制间的关系时,这两种自成封闭环路的运行机制间的逻辑联系就得以呈现。

具体分析,基于网络协商民主,两个机制之间在理想的状态下存在着若干对应关系,即存在着刺激发生与汇集分析、接触交流与沟通互动、协商共识与决策引导、长效监督与保障约束,这四对相互对应和相互依存的对应关系。具体考察,第一,当网络舆情刺激发生,产生大量的舆情表达信息,特别是大量的舆情合理性表达信息时,这些信息就成为国家管理者进行网络协商民主需要汇集分析的基础性素材。而国家管理者为了更好地完成网络协商民主任务,也会主动利用各种网络平台,采取相关手段和方法,对相关信息进行采集和分析,从而形成了第一对对应关系。第二,网民不仅满足于单方面表露态度,而是通过各种网络交流平台,特别是国家管理者主动创设的各类相关网络沟通交流平台,进行接触交流;与此同时,国家管理者在网络平台上主动发声和回应,实际上为网络协商民主双方——网民与国家管理者的沟通互动的常态化进行提供了可能,从而形成了第

---

① 毕宏音:《网络协商民主研究的三维视角》,《天津社会科学》2017 年第 5 期。

二对对应关系。第三,一方面,网民之间、网民与管理者之间,通过频繁而理性的网络交流所形成的协商共识,为网民利益诉求的最终实现(进入决策)提供了必要条件;另一方面,网络管理者通过将网民的理性共识纳入决策和营造上下同心的舆论氛围,使得网络协商共识成为更多网民的选项,这样就形成了第三对对应关系。第四,贯穿始终的,则是网民长效民主监督和管理者制度保障之间形成的第四对对应关系。也就是说,网民从理性、有序表达直至实现长效监督功能,一路走来,离不开各级国家管理者所创置与提倡的,外在的法律、法规、政策、措施等硬约束,与道德伦理、乡规民约等内在的软约束。同时,网民依法依规所进行的长效民主监督,也能为社会主义民主法治建设和网络协商民主建设提供社会基础和促进力量。

二、两大机制联动形成的理想工作模型——完整工作链条

进一步看,网络协商民主工作机制与舆情合理性表达机制之间不但包含着四对对应关系,从符合网络协商民主制度需要的大运行流程的理想状态来看,实际上还存在着贯穿始终的,包含着刺激发生→汇集分析→接触交流→沟通互动→协商共识→决策引导→长效监督→保障约束①的完整工作链条。

具体分析,当我们视制度与理论层次的网络协商民主为一个有机大系统,而将网络协商民主工作机制与舆情合理性表达机制,作为大系统中两个重要的运行机制进行比较分析,发现它们在理论上存在着完整的对应过程和互动关系。这种互动关系所构成的理想工作模型,始

---

① 毕宏音:《网络协商民主研究的三维视角》,《天津社会科学》2017 年第 5 期。

于舆情合理性表达机制运行中舆情的刺激发生,以及国家管理者对相关舆情信息的汇集分析,终于网民依法依规进行的长效的网络民主监督,以及管理者在网络协商民主中的约束保障制度建设。[①] 而网民与管理者之间、网民与网民之间形成接触交流与沟通互动,再经多方对话达成网络协商共识,并进入决策系统,进而实现舆论引导,则是互联网社会中特别是新媒体时代下,网络协商民主工作与舆情合理性表达,步步走向深入和成熟的,不可或缺的关键环节。(见图4)

这一完整工作链条,虽然是一个基于中观取向的,抽离于现实又观照现实的理想状态,在实践中还难免存在着重叠、交叉、短少、形变与再构,但这一理想类型的归纳与提炼,确实可以让我们清楚地看到一个基本事实——在网络协商民主工作机制建设过程中,不但需要发挥网络管理者的主导和推动作用,也要重视网民的参与和监督功能,当网络舆情合理性表达不再是散在和随机行动,而是以机制化和稳定有序的面貌出现并良性运转时,就已经与网络协商民主工作机制间形成了有机互动链条,并嵌入网络协商民主大系统之中,发挥着重要的、不可替代的功能。

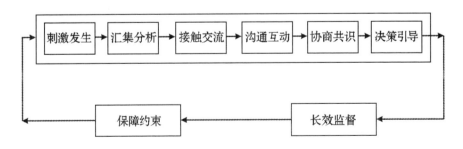

图4 舆情合理性表达机制与协商民主工作机制的联动系统

---

① 毕宏音:《网络协商民主研究的三维视角》,《天津社会科学》2017年第5期。

第四章 嵌入舆情合理性表达的网络协商民主实践方式与案例

协商民主理论作为一种民主理论范式,自发端于西方以来,一直是国内外学界,特别是政治学领域的研究热点。而针对中国社会主义民主政治的特有形式和独特优势——社会主义协商民主的理论探讨,近年来正愈发受到广泛的关注和重视。更具价值的是,协商民主理论并非空洞的抽象范式和民主概念,其中不仅包含了理念、程序等理论内涵,也有着极强的实践意义和现实功能[①],这使得它不仅是一种理论和理想,也常常是具体的实践方案和表现形式。近些年,借由互联网技术迅猛发展而带动的网络协商民主实践就是典型。

当我们深入实地以及调阅文献,独具中国特色的网络协商民主的创造性和多样性就呈现在眼前。这些应用实践来自由上至下和由下至上的一次次伟大创造和民主行动。例如,人民网"强国论坛"作为最早开办的"BBS 论坛",运行和管理之初并没有现成的模板,现经探索创新,却已成为积极接纳舆情合理表达,系统反映社情民意,努力实现官民交流协商的重要的、多维度的沟通互动渠道。再举个例

[①] 莫吉武等:《协商民主与有序参与》,中国社会科学出版社 2009 年版,第 17 页。

子,以"北京发布"为代表的地方性政务微博平台,经过多年运行和开拓,打破了过去政务微博各自为政、信息分割、互不兼容的被动局面,以矩阵化运行模式,成为以聚合创新手段打破传统政民网络沟通协商方式的样板。当然,基于舆情合理性表达的中国网络协商民主实践还有着丰富多样的实践模式和表现形式。除常规的论坛、政府网站、门户网站下的专版专栏之外,还包括两会互动为代表的网络定时协商,以地方领导与网民直接对话为特色的网络专人协商,以及网络跨部门合作协商,网络地域化协作协商,服务网络全天候覆盖式协商等形式,可以说不胜枚举。

上述创造性和多样化的网络实践,既充分反映出党和政府领导下的协商民主建设的探索与创新成就,也充分反映出人民群众当家作主的权利和首创精神,同时还充分反映出和谐、包容等中国传统文化的基本理念与社会主义民主政治制度的契合度及融合力。这正是协商民主广泛多层制度化建设的生动具体的体现。

首先,网络协商民主实践是协商民主广泛化发展的具体体现。我们的网络协商民主政治实践并非在某一领域或某一侧面开展,而是努力扩展网络协商民主的覆盖面。以相关网站的开办来说,不但利用政党网站和政府网站集纳社情民意,进行回应交流,同时也通过各级政协、人大、司法、纪检、人民团体和基层组织网站的相关板块,与百姓互动协商。

其次,网络协商民主实践也是推动协商民主向多层次延展的具体体现。基于舆情合理性表达的网络协商民主实践并非只限于顶层设计或只在有限层级上发力,而是力求延伸至各个层级。具体来看,当前的网络协商民主实践平台已经遍布了从中央到地方,从国家领导层到基层普通管理者,从党政机关到新闻媒体,从议题发起到百姓互动,从民众建议到决策落地,从临时动议到形成常态,从网上交流到虚实联动等各个层级和各个结构中。

最后,网络协商民主实践还是推动协商民主制度化的具体体现。以舆情合理性表达为基础的网络协商民主实践并不是随意而为或随意乱为,而是通过在相关民主建设实践中,订立合理有序、环节完整、操作规范的行为准则、办事程序和制度规约,保证网络协商民主工作不起于临时动议,不息于人事更迭,不怠于兴趣转移。例如,自人民网开办"地方领导留言板"以来,为更好地与民交流协商,先后有 20 个省区市以"红头文件"形式,建立起回复办理留言的固定工作制度,从而为网络留言办理真正成为践行网上群众路线的有力阵地,提供了强大的制度支持。①

第一节　网络定期专时协商方式

对于中国人来说,"两会"一词并不陌生。两会是中华人民共和国全国人民代表大会和中国人民政治协商会议的统称。由于代表、委员在全国两会期间,不仅会就国家的大局、大事和大势共商国是,而且会在两会前和两会中与老百姓积极互动,再把从普通民众中得来的舆情信息和期待要求进行汇集和整理,传达给党中央和国务院等中央最高层,因此,普通百姓都会对两会高度关注。

自互联网诞生以来,特别是近些年,随着新媒体平台建设的日趋完善,更多的百姓的声音在网上发出,于是两会网络互动就成为网络

---

① 毕宏音:《网络协商民主研究的三维视角》,《天津社会科学》2017 年第 5 期。

定期(专时)协商方式的典型代表。当然,具体来看,这种协商方式也不尽相同,有的是委员和代表在两会前和两会中直接利用网站、微博、微信等专门渠道与百姓协商,以利于人大议案和政协提案的提交;也有的则是网络新闻媒体通过网络调查的形式搜集民意,以便为委员和代表提供参考;还有的则是管理者或者媒体等,在会议期间,通过网络平台与民互动,就共同关注的议题进行民主协商。

案例一:开放的两会部长通道

2017 年的两会,从人大代表、政协委员问计于网民,到"两会部长通道"全面开放,再到"两会来了,我托书记省长捎句话"……可以说新风扑面、亮点频闪,显示出民有所呼,会有所应,而诚邀网民积极参与,与网民形成良性互动,更成为两会中积极践行网络协商民主的经典。

时间:分别在 2017 年 3 月 5 日上午开幕式入场、散场两个时段。

活动名称:第十二届全国人大五次会议首场"两会部长通道"活动。

地点:人民大会堂北大厅北门内通道。

发言者:工信部部长苗圩、国台办主任张志军、国家发改委主任何立峰、交通部部长李小鹏、国务院扶贫办主任刘永富等 11 位部长。

互动参与者:主持人、记者、普通网民。

互动方式:新闻记者可以扫描二维码关注微信公众号给部长留言,主持人有向部长发问时优先选择"点击率"最高问题的选择权,而网民则可以在网络直播频道实时收看,并可就关心的问题提出自己的意见和建议,还有机会实现与高层的直接对话和交流。

互动过程:记者在现场,先后就如何扶植新能源汽车、怎样有效惩治网络诈骗、中国经济发展形势、如何治理交通拥堵难题、如何让共享单车更好的发展和造福百姓、怎样帮助百姓精准脱贫和真正脱贫等全社会比较关心的近 30 个问题,向部长们提问。而对有些问题,提问者感觉意犹未尽,还进行了延伸性和追加提问,部长们都做出了耐心细致的解答,也对未来的发展方向和政策走向进行了前瞻性回答,很多网友在收看网络实时直播的同时,也通过各种网络平台发表自己的看法和见解。

效果点评:民有所盼,"会"有所应。综观两会互动,从最先的"新闻战场",到后来的"信息长廊",再到如今集体亮相和高信息量的"部长通道",改变的不仅仅是信息发布的形式,反映的实际上是部长们——管理者与媒体、网民的"零距离"交流,折射的是普通干部群众与政府部门之间更加平等、更趋良性的互动。"部长通道"的升级完善,正吸引着越来越多关注的目光,这无疑折射出两会开放透明的新风,彰显了中国更加自信的大国形象。诚如有专家所言,设立"部长通道"这种开放、透明的大平台,由政府的"一把手"直接面对媒体,面对百姓,解决了信息发布的制度性障碍。今天的"部长通道",已成为中国政府官员积极回应舆论关切、更好实现官民交流协商的重要窗口,也成为世界观察中国的重要窗口。①

案例二:"两会来了,我托书记省长捎句话":好的扶贫工作需要更加"精准"

在社会转型、阶层分化、利益多元的今天,老百姓对两会到底有什么具体的期望,我们不能不加分辨,笼统对待,还需要通过科学的方法加以分类汇集和精准分析。于是,在 2017 年 1 月中旬,人民网推

---

① 韩洁等:《自信 开放 透明——"两会部长通道"升级完善折射新风》,《新华每日电讯》2017 年 3 月 6 日。

出"两会来了,我托书记省长捎句话"活动,给各地网民提供平台,让他们畅所欲言,为家乡发展建言献策。同样,该活动也得到了各地网民的积极回应。当然,每个地区的网友所牵挂的问题,既显示出一定的共性,也因地域差异,而有着鲜明的地方特色。像扶贫工作这个大问题,地处大西北的甘肃网民就非常关心,且纷纷提出了自己的真知灼见。

针对如何实现"精准"扶贫,网民们积极建言献策。有网民提出,好的扶贫工作需要在实际工作中"精准"确定贫困对象,真正把贫困居民找出来,给他们必要的帮助,这样才能做到找准"靶位",最终实现精准扶贫的目标。像甘肃省的一些地区人口状况差异不小,贫困程度也不一,面对差异较大的贫困人群,有关部门在精准识别贫困对象方面确实还存在着一些不足。

在谈到扶贫工作还需改进的领域时,一位网民提到,"有的村镇在扶贫对象的确定上存在不规范、不透明问题;有的缺少民主程序,由干部直接确定精准扶贫对象;还有的靠人情确定扶贫对象,选自己的亲属、邻居等"。

如何让扶贫更"精准",显然是很多群众非常关心的现实问题。一位甘肃省张掖市的网民建议:"精准扶贫需要进一步规范建档立卡,建立精准扶贫数据库,对贫困村、贫困户、贫困人统一识别,努力推行扶贫对象实名制管理。"

针对如何才能做好建档立卡的工作,有的网友发帖:"给贫困户建档立卡不仅仅是简单地登记名字,还要分析什么原因致贫,再逐户制定帮扶措施,有针对性地采取措施进行帮扶。"

另一位甘肃网民建议说:"在确定贫困户的过程中,可以让更多群众参与进来,村里可以广泛宣传,避免群众认知上的差异,提高群众参与的积极性。"

此外,还有网民朋友提到,贫困地区可通过"互联网+"助力扶贫工作。这位网民说:"甘肃陇南地区生态良好、资源丰富,盛产很多特色的农产品,但销路不是很好。利用互联网,我们可以让电商看到机遇,也让更多的乡亲们参与进来,从而为扶贫工作打开新的大门。"

好的脱贫经验需要更多"分享"。

做好扶贫工作需要着力增强农村发展后劲、提升自我发展能力。让更多群众知道脱贫的成功经验,才能更加坚定大家脱贫的信心。

一位网民在留言中提到,"我们希望听到身边人致富的经验,从而向他们学习,找到自己脱贫的办法,希望政府多创造让'脱困户'和'贫困户'坐在一起交流的机会"。

另一位甘肃网民朋友也说道:"虽然每家的具体情况会有差异,但我们可以通过见面会的形式,让成功的人多给我们讲讲经验,我们借此也可以向他们提问,了解更多脱贫的细节。"[1]

而这些网民的意见和期待,都通过网络直通车,被省委书记和省长带到两会,成为大家热议的内容。其中的真知灼见,还可能再次通过网络交流互动与沟通协商,最终转化为帮助群众脱贫致富的决策。

第二节　网络专人协商方式

有研究曾提出,包括网络舆情表达在内的舆情表达刺激物是中

---

[1]　张政:《甘肃网民说两会期待:扶贫需要更"精准"》,人民网,http://leaders. people. com. cn/n1/2017/0303/c401590 - 29121159. html。

介性社会事项,或者称之为社会公共事务。从内涵来看,中介性社会事项不仅包括方针、政策、措施、成就、会议等,也包括国家管理者。国家管理者,从舆情角度看,是对于处于管理民众的管理者地位上的政党、政府、参政议政机构及军队、警察等国家机器中各类国家和社会事务的管理人员的总称。国家管理者的基本内涵,是指这样一群人,他们处于国家和社会的管理者地位,并代表人民的利益和国家利益行使管理权力。[①] 网络管理者虽然身处特殊的网络平台,但他们的基本内涵与真实社会中的管理者是一致的,同样是人民和国家利益的代表。正因此,基于网络协商民主建设的舆情合理性表达过程中,各级网络管理者就理所当然地成为网民的主要舆情表达对象。网络管理者们也因此主动施策,从各个层级上开展网络专人协商。特别是国务院总理和省市级主要领导干部,直接通过网络平台,建立起倾听民意和与民协商的长效网络协商工作模式,均取得了很好的实践效果。

案例一:国家领导人问计于普通网民

总理通过互联网与普通网民互动对话,已经成为两会之前的惯例。2017 年两会前夕,人民网推出的"我有问题问总理"栏目又如约和网友见面了。"民之所望,施政所向! 您所思考的,是总理希望倾听的声音;您所期盼的,是政府为之奋斗的方向。欢迎您留言参与,和总理说说心里话!"与此同时,中国政府网与多家网络媒体联合,推出的"我向总理说句话"互联网络建言活动也开展得如火如荼。栏目开篇发出了诚挚的邀约:"你的建言,能让政府工作更贴心、更称心。

---

① 王来华主编:《舆情研究概论——理论、方法和现实热点》,天津社会科学院出版社 2003 年版,第 67 页。

你的每句话如一滴水,聚少成多,汇江入海。大家的留言里,有民意、有民愿、有众智。公共政策,因你的参与而对你更友好。"

倾听民声、问计于民是我们党和政府的优良传统。为了更好地利用互联网的优势体察民情、汇集民意、集中民智,也为了更好地利用新媒体平台实现网络政治参与和网络协商,从 2006 年开始,人民网适时推出了"我有问题问总理"栏目。如今该栏目已成为每年两会期间定期推出,极受网民欢迎的品牌类栏目,而且随着互联网技术的不断发展,网友可以跨越信息圈群,同时通过论坛、微博、微信等多平台参与留言提问。由于栏目在每年两会前集中征集百姓对国家大局、大势和大事的看法,也同时聚焦于百姓的所思所想和所盼所愿,并将这些舆情信息及时汇集、呈送给总理,一些民智就可能经过反复的探讨对话,被纳入政府工作报告。当然,类似的活动还包括前面提到的,中国政府网和多家网络媒体一道,联合推出的"我向总理说句话"网络建言的征集活动,以及推出的"我为政府报告献一策"等。其中,2015 年由中国政府网联合人民网等 6 家主要新闻网站共同推出的"我为政府工作报告献一策"网络征集活动,就堪称网络专人协商工作模式中的经典。

征集活动的初衷:中国政府网通过近一个月的摸底调研发现,政府与民众的沟通渠道很早已经建立起来,每年两会期间,老百姓的参与度实际上也不低。但百姓的网络参与只是止步在个体化的舆情诉求表达上,有相当多很好的意见和建议,在一定程度上反映了社会中普遍存在的利益诉求,也蕴藏着大量的宝贵的民智。不过非常可惜的是,因为没有专门搜集、整理、提炼和吸收,也就谈不上通过特殊的通道传递上去,进入政府工作报告中。因此,可以尝试着由中国政府网牵头,整合各个主要网站的类似活动,变只是提供意见建议发布的单纯化平台为搜集、整理、加工、提炼、升华网民的意见表达,承载和传输好建议和"金点子"至国家高层领导,服务于国家决策的有效出口。

征集活动的特色:第一次以公开方式引入普通公众参与,反复征求网民意见,并将网民的真知灼见体现在国家决策——政府工作报告的起草工作之中。

征集活动的发起:在 2015 年政府工作报告正式出台前,中国政府网、人民网、新华网、央视网、中国网、新浪网、腾讯网共同发起了"我为政府工作报告献一策"网络征集活动。导语写道:政府工作报告是两会上的重要内容,如何评价上一年的工作,如何看待发展中的问题,即将出台哪些政策措施,这些都将成为报告中的内容。2015 年全国两会召开在即,中国政府网联合人民网、新华网、央视网、中国网、新浪网、腾讯网等网站,发起"2015 政府工作报告我来写——我为政府工作献一策"活动,公开征集社会各界对 2015 年政府工作报告的意见建议。欢迎大家积极参与,为政府工作献计献策。

征集活动的时间:2015 年全国两会召开前夕。具体时间为 2015 年 1 月 22 日至 2015 年 1 月 29 日中午 12 点。

征集活动开展的平台:中国政府网、人民网、新华网、央视网、中国网、新浪网、腾讯网等所开辟的专栏。

征集活动的内容范围:设置了"简政放权""宏观调控""结构调整""反腐倡廉""就业创业""收入分配""财税金融""科技创新""新型城镇化""节能减排""三农""教育公平""医疗改革""住房保障""社会保障""环境保护""依法行政"及其他,共计 18 项主题。

征集活动的数据统计结果:截至活动结束,7 家参与网站一共接收到建言献策留言帖子总数为 9577 条,专题页面的访问量(点击量)

共计 210 万次。网民留言数量按照话题内容的前三位排序,分别为"反腐倡廉""教育公平"和"社会保障"。

征集帖子的筛选使用:活动小组组织了专门团队筛选网友建言。考察最后的入选结果,那些熟悉政策、表述简洁、文风朴实的建议被选中的概率更高,"只要有真知灼见,就不会被淹没"。建言被选中后,就会被转交给 2015 年政府工作报告起草负责人,其中,那些优质建议更有可能被直接送至总理的"案头"。① 当然,那些优质建议也往往存在着完善的空间,在经过了几轮网络沟通、讨论和协商后,无论从立意还是从内容上,这些来自普通网民的建言都变得更加成熟与可行,也最终被纳入国家决策之中。

征集活动效果点评:希望通过这一次征集建言活动,从实务层面去推动网络协商民主建设,也就是加强政府与民众(网民)的互动交流和沟通协商。在关系到国家大局和大势的重大决策、重要举措出台过程中,让网民能够全程参与进来。具体来说,就是让民意表达不仅只是停留在决策推出后的评价上,更要前置于决策推出前,通过信息公开,让网民知晓决策出台的全部流程,措施决策制定的侧重点,围绕决策政府亟待解决的重大问题等,以便更加深入和全面地听取网民的意见和建议。同时,更希望网民参与到决策推出后的行动上来,能够同政府一起出主意、想办法、解难题、重落实,改变不良的解构倾向和"拍砖"文化,营造更加理性和建设性的网上文化氛围。

---

① 吴乐珺:《网民可为政府工作报告提意见 "我为政府工作献一策"》,《人民日报》2015年 1 月 30 日;赵超:《"我为政府工作献一策"政府网喊你给政府工作报告提意见了》,新华网,http://news. xinhuanet.com/politics/2015 – 01/29/c_1114184403. htm;《2015 政府工作报告我来写——我为政府工作献一策》,人民网,http://www. people. com. cn/32306/214235/392594/。

案例二：人民网"地方领导留言板"打造地方领导与网民协商新模式

2006年，人民网创办了"地方领导留言板"栏目。目前，它是唯一覆盖全国的干群互动网络平台，为全国各级（省、市、县党政）一把手开通了全天候的留言版面，以便实现普通网友与领导干部的交流沟通与对话。栏目开通至今影响力日增，被网民亲切地称为"社情民意的集散地、亲民爱民的回音壁"。2009年11月8日，是中国第十个记者节。当天，人民网开办的"地方领导留言板"专栏获得了殊荣——中国新闻奖一等奖，被授予"新闻名专栏"称号。这一年，正是"地方领导留言板"走过的第三个年头。截至2017年3月8日，从网民留言看，累计留言达到了1074218条，从回应互动看，各级领导对人民网"地方领导留言板"网友留言的公开回复，共计677175条，"地方领导留言板"开办12年，解决了大量民生舆情诉求，成为实践网络协商民主的好典型。

"地方领导留言板"一路走来，有许多创新性做法值得总结。

创新之一：逐步实现了内地省市县"官民互动"全覆盖

习近平同志提出："群众在哪儿，我们的领导干部就要到哪儿去。"为此，"地方领导留言板"从创办开始，一直致力于扩大网上群众路线的覆盖范围。截至2017年3月8日，"地方领导留言板"已覆盖全国内地31个省区市。从涉及的各级领导的范围看，省委书记、省长分别累计50余位、500余位，地市级一把手、县级领导1400多位，对人民网"地方领导留言板"网友留言做出公开回复。

创新之二：采取措施，不断完善留言回应功能

先后数次完善留言回应功能，以满足日益增长的访问、留言需求。2008年"地方领导留言板"进行了第一次全面升级改造。目的在

于方便各地干部与党政机关查阅留言。新留言板注重提升导航清晰度、用户易用性，推出了"留言精选""领导回复"等新栏目。重装推出的"地方领导留言板"提升了速度，精简整合了内容，让民众与管理者间的沟通互动更为顺畅。

2010年2月，"地方领导留言板"再次进行大规模改版，改版后的栏目增加了用户功能，完善了留言系统，网友们感觉到，留言的便捷性大大提高了。

2010年5月，"地方领导留言板"继续升级改造，主要包括延伸回复权限，面向各地市级领导留言办理单位正式开放回复权限。经过一系列功能升级改造，"地方领导留言板"的留言回复工作更加规范有序和及时高效。

创新之三：推出"两会来了，我托书记省长捎句话"建言征集活动

2011年两会期间，该栏目推出"两会来了，我托书记省长捎句话"建言征集活动，其间收到上万条网民的帖子留言。其中，部分帖子留言走进了人民大会堂，在人民网专设的大屏幕上滚动播放，与各界代表和委员见面。活动一经推出，即受到了各地留言办理单位的一致好评，辽宁、河南等地省委办公厅将具体情况专门报送给省委书记。在大会堂现场，很多代表、委员都被来自网络的声音吸引，并形成了与民互动、共商国是的生动局面。现在，该建言征集活动每年在两会前夕如期开展，取得了非常好的效果。

创新之四：推出"网民留言办理十大案例"活动，向社会各界征集本年度网络问政经典案例

为了更好地推动网络问政，"地方领导留言板"于2011年11月推出"网民留言办理十大案例"活动，通过办理留言单位推荐、网络投票等形式，向社会各界征集本年度的网络问政经典案例。当年，经各方

推荐和投票,山西太原、甘肃兰州、四川南充等 10 家单位的案例入选。此外,贵州贵阳、四川广元、四川凉山、天津、贵州、安徽等地发来的 23 件案例,还获得"2011 全国网民留言办理优秀案例"。例如,"2016 年优秀案例"评选展示活动如期在人民网启动。活动提出,"为认真贯彻落实习近平总书记系列重要讲话精神,推动全党各级党政机关和领导干部更好通过网络走群众路线,大力宣传各地互联网治理成效,推广各地留言办理工作经验,人民网现启动'2016 年优秀案例'评选展示活动。目的是推选出影响大、效果好、切实解决网友问题,或提高公共管理、公共服务和公共政策制定的事例"。

创新之五:促进各地建立留言互动的固定工作机制,使留言办理制度化

目前,网民留言办理这一网上平台,已经成为各地开展网上群众路线工作的新抓手,看留言、回网帖、抓办理,备受各级党政机关、各地领导关注。现在,越来越多的省市地区,"从留言板上获取社情民意","在留言板上与民互动协商",这不仅是一股新风,且已成为一项工作新常态,很多地方都将之纳入工作制度中。截至 2020 年 6 月,全国共有 28 个省区市以"红头文件"的形式,建立了回复办理"地方领导留言板"留言的固定工作机制。

创新之六:建立网络留言办理工作激励机制

为鼓励先进,鞭策更多的地方积极投入网上协商民主工作,该留言板依据"为各留言办理单位的年度留言回复量""回复率""办理效度"等测评指标,已连续 8 年开展"人民网网民留言办理工作先进单位"评选活动。例如,2016 年,为表彰留言办理工作先进单位,人民网评选出包括 34 个省级单位,87 个副省、地市级单位,66 个县级单位在内,共计 187 个网民留言办理获奖单位。

效果点评:创办十余年的"地方领导留言板"栏目吸引了百万网民参与其中。这一备受管理者信赖和网民好评的网上群众路线工作平台,不愧是各地领导干部践行网上群众路线的经典样板和"闪亮名片",也正在成为各地提升国家治理能力和提高科学民主决策的有力抓手。为积极贯彻落实习近平总书记重要讲话精神,正在有越来越多的官员面向网络了解民意、倾听民声,利用网络与普通百姓积极互动、协商交流。互联网飞速发展的时代,新媒体素养也必将成为领导干部的一门"必修课"。①

案例三:"网络回应人"与网民协商

如果说,"我有问题问总理"是国家领导人与普通网民直接交流互动,让百姓的真知灼见能够与顶层设计实现对接的协商方式;"地方领导留言板"所指的网络专人协商方式,是指通过与各层级各职能的主要领导人直接对话互动,所实现的网络协商方式;那么,还有一种方式,则是指通过网络协商平台所指定的专职负责人与民互动,来实现的网络协商方式。典型的如民心网建立的"网络回应人"制度。

时间:2015 年 1 月。

建立目的:为深入贯彻党的十八大和十八届三中全会、十八届四中全会精神,落实党的群众路线教育实践活动的整改要求,以及《国务院办公厅关于加强政府网站信息内容建设的意见》;为搭建政府与公众交流的直通车,更加广泛地听取群众意见建议,解决群众诉求。辽宁省政府办公厅发布相关通知,明确了在全省各级政府部门(包括具有管理公共事务职能的组织及公共企事业单位)依托民心网建立

---

① 唐嘉艺:《地方领导留言板 10 年:践行网上群众路线 切实解决实际问题》,人民网,http://leaders. people. com. cn/n1/2016/0923/c58278 - 28736693. html。

第四章 嵌入舆情合理性表达的网络协商民主实践方式与案例

"网络回应人"制度,即各级政府部门需要指定专人,与人民群众互动交流、答复咨询、解读政策、提供信息、征求意见。

制度主要内容:

一方面,明确了"网络回应人"的人员选派、构成、工作职责、奖惩制度,与民心网的对应关系和协作要求等。

各级政府部门指定专人担任"网络回应人",专门从事网络回应工作。指定的"网络回应人"负责工作时间在线值守,及时收集、处理、回应公众提出的意见和诉求。

民心网设立专门工作机构,负责调度、分转"网络回应人"平台上的公众意见和诉求,对各级政府部门回应工作进行常态化监督,定期通报工作值守、回应时效、回应质量等情况,对急、危、险、重问题的回应情况要及时通报。

公众可以自主登录民心网"政民互动"专栏,采用网名和实名相结合形式,网名可在平台上公开显示,实名用于方便情况核实、回复及满意度调查。每条留言对应一个受理编号,留言人凭受理编号和自设密码查询回复结果。

公众咨询和反映问题,应当注明具体联系方式,以便核实内容、反馈结果。各级政府部门指定的网络回应具体工作人员,每个工作日登录本单位"网络回应人"工作站值守,收集上一个工作日以来平台上有关本单位的公众留言,并做出回应意见。

网络回应时限:一般不得超过5个工作日。

规定能即时解答的,回复解答内容;属于本单位职责范围,不能即时解答的,转交本单位内部机构提出答复意见,或交由下级部门办理,限期向留言人做出答复;不属于本单位职责范围的,即时分转到相关责任单位。不能确定办理主体或责任不清的,转本级政府"工作站"协调办理,并说明理由;需多个部门分别解答的,先回复本单位的意见,其他事项建议留言人直接向责任部门咨询;不予受理的,向留言人回复不予受理的理由。

网络回应尽量即收即回,一般不得超过 5 个工作日。情况复杂,需要延长答复时限的,要在 5 个工作日内向留言人告知,答复时限一般不得超过 15 个工作日。相关法律法规对办结时限有明确要求的,从其规定。

针对合理的不满意评价,需要进一步做出回应。

网络回应需要纳入绩效考评。

各级政府要把网络回应作为政务公开工作的重要内容,纳入绩效考评和目标考核体系,定期考评和通报。

选派专业水平高、责任心强的人员从事网络回应工作。

对社会关切不回应、重要信息不发布的,要严肃批评、公开通报。对弄虚作假、隐瞒实情、欺骗公众,造成严重影响的,要依纪依法追究相关单位和人员责任。

另一方面,明确了"网络回应人"工作平台受理和不受理的舆情表达信息内容范围。

具体来看,"网络回应人"平台受理内容包括:对各地经济社会发展、政府工作等提出的意见和建议;对各级政府及部门政策、决策的咨询;对各级政府及部门的工作人员履职行为的质询、建议;事关公民、法人或其他组织权益的问题。

"网络回应人"平台不予受理的内容则包含:内容表述不清,无从调查或回复的;信访部门正在办理或已经终结的信访事项;已进入法定调处程序的案件;涉及国家秘密、商业秘密、个人隐私,以及其他法律法规和国家有关规定不予公开的政府事项;恶意登录平台反复批评、投诉同一内容的;不属于政府职责范围内的问题。①

运行数据统计结果:截至2017年3月9日中午,"网络回应人"平台已经受理的群众留言达到568304条,政府部门回应则达到538540条。而仅以平台开通第一年的统计数据为例,2015年全年,民心网政民互动——"网络回应人"平台共收到群众有效留言116000余件,其中表扬留言2000余件,意见及建议留言113000多件。经全省各级政府部门的大力支持,全省有近19000家单位登录群众工作站,6000余家单位参与网上回复,共回应办理群众的意见留言112000多件,回复率达到98.86%,平均回复时长5天13小时,7天内得到回复和解决的问题达到81.74%,64.26%的反馈结果得到群众满意评价。政民互动——"网络回应人"平台以回复速度快、回应语言亲民、网上网下互动便捷,高效实效解决群众的难题,赢得了群众的充分认可和好评。②

效果点评:"网络回应人",这一网上协商互动制度的建立,既是对政府积极贯彻网络群众路线,促进网上协商民主的保障性约定,也是将民众网络有序政治参与纳入协商民主大系统中的规范化举措,实施以来,包括住建、教育、交通、人社、卫计、公安、民政、社会服务、城市执法、物价、环保、工商、供暖、供水、燃气、物业、国土资源、市政设施、园林绿化、房产、拆迁等,具有管理公共事务职能的组织及公共企事业单位在内的各级政府部门,均派出了本部门的专职"网络回应人"与网民进行即时和实时的互动交流、答复咨询、提供信息、解答政策、征求意见活动,从"网络回应人"制度的实践来看,这一政府部门

---

① 张丽彬:《我省建立"网络回应人"制度》,《华商晨报》2015年1月17日。
② 《2015年民心网政民互动——网络回应人平台办理情况通报》,《民心》2016年第1期。

与网民的网络自助式沟通互动平台,取得了很好的运行效果,也赢得了各界的掌声。

第三节　网络部门矩阵化的协商方式

对基于网络协商民主的舆情合理性表达而言,网络技术发展带来的巨大优势,就在于提供给网络舆情合理性表达前所未有的低成本和便捷性。当然,作为管理者,为了推动具有中国独特优势的网络协商民主的发展,他们不但充分利用技术发展成果为网民服务,同时,也会针对社会转型期和新媒体时代网络诉求表达的新特点和新趋势,通过大量的网络创新性实践,摸索出一个个适合网络舆情合理性表达需要的工作方式。例如,为了利用好看似不大的网络政务平台,提供更加多元高效的服务,尽可能地容纳百姓的所有诉求,有的可能像民心网那样,采取各部门专人值守专项负责的办法,而有的则可能如"北京发布厅"那样,要求各委办区局在新媒体平台联合办公,形成网络部门矩阵式和集群化的协商方式。

案例:"北京发布"打造网络部门集群化的网络协商新方式

成立时间:2011 年 11 月 17 日。

成立平台:新浪微博、腾讯微信等。

牵头单位:北京市政府新闻办公室。

入驻单位:北京市各个局、委和北京市 16 个区县。

重要组织者和主要参与单位:北京市政府新闻办主任、新闻发言人王惠等带领下的各级新闻发言人,官微@ 交通北京,@ 平安北京等为代表的各个委、局和区县的官方微博群、微信群。

第四章 嵌入舆情合理性表达的网络协商民主实践方式与案例

发展地位:"北京微博发布厅"是全国首个省级政务微博群,又创新开发了"北京微博微信发布厅"。

发展大事记:2011 年 11 月 17 日,"北京微博发布厅"在新浪微博上线运行。发布会上,首批 21 个北京市政府部门的微博和 6 个部门的新闻发言人个人微博开通。

同年 12 月 22 日,第二批 16 个区县及市政市容委、市体育局、团市委、中关村管委会、市投资促进局等委办局集体入驻。

2012 年 3 月 1 日,北京市 28 个政府部门齐聚新浪微博,依托"北京微博发布厅"形成了政府微博群,利用新浪微博所提供的新媒体政务平台,一方面实现资源整合和部门间的联系沟通,另一方面则力求凝聚起信息公开、倾听民情、与民协商的强大合力。

2014 年 1 月 14 日,微信继微博后迅速蓬勃兴起,为适应以微博和微信为代表的新媒体在社会发展中影响越来越凸显的社会需要,"北京微博微信发布厅"正式在腾讯网上线运行。考察这次的组织构成,不仅包括"北京微博发布厅"原有的全部官方微博群,同时也囊括了首批加入微信群的市政府新闻办公室、市发改委、市人力社保局、市公安局、市民政局、市教委、市科委、市环保局等近 80 个部门,几乎涵盖了衣、食、住、行、教育、医疗和安全等与百姓生活息息相关的各个方面。

"微博微信矩阵"的最新功能:"北京微博微信发布厅"全面实现了"双微服务"(微博 + 微信)功能整合与优势融合,使矩阵式、多平台、集群化的"北京模式"运行特点凸显。

具体看"双微矩阵"的最新功能。该发布厅上线后,实现了微信与微博、板块与板块、官微与个人之间的无缝浏览,既可以在微信中设置微博栏目,网友通过微信中的"政府机构"板块就能直接浏览"北京发布"及全市各委办局的微博动态,也可以通过"新闻发言人"板块浏览全市各新闻发言人的微博动态,还可以通过微博和微信同步获取政府信息与服务。这样,就使得传播效果成倍的扩大延伸,无疑使得政府服务可以惠及更多受众。而通过跨平台超时空整合,无疑也使政府的资源得到了有效利用,效率得到了大幅度提高。

互动案例:"北京微博发布厅"与网友互动

2012 年 3 月 1 日,"北京微博发布厅"第三批成员单位上线仪式上,特别设置"网友互动"环节,邀请 100 位粉丝到现场,共同见证"北京微博发布厅"的成长。粉丝们通过微博墙发出祝福,针对官微的成立和发展问题进行现场提问和交流,获官微负责人耐心解答。有网友谈到,发布会让人感受到政务微博是真正关注民生、反映民情、畅达民意和吸纳民智的平台。

"北京微博发布厅"成立后,新闻发言人王惠首次举办针对急救培训的网友线下活动。"见到伤者应首先如何处理?怎样正确拨打急救电话?"王惠在东城区对网友提问一一耐心解答并演示,取得了很好的互动效果。

官微@交通北京则是与网友互动的明星级官微。截至 2012 年 2 月 24 日,@交通北京发送博文 1582 条,日均 16 条,总粉丝数中,活跃粉丝数量占到 67%,位居"北京微博发布厅"前茅。针对北京地铁如何换乘这样与百姓出行息息相关的民生问题,@交通北京还发起了北京市地铁换乘站竞猜活动,结果吸引了几百名网友的积极参与,并为 20 位答对的粉丝颁奖。网友纷纷表示,这样的活动接地气、有温度,还有的则为北京地铁的发展建设建言献策。

双矩阵运行统计数据:截至 2014 年 1 月,"北京微博发布厅"拥有全市各区县、委办局及新闻发言人等一级成员 81 个,超过 2000 个二级成员,在腾讯等三网的总粉丝数量超过 7000 万,发布各类信息达 36 万条,为网民解决问题超万件。而"微博微信矩阵"——"北京微博微信发布厅"上线后,服务人群、信息发布和问题处置解决数量有了进一步的提升。

效果点评:综观"北京微博发布厅"和"北京微博微信发布厅"的成长历程,将其称为网络政务应用的一次又一次的突破性创新或者创举实不为过。从宏观层面上来说,"北京微博微信发布厅"在腾讯网微信平台上线运行,对外将进一步传递"北京精神",有力地提升北京的国际大都市的良好形象;对内则更有益于弘扬社会正能量,服务广大市民,为北京群众与各级政府部门的沟通交流和协商共建提供新的平台,为更好、更高效地倾听社情民意,服务群众生活,问计问策于民,打造了一个全覆盖、集群化、多渠道、矩阵式的政府信息传递、便民服务、沟通协商体系。① 从操作层面来分析,虽然这是一个地方版的成功实践,但其为城市职能部门如何聚合起发布信息、民意沟通、提供服务、参与动员的功能,提供了一个可借鉴的经典案例;而其依托网络技术平台所设立的"网络矩阵",则打破了传统的民政网络沟通方式,其所开展的政务微博集群化探索实践,为全国各地网络问政和网络政务工作的开展,无疑起到了良好的示范和推动作用②,也有力地推动了新媒体时代网络协商民主建设的步伐。

---

① 孙宏阳、赵童:《北京市开通国内首个政务微博微信发布厅》,《北京日报》2014 年 1 月 15 日;《北京推出政务微博微信"双微服务"一体化新模式》,中国经济网,http://www.ce.cn/xwzx/gnsz/gdxw/201401/14/t20140114_2119735.shtml。

② 《北京微博发布厅第三批成员正式亮相》,人民网,http://media.people.com.cn/GB/40606/17266768.html。

第四节 网络协商民主的地域化协作方式

当我们谈到城市群和城市带时,可能首先想到长三角地区、珠三角地区、京津冀地区、山东半岛、中原经济区、成渝经济区等。实际上,中国的城市群和城市带的样貌也是多样的。以一个省份为例,每一个省份当中,除省会城市之外,也有很多副省级城市和地级城市等。由于处于一个相对集中的地理区域内,其人口、经济、社会、政治与文化等要素之间联系紧密,互补性强,因此,围绕着"省"这一行政区划,囊括其中的城市也就构成了一个个城市群。再来分析城市群治理,在真实社会中,区域性社会治理往往既保留了适合本城市发展需要的独立性模式,也有适应整个城市群发展要求的联动性模式。

在基于网络协商民主的舆情合理性表达机制运行过程中,虽然不乏网民利用网络技术发展带来的便利,进行超域跨界互动的情形,特别是当遇到涉及有关国家大局、大事和大势的问题,带有普遍性的社会热点问题时更是如此,但是,实际上,大量的网民诉求表达属于本区域内的"在地舆情",也就是说,大量的网络舆情合理性表达集中在身边事和身边人上。因此,各地的网络管理者在相关的创新性实践过程中,就尝试围绕着集中的行政区域,整合区域管理力量,开展网络协商民主的地域化协作工作模式。像辽宁省的民心网,集合了沈阳、大连、鞍山、抚顺、本溪、丹东、锦州、营口、阜新、辽阳、铁岭、朝阳、盘锦和葫芦岛 14 个地市网站,兼容和整合各地力量,是运用地域化协作方式开展网络协商民主工作的好典型。

经典案例：民心网的网络协商民主地域化协作方式探索

1. 民心网的发展历程

民心网是辽宁省纪委监察厅于 2003 年 12 月 16 日创办的，开通于 2004 年 5 月 21 日，是利用互联网空间和现代软件技术打造的全省各级纪检监察机关、纠风部门、政务公开机构组织协调，省内各市县政府各部门、各行业各负其责，公开受理、转办、反馈和回应群众诉求信息的网络工作平台。党的十八大以后，在 2014 年 7 月底，民心网工作体系的管理隶属关系由省纪委移交给了省政府。民心网成立以来，始终围绕如何践行党的宗旨，如何维护群众利益，如何创新社会管理模式，进行了积极的探索。民心网始终坚持把与民沟通和为民服务作为工作重点，以实际行动践行党的群众路线，得到了全省人民群众的信赖。例如，2014 年转为省政府管理后，民心网一年中便解决了群众诉求表达问题 83083 件，占到问题解决总量的 23.3%，达到 2013 年的 1.1 倍，得到了广大网民的真心赞许和认同，被群众亲切地称为"不下班政府"。

中国社会科学院、中国科普研究会教授高峰评价说："民心网创造了全新的、平等的、没有强权的信息空间。民心网交流的直接性，使得群众可以相对平等地去监督政策执行主体，从而真正产生舆论监督应有的作用，民心网的工作模式，为民主政治的发展提供了新的方式和渠道。"

2012 年 1 月 8 日，民心网荣获"第六届中国地方政府创新奖"。

2014 年 10 月 26 日，民心网荣获"2014 年全国创新社会治理最佳案例"。

2. 民心网在为民解难、问计于民和群众监督中赢得了民心

建立科学和可操作性的办理诉求体系，凸显五大机制和"三条

线"办理效能。

五大机制的功能。民心网在不断探索加强社会管理,强化为民办事的过程中,先后创新推出了零距离、全天候、无障碍的五大机制,即民意民诉公开受理反馈机制,覆盖省市县三级的群众诉求办理机制,民意民诉办理过程公开监督机制,民意民诉办理结果公开评价反馈机制,民意民诉的科学监测和分析机制。这五大机制以互动为内核,使得民心网作为一个具有推动力的平台不断推进政府内部、部门之间就群众反映的问题开展协同作战,不断推动政府去认真处理发生在群众身边的问题,有效促进了党群、政民关系的优化,推动网络协商民主建设向纵深发展。

"三条线"办理体系带来积极作用。为了把群众的诉求问题更快更好地办理到位,民心网打造了"三条线"办理体系,即行业为主的办理体系、纪检监察查纠体系和政府领导体系,形成"三条线"办理模式。将互动的重点向这三条主线上集中,并纵向延伸至基层,兼顾三个体系的互相配合、互相关联,实现三者互相推动、互相促进。

行业为主的办理体系。在"三个清楚"的理念指导下,落实办理责任,把行业系统的队伍组织起来,实施"1 + 14 + 100"的办理体系,即省厅 + 市局 + 县区局,强化对行业联网点的管理,从行业切入实现对各联网点的全覆盖,更好地发挥省厅对市、市对县的监管功能,调动行业的办理积极性。从行业问题突出、政策性较强的实际出发,强化对问题的研判和分析,为领导提供决策参考,提高诉求办理的专业化水平。

纪检监察查纠体系。纪检监察机关对民心网上群众反映的涉及干部违纪的举报诉求高度重视,在民心网开通了群众身边的"四风"问题、腐败问题和不作为问题举报通道,并与辽宁纪检监察网联手,建立问题线索共享和查处反馈平台,全天24小时公开受理发生在群众身边的"四风"问题、不作为和乱作为问题以及腐败问题。群众反映的问题直达各级纪检监察机关,办理结果向民心网反馈,典型案件公开曝光。实行案件数字化管理、公开反馈。建立全省不作为、不担当、乱作为问题数据库,对问题进行分类、分析和预警,对举报问题进行动态监测。在主流新闻媒体建立曝光平台,对典型不作为、乱作为问题,进行指名道姓公开曝光,强化警示,形成震慑,引导社会公众更多参与到群众监督工作中来,实现了群众监督和纪检监察机关监督的有机结合,推动各级政府部门和行业解决问题,提高责任意识、服务意识、大局意识、效率意识。

政府领导体系。建立以省政府、市政府、县政府牵头的领导体系,形成政府领导分管、办公部门负责、各市分平台支撑的诉求办理领导工作体系。在具体工作中,强化政府协调、组织和督办,强化管理,加强保障,为诉求办理创造良好条件。

发动群众监督:24小时向百姓要线索。

为及时发现和整治公务人员不作为、慢作为、作为不到位等懒政、怠政问题,辽宁各级政府部门在民心网上建立群众工作站,24小时全时长的"开门办公",主动向人民群众要问题。

"民心网全天候公开受理群众诉求举报,确保受理无死角。群众可以在任何时间、任何地点上网快捷表达诉求,反映问题。没有上网条件的,还可以拨打96515热线。"现在,民心网已经成为部门发现问题的眼睛,民心网与全省3134家单位联网,每一个诉求举报都能直达责任主体,直查快办。

民心网把监督权交给人民群众,通过公开受理举报诉求,请群众发现问题,让群众纠错纠偏。民心网在长期与网民交流、受理群众诉求中了解到,老百姓最关注五类庸官懒政现象,包括工作效能低、监管不力、政策不落实或者不到位、作风散漫、风纪形象差等方面。政府直面网民诟病的问题,一方面让各部门拿群众诉求和群众呼声照镜子,发现自身存在的问题,正视问题;另一方面通过确立"暴露问题不可耻,解决问题最重要,为民办事最光荣"的工作理念,使全省各个部门都能够勇于直面问题,积极主动地解决问题,而不再是回避问题、遮掩问题。

特别是党的群众路线教育实践活动开展以来,各部门还专门依托民心网开通受理"四风"问题的举报通道,从诉求举报中对准焦距,严肃整治群众意见较大的办事推诿扯皮、效率低下、不作为、慢作为等不负责行为。这些举措,一方面增加了群众的民主协商热情和网络监督力度,另一方面也促进了政府部门办事作风的转变。

3. 广泛汇集民意,集中民智,不断提升监督合力

"政府把咱百姓的事当成大事,今年开始对村里着手整治环境了,路重新铺上了,环境变美了,村民的心情也舒畅了!"家住盘锦市大洼区的苑女士兴致勃勃地在民心网上对政府工作进行评议。

让基层群众直接通过民心网评议政府工作好坏,这是近几年来辽宁省政府办公厅利用民心网主动接受群众监督的一个有力创举。

重在解决群众诉求的民心网,始终不忘自身的主业工作,同时也广泛汇集民情、民意、民智,不断推动和有效解决民众诉求的回复和办理,从而达到不断提升监督合力的目的。

"2013年百姓点评全省市县区政府工作报告"在民心网上吸引了10万网民踊跃参与,114份市县区政府工作报告公开亮相,接受百姓品评。

这项活动始于2009年,当时,辽宁省政府依托民心网开展网上评

议活动。活动中,每年都会在网上亮相一批政府工作报告及民生工程承诺,经过网上百姓评议,选出最为满意的工作创新、亮点和最佳民生工程。

群众来自方方面面,他们的利益诉求也是多方位和多元化的。当然,他们还是最关心衣食住行、医疗、环保、养老以及政府效率、反腐倡廉等身边事和焦点话题。他们用原汁原味的话语将问题反映给民心网,民心网则将百姓对政府工作报告的意见、建议和批评,及时和如实地反馈给相应的市县区政府,各市县区政府也通过民心网,对网友留言进行直接回复。同时,省政府相关部门根据民心网提供的舆情信息,及时对报告提出的工作目标落实情况进行跟踪,督办促办网友留言,一些有价值的建议还被政府相关部门吸收和采纳。据统计,仅2013年至2015年,经过民心网搜集到的网民留言就有近万条。这些舆情信息,既反映出老百姓对解决好民生问题的强烈期盼,也反映出他们对当地政府工作的肯定与褒奖。

除此之外,凡是那些贴近群众,有影响、有力度、讲实话、办实事的惠民举措,往往能够赢得网民的赞誉。仅2014年一年,网民就通过民心网公开投票,评出7市10家十大亮点工程,111项涉及民生的重点项目受到青睐。

从对接民意到采集民智,从为民做主到与民协商,从公开承诺到积极践诺,政府部门与群众在民心网上积极互动,精彩纷呈。各市县区对百姓建言高度重视,全省已有近百家市县区政府明确了专人负责民心网群众工作站留言回复与落实工作,有59个市县区政府做到件件必回,回复率达到100%。一批与人民群众生活息息相关的民生问题得到了有效解决①，网络协商民主事业也在地方协作化民主实践中得到了长足的发展。

第五节　多元化服务网络的
全天候覆盖协商模式

很多年前，电话就已走进千家万户，不再是办公室的标配。为了提供更好、更及时的公共服务，全国有很多地方政府部门利用家庭电话普及带来的通信便利，开始尝试采用开通热线电话的办法，使得老百姓打一个专线电话，就可以将涉及公共服务各门类的问题反映上去，并得到及时答复和解决，这一举措无疑受到了老百姓的普遍欢迎。类似的像北京市人民政府便民电话中心、上海市民服务热线、南京市"12345 政府服务呼叫中心"、天津市"88908890 便民服务平台"以及济南"12345 市民服务热线"等。而随着时代的发展，我们不但使用座机，更多的人开始上网并使用手机，特别是近几年，伴随着手机的智能化和移动互联化，手机的通信和传输功能也变得日益强大。因此，适应时代需要，在网络协商民主建设过程中，以公共服务热线为基础，通过开通和拓展多元化服务网络，提供全天候覆盖协商模式，就成为新的发展趋势。而考察现实，济南"12345 市民服务热线"无疑成为标杆。

---

① 赵乾：《在机遇和挑战中前行——新形势下民心网的转变与探索综述》，《民心》2015 年第 5 期；李占国：《辽宁治理懒政怠政 依托民心网砍出三板斧》，《民心》2015 年第 5 期；赫安泽：《解民忧 聚民气 赢民心——辽宁民心网创新社会管理强化为百姓办实事》，《民心》2015 年第 5 期；邵晓阳：《前进中的民心网》，《民心》2015 年第 10 期。

第四章 嵌入舆情合理性表达的网络协商民主实践方式与案例

经典案例:济南"12345 市民服务热线"的多网络全天候覆盖协商模式的建设实践

1. 服务热线的开通,为提供多网络全天候覆盖式服务,打下了良好基础

2008 年 9 月 26 日,济南"12345 市民服务热线"在原来的市长公开电话的基础上进行全面升级改造,整合了城管、市政、工商、供电等共 38 条政务类公共服务热线,正式开通了一条多功能公共服务热线。2013 年,该热线拥有 72 个人工座席、200 余名工作人员,设置了包括转办中心、回访民调中心、质检中心等服务结构,配备了目前世界领先水平的硬件设备,采用了应用朗讯(AVAYA)技术的多媒体服务器,拥有中继线路 120 条,开发了高度智能化和信息化的办公系统。同时,配备了大容量多领域、广覆盖的知识库,录入了 1.6 万余条法律法规、办事流程、部门规定、交通路况等信息,共计 700 余万字。热线开通后,充分发挥"民生直通车、发展助推器、行风监测仪、决策信息源、形象代言人"的积极作用,在解决群众困难、反映社情民意、理顺群众情绪、促进政民互动协商等方面,解决了大量的民生诉求,也吸纳了大量的百姓建议,从而推动了决策的民主化与科学化,因此受到百姓的普遍欢迎。

为了使得群众反映的问题事事有回音,件件有答复,该服务热线在全市建立了一套工作体系和工作机制,包含着五级办理体系,实行"一号受理",实现四位一体监督,建立了比较完善的科学考评体系。具体来看,服务热线整合了济南市政府类热线资源 38 条,构建起市领导、市、县(市)区、街道办(乡、镇)、村(居)五级上下纵贯、互联互通办理体系,推行并保障"一号受理、各级联动、方便市民、服务决策"工作机制的有效实施。充分发挥平台功能和机制优势,为数以万计的

群众和驻济企、事业单位解决生产、生活困难。引入人大和政协、纪检监察、新闻媒体和人民群众四方立体监督力量。把热线办理工作纳入行风评议等考评之中,并逐年加大热线所占权重。市监察局专门制定了《济南市 12345 市民服务热线工作责任追究办法》,定期对各承办单位热线工作进行监督检查。

该服务热线不断进行技术创新和服务创新,陆续开发民意调查系统,先后开通了英语、日语、韩语、德语、法语、俄语等外语座席,开通了全国第一条慈善募捐救助热线、民生政法热线、外商服务热线、台胞服务热线、科普热线和"企业服务直通车""代表、委员——市长直通车""人大代表联系群众 12345 热线工作站""12345 政协提案线索直通车"等,为广大市民提供各类便民咨询和交流协商服务。

由于成绩突出,该服务热线先后获得了全国工人先锋号、全国巾帼文明岗、山东省青年文明号、山东省"富民兴鲁"劳动奖状等荣誉,并成为全国唯一的政府创新社会管理国家级服务标准化示范单位。

2013 年 12 月 18 日,济南"12345 市民服务热线"被国家标准委正式批准,主导制定《政府热线服务规范》国家标准。2016 年底,由济南"12345 市民服务热线"牵头、历时三年起草的《政府热线服务规范》正式发布。这标志着,济南"12345 市民服务热线"成为全国政府热线的"运行蓝本"。这项标准的颁布实施,填补了我国政府热线没有国家标准的空白,作为全国政府热线服务的指导性文件,在国际上尚属首创。①

2014 年 6 月,国际标准化组织(ISO)发来感谢信,感谢济南"12345 市民服务热线"在 ISO"标准社会效益评估项目"中做出了贡

---

① 赵云龙:《济南 12345 热线再获央媒"点赞"》,《济南时报》2017 年 2 月 27 日。

献,为 ISO 成员国政府在行政服务领域提供了标准案例。

2. 从采取热线电话模式倾听民生、与民协商,向多网络全天候覆盖式的服务模式扩展

为了适应移动互联网崛起带来的新变化,使得政民沟通、交流、互动更加高效、便捷,也为了进一步拓宽热线受理渠道,全面提高热线工作效率和服务水平,济南"12345 市民服务热线"主动出击,尝试开通微信和微博的服务业务,为市民提供 24 小时的多平台、全天候服务。2014 年 3 月 17 日,济南市 12345 微信、微博市民服务受理平台正式开通运行,这标志着济南"12345 市民服务热线"通过实行 24 小时不间断的电话(12345)、网络(市长信箱)、短信(106 - 3531 - 12345)、微博、微信运行,已经迈入了电话、信箱、短信、微博、微信"五位一体"的通信网络全覆盖时代。

2014 年 3 月 17 日起,广大市民可以通过登录腾讯、新浪官方微博平台或通过下载腾讯、新浪微博或腾讯微信的手机客户端,通过搜索"济南12345",添加"蓝 V"或认证账户名,便可以成为 12345 热线微博、微信用户。用户通过手机便可与济南市相关部门进行及时的互联互动,并在第一时间获取相关生活资讯、出行信息、政策解读及政务公开内容,基本实现了将政府服务装进普通市民口袋,随身携带的目标。

据了解,济南 12345 微博、微信承担着发布和受理两项工作任务,具体包括:用户可通过热线微信、微博平台进行政策咨询;发表与城市管理相关的意见和建议;发送特殊问题求助;提出特殊诉求;对政府行风提出批评、投诉与建议等。热线微博、微信平台还会及时发布交通出行、天气预报、法律咨询、旅游餐饮、生活服务等便民信息,方便市民的生活与出行。

热线微博、微信试运行工作受到社会各界及普通市民的关注，2014年3月微博和微信平台刚一开通，两类平台上的关注人数就达到近3万人，共计受理网友诉求1432件（微博894件、微信538件），发布原创微博1045件。同时，兄弟城市热线、有关职能单位及服务窗口单位对济南12345热线的微博、微信平台也给予了帮助与支持，先后与北京12345、昆明12345等官方微博建立互动关系，交流网络工作经验，与50余家职能单位官方微博相互关注，网络流转网友反映的相关问题。

热线微博、微信平台开通后，用户通过登录微博、微信平台与热线受理人员直接进行互动交流，受理人员对市民表达的诉求进行记录、整理和及时答复。同时，需要有关部门进行办理的诉求，热线受理人员在了解全面信息后，也按照规范要求，录入工单，转派相关职能单位办理。职能单位则在第一时间与当事人取得联系，并将办理结果向热线反馈。同时，职能单位的服务过程和办理结果也纳入热线考核体系。

济南12345热线微博、微信实行24小时在线受理，如果需要热线协调解决具体问题，只要"@济南12345"，并提供相关信息，有关诉求就可转接至相关部门，以便职能部门了解情况和开展工作。

目前，济南市"12345市民服务热线"手机客户端及网站也已经开通，实现了办理进度和办理结果的实时查询。随着时代的不断进步，特别是网络社会的飞速发展，人们更加依赖新媒体平台咨询政策、诉求表达和交流协商。因此，"12345市民服务热线"不断创新工作方式，拓宽服务范围，提高工作质量，以为人民群众提供便捷、高效的服务为目标，努力为济南市打造阳光政府、法治政府、电子政府和民主政府发挥积极的作用。①

3.在服务中探索网络协商民主的新思路和新办法

第一,开发了民意调查系统。利用该调查系统,该热线先后参与了"政府工作报告建言献策"活动,征集意见数万条。同时,该热线也配合市创卫办开展了市民对市区卫生状况的满意度调查;针对园林卡升级、数字电视收费调整、增加出租车、综合交通体系规划、城市拆迁、小区道路改造的制定等征集市民的意见建议,并邀请市民反复交流互动,对决策方案进行优化调整。同时,近年来,该热线开展了针对济南市行风评议的民意调查工作。

第二,扩展了服务和协商领域。该热线先后开通英语、日语和韩语等外语座席,开通了全国第一条慈善募捐救助热线、中小企业服务热线、外商服务热线、台胞服务热线、科普热线、民生政法热线、外来务工人员(农民工)服务专线等,同时提供航空、铁路、高速信息专线等,千方百计与民互动、为民服务。

第三,开发热线大数据系统。如何将社情民意、城市管理中汇集的海量信息利用起来,发挥决策信息源和民意直通车的特殊作用,成为该热线关注的问题。为此,他们集中攻关,开发出千万量级的大数据平台,实现了受理座席精细化管理,受理诉求自动归档、转办和考核。依托该智能化大数据系统,实现了直接与基层单位的办理交流和扁平化管理,从而更加准确地反映和研判市民诉求、意见和建议的周期性、趋势性变化,并实现与决策机构、承办单位和大数据平台的无缝对接,从而为决策提供了重要的民意参考。

---

① 《济南12345热线官方微博、微信正式开通运行24小时在线受理》,新华网,http://news.xinhuanet.com/house/jn/2014 - 03 - 17/c_119805542.htm。

第四,利用各类专报拓展协商互动渠道。热线利用技术手段,将海量的社情民意信息进行汇总和分析,以便发现舆情变动规律。截至 2015 年,形成了简报、周报和月报等共计 800 余期,得到各级领导批示将近 800 次,有效地解决了施工延期、水体污染、环境整治等问题。例如,2014 年以来,历下区有不少市民和网民通过热线,反映某地夜市占道经营、露天烧烤严重扰民问题。热线通过整理相关材料,将问题以专报的形式及时反映上去,受到历下区政府和所处街办事处的高度重视。他们反复走访群众,与网友交流沟通,拿出了错时工作、取缔占道经营、增设便民市场、实行交通微循环、聘请交通协管员指挥交通、规范停车秩序等措施,使问题得到圆满解决。自综合整治完成后,反映此类问题的投诉信息减少了 90%。

第五,激发了民众(网民)参与社会管理和协商民主的积极性。热线的开通和运行,使得政府管理和民众参与有机结合起来。集中百姓的智慧建好自己的城市,激发了百姓热爱、关注城市建设和发展的积极性,参政议政意识不断增强,能力也不断得到提升。2013 年,"12345 市民服务热线"成为济南市开展第一批和第二批党的群众路线教育实践活动的重要平台,利用热线的"即收即转即办即回"的工作流程,在受理市民诉求的同时,热线还发挥各个平台的优势,主动征集到 52 万人次的市民意见、建议。2015 年 2 月,该热线再次成为济南市"创建国家卫生城市"征集市民意见、建议的主渠道和官民互动、网络协商的连心桥。

第六节　全媒体联动协商方式

一提到全媒体,望文生义可能立即就会想到报纸、杂志、电台、电视、互联网、移动互联网等,现今技术支持和媒体发展所可以囊括的全部媒体形态。

翻阅文献,"全媒体"这个词汇最早出现于 1999 年,是一家家政公司名称的一部分,这家公司利用当时可以利用的多种媒体为自己的家政服务产品做广告。

如今,科技的进步,网络的普及,多媒体的不断融合,使得"全媒体"的概念有了更加丰富的内涵。从实务方面看,其正在日益成为我国网络政务平台及媒体顺应时代发展的必然选择。更进一步分析,基于新闻传媒视角,"全媒体"通常就定义为媒体机构通过记者采访、编辑,运用文字、图片、动漫、音视频等信息载体,经由电信网络、广电网络、互联网络进行信息传播,最终,可以实现电视、电脑、手机等多种终端的融合接收,从而让任何人在任何地点和任何时间,通过任何方式接收任何一个媒体内容①变得轻而易举。而从包含网络治理在内的整个互联网传播来看,"全媒体"又不是单单涉及几种主要新闻媒体,而是指它作为数字化、综合性和集聚性传播形态,可以同时运用文、图、声、光、电等多种传播载体,调动起人的视觉、听觉、触觉等主要感官功能,通过文字、声像、网络、通信等传播手段来全方位、立体化的展示传播内容。简言之,"全媒体"通过实现社会治理大背景下

---

① 杜晓红:《全媒体时代 传统媒体该如何应对》,《今传媒》2012 年第 12 期。

的传统媒体和新型媒体的聚合融汇与互联互通,来为网络受众提供更加多元化和多功能的服务。而在基于网络协商民主的舆情合理性表达机制建设实践过程中,充分利用全媒体联动方式实现官民间互融互通,已经越来越成为共识。

案例一:民心网打造全媒体联动协商模式

如果,我们登录民心网首页,可以看到网站中同时设置了《民心》杂志电子版、微电影(民心视频)、手机报、博客等几种类型的网络传播载体。这几种互动渠道同时出现在一个网站中,便于网民通过文字、音视频、电脑或者手机,同步了解民心网的发展历程、工作职责、制度要求等,以便充分利用各种网络传输平台,实现理性和有序参与网络协商民主的目标。

当然,从相关的传统媒体运行情况看,《民心》杂志创刊于2008年,其主管单位是辽宁北方期刊出版集团有限公司,主办单位是辽宁北方未来出版有限公司和民心网。《民心》杂志创办十余年来,始终以聚焦民心热点、反映民情民意、展现亲民形象、弘扬和谐旋律为己任,从民心网工作全局出发,紧密围绕着诉求办理和"网络回应人"(政民互动)这个工作中心,助力网站完成国家管理者同广大人民群众充分对接的协商互动工程。《民心》杂志建立起一整套、可操作、相对完备的办理群众诉求、反馈群众办理结果、征询群众意见的工作机制,培养出一支政治觉悟高、业务能力强、媒介素养高的,从省民心网到各市各部门分网的办理队伍,运用最新科技应用手段,建立了较具影响力的民心网信息发布体系,利用庞大的工作数据,创建了以互动和分析为主要特点的民心网工作模式。经过长期探索和积累,《民心》杂志逐步形成了既符合国家发展大局、大事、大势需要,又体现民心网自身特色的广泛而深入的宣传和报道工作样式,以致力于架起党和政府同人民群众密切沟通和互动交流的连心桥。

从网络新媒体的运行情况看,民心网陆续开通了民心微博、民心网微信公众平台、手机应用、手机报、民心视频等诉求表达和沟通交流平台,通过各种新的网络信息传播形式,使得信息资源不断得到整合,信息服务的覆盖度和影响力也向纵深扩展。2012 年 5 月 15 日,由辽宁省纪委、省监察厅、省政府纠风办、省政务公开办主办的民心网开通了政务微博——民心微博,这是该网站继诉求中心、评议中心之后,所开辟的通过微博与网友协商互动,接受网友建议问政,帮助网友解决实际问题的政务公开新模式。2015 年,民心网又开通了"民心网微信公众号",开宗明义"为辽宁百姓提供政策咨询、诉求办理等信息服务"。就在 2015 年,民心网的手机应用程序也上线了,短短数月,就有 4 万多位网友进行了注册。同时,民心网所设置的政府部门的"网络回应人"也可以通过手机应用程序在线回应群众诉求,与网民实时互动。当前,网络直播又成为网络应用的新事物,民心网适应网络社会发展的新需要,在网站中对"民心视频"专栏进行精心打造。其与辽宁广播电视台北方新媒体合作,推出一档民生类资讯节目——《民生播报》,使得超千万人次通过沈阳地区公交车上的"辽宁移动频道"收看该节目。同时,他们也在《民生播报》中开通了"民心访谈""民生现场""群众督办""清网视频""微电影"等各个栏目。2016 年 12 月 16 日,"民心网"筹建 13 周年主题纪念会召开,民心网发布了专题视频,公布了民心网 13 年来为民办事的大数据。数据结果显示,截至 2016 年末,民心网通过网络工作平台,聚合了政府部门和公共服务类企事业单位共计 3467 家,累计为群众解决问题共计 50.29 万件,促进政府公益性投入 32.2 亿元,还利于民 26.34 亿元。各地各部门通过民心网网民的诉求举报,共给予 3971 人党政纪处分,组织处理 1339 人,追究刑事责任 467 人,追缴违规违纪所得 2.87 亿元,群众满意度达到 89.86%。

通过这一音视频类平台,充分展示出为民办事的政府、部门的形象,同时,群众也通过该频道,加深了对民心网的了解和认同,提升了诉求表达的热情和能力。

案例二:青岛"民生在线"打造的政府、传统报业集团、网络媒体的多元化联合

名称:"民生在线"网谈栏目。

成立时间:2009 年 9 月 23 日。

主办方:青岛市政府纠风办、青岛市监察局、青岛网络传媒集团、青岛日报社。

承办方:《青岛日报》《青岛晚报》《青岛早报》和青岛新闻网。

宗旨:"汇民智、达民意、系民生"。

工作结构板块:"民生在线"设立民生网谈、部门风采两大板块。其中,民生网谈是民生在线的核心板块,包括"嘉宾在线""精彩视频""网谈回音""我要发言""嘉宾排期""记者追踪"和"媒体链接"七个栏目;部门风采则是展示部门形象,鼓励、督促各个部门和行业积极主动、认真负责做好网谈工作的主要板块,下设有"部门职能""部门动态""监督评议"和"满意率排行"四个栏目。

全媒体联动情况:其承办单位不但拥有青岛地区的主要报业集团,也得到了位居中国地方新闻门户首位的青岛新闻网的全力支持。而 2014 年,根据百度第三方统计显示,青岛新闻网 UV 值(24 小时单机到达个人电脑端台数)超过了 122 万台,PV 值(24 小时点击数量)则超过了 463 万人次,是青岛地区传播速度最快、覆盖受众面最宽、用户黏性最高的信息服务类网络平台。同时,网站也陆续开通了微信、微博、手机网站、移动应用等功能,从而为青岛"民生在线"的全媒体化运营提供了比较强的技术支持。

运行统计数据:截至2016年10月,该栏目已经先后举办了网谈588场,通过邀约区县委办局的职能部门主要负责人上线问政,架起了政民沟通、网络协商民主的纽带与桥梁。

获奖情况和社会反响:该栏目先后荣获山东新闻奖网络新闻作品一等奖、二等奖,中国地市新闻一等奖;获评中国互联网联盟颁发的"十年精品栏目";2015—2016年度,被评为山东新闻名专栏。2010年,《人民日报》曾以《青岛网络自主品牌 凝聚网民力量》为题,报道了"民生在线"畅通民意渠道、打造网络品牌的做法。2011年,中央电视台新闻联播又播发了《青岛:广纳民意改善民生》的新闻,推介了青岛市广开渠道,利用"民生在线"等倾听民意、汇集民智的好做法。

特色点评:为了实现听取群众建议,解决民生难题,接受群众监督的工作目标,青岛各级相关管理部门联合当地的网络传媒集团和日报社,成立组建了"民生在线"网谈栏目。经过多年努力,架起了政府与民间网络沟通的"连心桥",得到了从全国到地方的多方位认可与赞誉。而成绩的取得,一方面得益于板块设置目标清晰,紧紧抓住打造地方性网络政民交流协商平台这个工作核心;另一方面,则得益于全媒体融合共建形成的组合优势。

案例三:天津新闻广播的全媒体化协商互动实践

天津人民广播电台(简称天津电台)是于1949年1月15日成立的传统媒体。1998年,该台下设的新闻、经济、音乐三个频道均实现了卫星广播;2000年,又实现了全部六个频道的中波和调频立体声双频播出;随着数字技术的发展,2001年,天津电台再次进行技术升级,实现了广播技术系统数字化,使得天津广播进入了有线广播电视网络时代。目前,天津电台包括新闻、滨海、交通、经济、生活、文艺、音乐、相声、农村和小说广播在内,共 10 套广播节目,全部实现了网络化。

我们以最具权威性和专业性的天津新闻广播为例,其旗下拥有《909 早新闻》《公仆走进直播间》《社会关注》《法制纵横》等众多品牌节目,也拥有大量高忠诚度的听众。以创办于 1994 年 2 月 3 日的《公仆走进直播间》为例,其作为全国创办最早的一档舆论监督类热线直播节目,是由天津人民广播电台与市政府办公厅联合主办,固定播出时间为每周一至周五早晨 8 点半到 9 点半。《公仆走进直播间》节目旨在通过电波,搭建起政府与百姓沟通的有效平台。一方面邀请天津市政府有关部门负责人来到直播间,通过现场办公解决市民反映的焦点和难点问题,同时,也进行各项法规政策的解读;另一方面邀请有关部门领导、专家学者和市民一起走进直播间,就时下发生的某些热点、难点问题进行深入探讨。该节目自开播以来,通过舆论监督和行政监督的有机结合,保证了群众反映的问题百分之百有回音。2001 年,《公仆走进直播间》节目荣获中国新闻名专栏。

为了适应时代发展的需要,天津新闻广播陆续开通了网站、新浪微博@ 天津新闻广播 909V、腾讯微博@ 天津新闻广播以及微信公众号"天津广播"。特别是 2015 年末和 2016 年初,在前期开设微博和微信公众平台的基础上,先后依托知名新闻客户端"今日头条"和"腾讯新闻",开设了"天津广播头条号"和"天津广播企鹅号",实现了对"两微两端"的矩阵式全覆盖。统计数据显示,截至 2016 年 11 月底,天津广播官方微博的粉丝数量超过 70 万,比 2016 年初增长 35 万,稳居全国广播类微博影响力前十位;天津广播微信公众号粉丝数超过 8 万,比年初增长 4 万,日平均阅读量超过 8 万,影响力居全市媒体类微信号前三位;天津广播在"今日头条"和"腾讯新闻"上开设的头条号和企鹅号的影响力,则分别位居全国广电类头条号前十位和全国地方类企鹅号前十位。

2016 年 11 月初,又到了北方一年一度的供暖季。天津新闻广播联合运用传统广播、微博、微信和新闻客户端等新媒体平台,同时联合相关部门开通热线,发布市委市政府相关决策信息,并连续发布本市提前供热的消息,使得百姓不但可以利用传统的收听广播、拨打热线等方式表达舆情,反映问题,而且可以轻点鼠标直抒胸臆。因此,在几乎每篇网络报道都有极高的阅读量并被频频转载和评论的同时,天津广播还充分利用多渠道,特别是全媒体化手段搜集舆情信息,将百姓呼声和诉求及时播报和反映给相关部门,有效搭建了百姓与公共服务机构对话沟通的平台。2017 年 3 月 17 日,天津广播公众号再次发布消息:"喜大普奔! 天津延长供热至 26 日 24 时",结果,网民的阅读量一天就达到 6 万多,同时获得了大量点赞。网民"及时宇"说:作为一个普通市民,由衷为这一接地气的利民之举点赞! 希望长期坚持下去,如果成本上升,我们愿意交相应的费用。网民"牛爷爷"说:老人担心的事,政府及时解决了! 大快人心。建议根据气温情况低暖供热就行,为政府点赞。

2016 年初和 11 月,天津新闻广播《公仆走进直播间》节目分别推出"与区(县)长面对面——开局之年怎么干"和"委办局长年终访谈——2016 干得怎样?"系列节目,并通过微博、微信、头条号、企鹅号等平台同时发布,介绍市民与区(县)长对话的核心问题,利用评论平台实现群众意见心声与政府决策设想的互动,受到了受众的欢迎和好评。

第七节　网上网下联动协商模式

现实社会生活是网络虚拟生活的基础和本源,新媒体时代的网络社会是现实社会的映射与再造。在网络虚拟世界中,特别是在各级国家管理者创设的各类网络协商与诉求平台上,网民所表达的社会态度,特别是涉及有关民计民生等切身利益的问题,还是需要回到真实社会层面加以处置和解决。于是,一方面,对于国家管理者而言,他们不但通过网络协商民主渠道的建设,吸引和容纳更多的网民参与其中,而且,更重要的在于主动施策,和网民形成贯通网上与网下的交流对话,从而将汇集到的民情,听取到的民意,吸纳到的民智,汇总起来,纳入现实中的大政决策之中,以真正替民解难、为民服务;另一方面,这些网民中的相当部分也由伊始的"匿名隐形"或充当"吃瓜群众",到逐渐在网站、微博、微信等表达平台上实名登场,直到在现实中"登台亮相",从而完成了从浅层围观到深度介入,从网上表达到网下互动的一连串的进阶。当然,随着这部分表达队伍的不断成长壮大,他们对现实虚拟互动的影响力也在不断提高。他们通过网上和网下的虚实互动,制造、参与、推动了大量热点事件的生成、发展、消退(积淀)。同时,他们也作为一个新的"压力团体",通过推动管理者与公众、正式与非正式组织、集体与个人之间的对话和协商,来促进基于民意特别是网络民意的决策系统的建设,助力国家治理水平和国家管理者执政能力的提升。① 考察网络社会发展现实,无论

---

① 　毕宏音:《"新诉求群体"的时代影响力》,《天津大学学报》(社会科学版)2011 年第 4 期。

是当年主动发起网友见面会,与网友共商地方发展大策,还是因社会高度关注的民生问题形成网上诉求、网下协商、全媒体跟进、虚实互动的合力,都可以看作是网上网下联动协商模式的范本。

案例一:广东奥一网牵线,广东省委书记、省长 2008—2011 年连续四年向网友拜年,邀网友座谈

时任广东省委书记的汪洋和省长黄华华给网友拜年始于 2008 年,那一年,他们不但通过奥一网等地方性网站给网友发拜年信,也呼吁大家建言献策:"顶起一个富有建设性的网络社会。"当然,拜年只是第一步,促进网络协商还要从网上问到网下办。

1. 建立问—答—办—督的网络民主制度

以 2009 年为例,这一年,网络协商民主和网络问政最终被分解为可操作的四个步骤:问—答—办—督。

一是"问"。2009 年 5 月 18 日,广东省委办公厅公布《关于建立与人民网、南方网、奥一网网友良性互动机制的工作方案》,每天安排专人负责分析、整理、归类网友留言,编发《网友留言周报》,网友被激励后理性诉求表达的积极性高涨。

二是"答"。2009 年 9 月,广东省在 15 个省直部门设立了首批网络发言人。对网络发言人提出了具体要求:第一,向社会公开其联系方式;第二,承诺及时回应网络媒体和广大网民的聚焦热点和意见建议。

三是"办"。2009 年 6 月 29 日、2009 年 9 月 19 日,广东省委办公厅两次召开网友集中反映问题交办会。交办会最后商议决定采取设定职能部门的反馈时限,确定向网友公布办理结果的办法,明确每年交办会召开次数等,实现了从网上问答再到实际办理的跨越,两次会议共交办事项 37 项。

四是"督"。就是探索并建立监督问责机制。具体通过网络监督、社会公众监督以及媒体监督等方式,促问题的真正落实和解决。例如,惠州市规定,必须在 5 个工作日内回复网友的一般性诉求。而网友则可以对部门回答问题进行打分评价,如果评价过低,则可能被给予黄灯甚至红灯警告。

2. 省委书记和省长与网民面对面

继时任广东省委书记汪洋和省长黄华华第一次给网友拜年之后,2008 年 4 月 17 日,汪洋和黄华华就与网友进行了首次座谈,并发表了《构建充满活力、和谐有序、建设性的网络民主平台》的讲话。

汪洋开门见山:"今天我和华华省长约见各位网友,既是兑现两个多月前对网友的承诺,也是想当面听取大家的意见,请大家从'网上拍砖'到'珠岛灌水',面对面地探讨一些共同关心的问题,进一步促进我省解放思想学习讨论活动的深入开展。更重要的是希望通过网络这一新的平台,探索、培育和开辟出一条新的民主渠道,推动科学决策、民主决策。"

2009 年 1 月 8 日,针对国务院的《珠江三角洲地区改革发展规划纲要(2008—2020)》(简称《珠三角纲要》),围绕着国家的大战略,广东就怎样促进珠三角一体化、城市圈的定位、广深之争等问题展开了讨论。

2009 年 2 月 12 日,奥一网联合《南方都市报》《南方日报》等专门推出了针对《珠三角纲要》的"民间拍案"大型互动平台,欢迎网友为《珠三角纲要》落地生根各抒己见。互动平台开通了一个多月,点击量超过了 320 万次,在各类网络平台上涌现出高质量网文 3000 余篇。

2009 年 3 月 14 日,第一场"民间拍案拍砖会"在广州举行,共有16 位专家和网友,就广佛同城化进行深入的交流和探讨。

第四章　嵌入舆情合理性表达的网络协商民主实践方式与案例

2009年3月17日，第二场"拍砖会"在珠海举行，15位民间学者和网友参会，重点围绕着珠江西岸一体化问题进行了热议。

2009年3月22日，第三场"拍砖会"在深圳举行，来自深圳、东莞、惠州的20余名专家和网民代表，从民间层面对深莞惠一体化贡献了智慧和共识。

2009年3月31日，推出了"《珠三角纲要》'民间拍案'大型特刊"，特刊浓缩了56名民间专家文章和3000多篇优秀网友帖文，同时，有320多万名奥一网网友对广东未来发展的意见和建议被集中呈现出来。

2009年4月3日，为了更好地群策群力，汪洋在广州专门召开了以12位网友为主体的社会人士座谈会，倾听社会各界对实施纲要的意见和建议，并就相关话题进行深入的对话和协商。

2010年7月2日，汪洋第三次与网友见面。这次见面会则是在广东提出"建设文化强省"之后，所召开的"我为广东建设文化强省建言献策"网民代表座谈会。这次与前两次的规模不同，人民网、新华网也进行了直播，队伍庞大。汪洋亲自主持会议，面对面听取网民代表的意见和建议，并与网友在线交流。汪洋在会上表示，为了推动好广东省的文化强省战略，广东省委和省政府专门召开了社会各界座谈会，除了听取社会各界人士的有关建议和意见，还专门召开网民代表座谈会，听取网络中为广东建设文化强省所发出的真知灼见。实际上，为了准备会议的召开，2010年5月21日至6月30日，"我为广东建设文化强省建言献策"网上征文活动已经展开，此次活动共获得了2800多万次的点击量，跟帖20多万条，征集征文1500余篇，涌现出大量富有建设性的优秀网文。

2011年1月18日，正值春节前夕，时任广东省委书记的汪洋和省长黄华华已经是第四次通过联合写信的方式,在人民网、新华网、南方网、奥一网等给网民朋友拜年。他们在信中说,希望广大网友为"加快转型升级,建设幸福广东"当好"潮人""脖主",坚持"灌水""拍砖",多多"围观""给力"。汪洋、黄华华在信中表达了三个"忘不了":忘不了广大网友为促进广东科学发展积极建言献策所做出的重要贡献;忘不了广大网友为成功举办亚运会、亚残运会积极提出意见建议流出的辛勤汗水;忘不了广大网友在推动网络问政中所发挥的重要建设性作用。①

案例二:"民生在线"报网联动关注民生,促网上民情、民智与网下民意、民愿的共融共通

"民生在线"作为联通政府与百姓,推动相关管理工作,解决百姓实际难题和热点问题的"网谈"互动平台,一直致力于以"汇民智、达民意、系民生"为宗旨,利用全媒体优势了解民意、传递民声,心系百姓生活,重点关注和解决与百姓切身利益密切相关的问题。"网谈"专栏以青岛市各个委办局和区县的领导上线参与网谈为核心,针对各类民生热点问题,邀请相关部门和行业在线访谈,通过与网民对话交流,切切实实和网友一起,就本地区内居民普遍关心的重点、难点、疑点和堵点问题展开在线交流和广泛协商,并对网民反映的热点问题做跟踪性报道。

考察该栏目,自利用青岛新闻网这一地方性门户网站开通"民生在线"以来,经过不断的尝试和发展,"民生在线"所具备的五大功能日渐显现:一是发挥了民意诉求功能。为市民咨询、投诉提供了新的

---

① 南都报系网络问政团队:《网络问政》,南方日报出版社 2010 年版,第 38 – 68、196 – 197 页;岳之源:《汪洋黄华华给网友拜年 要求官员不做网络菜鸟》,《广州日报》2011 年 1 月 18 日。

网络通道平台。二是发挥了解难答疑功能。为政府部门解答市民咨询,解决民生难题搭建起新管路。三是发挥了形象展示功能。为政府部门向社会汇报和展示政风行风建设最新成果提供了新舞台,也得到了民众更多的理解和支持。四是发挥了监督评议功能。该网站利用网上问卷调查、评议等手段,通过征求网民的意见建议,对各级政府部门在网谈中涉及的问题回复和办理实施监督,为政府部门和行业相关工作提供评价数据。五是发挥了追踪报道功能。充分发挥了报业集团的媒体优势,组织报业集团下属的各大报纸、青岛新闻网等媒体对网谈中的热点、难点问题给予关注和追踪报道,通过舆论监督,推动民生问题的解决。从这五大功能看,前四项可能都是"民生在线"在工作平台本身运行过程中所发挥的作用,而第五项则可以看作是"民生在线"的延伸性功能。一方面,可以体现出"民生在线"的工作范围并不局限在本栏目,其更多的是在打传统媒体与新兴媒体的"组合拳",以便形成监督与推动的合力;另一方面,也可以体现出"民生在线"并不满足于网络协商的成果仅是网上来网上去,而是将目光更多地落在了如何将网上的协商共识向下延伸,让这些与老百姓衣食住行、柴米油盐密切相关的热点、难点、重点、疑点问题,能够在现实生活中真正落地开花。

由于始终牢记客观报道和传播信息是媒体的责任,如果能在客观报道的基础上参与到社会事务的变革进程,推动社会发展,那么就是媒体力量的彰显。因此,"民生在线"始终依靠全媒体力量,努力推动网上诉求线下解决。具体来看,在落实解决广大群众在"民生在线"上提出问题的过程中,承办"民生在线"的各个单位,联合了青岛电视台、青岛人民广播电台等岛城主流媒体,积极参与网谈报道工作,发挥了监督和促进的作用。同时,青岛新闻网还组建了"民生在线"报道团队,开创了"民生追访"专题,专门深入现实,跟进群众热点、难点问题的解决落实情况。① 这些举措无疑促进了政府部门与群众的信息互通和协商交流,同时也推动了问题的切实解决。2013年发生的"青岛中考改革事件"堪称是一个经典案例。

教育问题以及教育体制改革是涉及老百姓根本利益的大事。而青岛的中考等级制改革一经公布,学生家长、学校等各方面都炸了锅。很多家长在网谈中谈起这个话题都非常激动,因为它不仅影响的是一个学生的未来,还直接关联着一个家庭。

这事还得从2013年说起,2013年4月,青岛市教育局公布青岛中考将实行等级制改革。一石激起千层浪,等级制改革立即招致各方的争议。恰逢青岛市教育局局长做客青岛新闻网的"民生在线"直播间,很多学生及家长、教师纷纷在网上提出了异议。随后,采访中心记者搜集网友意见和建议,一方面担当起传播改革细则的责任,一方面联合教育频道、社区论坛积极听取社会各界,尤其是学校和家长方面的意见,多次组织家长论坛,为他们搭建桥梁,促成家长和教育局领导面对面的对谈。在这期间,"民生在线"记者从各方面配合报道,写了大量的独家稿件,从各个角度推进报道,为青岛教育体制改革贡献了很大力量。最终,这个引发了网上与网下热议和广泛对话的事件,以青岛市中考暂缓等级制录取告一段落。

事件回放:

2013年4月,青岛作为首批基础教育课程改革实验区,公布了中考将实行等级制评价。主要内容包括:①等级制(ABCDE)替代分数

---

① 李志强,王国强:《"民生在线"网谈栏目正式开通》,青岛新闻网,http://www. qingdaonews. com/content/2009 – 09/23/content_8157362. htm;《青报集团党委书记、社长徐建宏总结民生在线年度工作》,http://www. qingdaonews. com/gb/content/2011 – 01/20/content_8642177. htm。

制;②8门学科统一纳入中考等级制;③可多次考试和提前考试;④实行按学科等级录取,学科等级可等值互换。

一石激起千层浪。青岛中考等级制一经推出,立即招致各方争议。

2014年6月22日,青青岛论坛一篇《市教育局关于普通高中等级制录取有关问题的说明》的帖子,引起网友热议,多数网友质疑中考等级制的实施是否适宜。一时间点击量达到13万多。青岛市教育局第一次以官方形式在论坛给予网友回复,公布中考等级制细则。

2014年6月24日上午,青岛市教育局召集多名学校校长、老师及家长代表,在市教育局召开座谈会,多方听取老师及家长的意见。当天下午,市教育局又紧急召开了媒体见面会,听取青岛各家媒体代表对等级制的意见和建议。

2014年6月26日,青岛市教育局相关负责人在青岛新闻网"民生在线"直播间就中考等级制做了网谈,详细解答网友疑问,直面网友质疑。

2014年7月4日,青岛新闻网通过论坛和电话报名等方式,召集十余名家长,与青岛市教育局相关领导面对面座谈。座谈期间,多名家长从各方面提出了中考等级制存在的问题,教育局相关领导也直面家长对中考等级制的质疑,并详细记录下家长们的意见和建议。

2014年7月7日,青岛市教育局在青青岛论坛发帖,希望各位网友继续建言献策,共同为推进青岛市教育综合改革、办好人民满意的教育而努力。发帖征集建议当天,帖子点击量超过25万,千余名网友积极回帖,建议暂缓中考等级制改革。

2014年7月9日,青岛市教育局授权青岛新闻网独家发布,青岛市将暂缓中考等级制改革。高中学校招生继续按考试分数总分择优录取。

至此,一次教育局广泛深入听取民意、及时调整教育政策的调研、决策行为结束。教育局关于"明年中考分数制等级制并行"的信息在青青岛社区发布后,一天时间点击量超过 13 万,跟帖达 670 个,网友纷纷对教育局察纳民意的做法点赞。

有网民评价说:"这是个双赢的结果,市民赢得了权利和尊严,教育局重新赢得了民意和支持。希望以后政府部门在政策制定时,能够多听听民众的意见和呼声。"①

一个人声鼎沸的热点事件、一个众声喧哗的焦点问题,因为一场网谈,反复对话、理性协商、系列报道,而影响甚至改变了一个政府决策的执行。正是青岛新闻网的"民生在线"专栏紧密跟踪社会热点,同时,也正是报网联动形成了合力,才构建起全方位、立体化的综合性宣传、传播、监督平台,实现了民意—决策的有效对接,最终,把政府工作和老百姓诉求紧紧地联系在一起。

第八节　社会事项的专业化协商方式

"所贵圣人之治,不贵其独治,贵其能与众共治。"②党的十八届三中全会明确指出,"加强中国特色新型智库建设,建立健全决策咨询制度"③,"新型智库"概念首次出现在中共中央文件中。

为深入贯彻落实全会精神,中共中央办公厅、国务院办公厅进一

---

① 徐美中:《青岛中考暂缓等级制录取 仍按总分择优录取》,青岛新闻网,http://news. qingdaonews. com/qingdao/2014－07/10/content_10559135_all. htm。

② 尹文子:《尹文子·大道上》。

③ 《中共中央关于全面深化改革若干重大问题的决定》,新华网,http://news. xinhuanet. com/2013－11/15/c_118164235. htm。

步印发了《关于加强中国特色新型智库建设的意见》,意见提出:"中国特色新型智库是党和政府科学民主依法决策的重要支撑。决策咨询制度是我国社会主义民主政治建设的重要内容。"①

关于什么是新型智库,实际上在学界虽然未有统一的概念,但也有着一些共识:新型智库包括主体一定是某一领域或多领域协同的专家学者以及业内权威;新型智库不一定就设立在党政机关中,它可能是独立在外的第三方机构;当前的新型智库通常会借助云计算、大数据等互联网技术手段开展工作,但其又会充分运用实地走访、座谈会、问卷调查等传统的研究方法,所涉及的舆情信息内容也贯穿于网上和网下。② 简言之,新型智库的价值在于其利用了专业性、理性化以及独立或相对独立的研究、咨询和监督优势,为决策提供民主化和科学化参考。

从协商民主建设实践的角度看,包括网络协商民主在内的协商民主建设,就是指国家管理者在国家治理过程中,充分利用网络渠道吸纳民智,群策群力。从构成看,参与网络协商民主的各类主体中,既有党政机关、人大、政协、工青妇组织,也有社会组织、社会经济文化企业以及普通民众,当然,专家学者以及民间智囊所组成的各类新型智库也应纳入其中。而广州公众决策咨询监督委员会引入专家委员会的做法,无疑为当前的新型智库建设提供了好的案例。

案例一:专家型委员助阵广州市公众咨询监督委员会

城市建设问题,关系城市发展,也关系百姓的住行和安全,管理

---

① 新华社:《中共中央办公厅、国务院办公厅关于印发〈关于加强中国特色新型智库建设的意见〉》,中国政府网,http://www.gov.cn/xinwen/2015－01/20/content_2807126.htm。

② 蓝云:《中国特色新型智库助推"现代化"——关于"政府治理能力现代化"广东探索交流会的四个关键词》,转引自南方舆情研究院、暨南大学舆情与社会管理研究中心编著《粤治新篇:政府治理能力现代化的广东实践(2013—2014)》,人民出版社2015年版,第158页。

者关心,老百姓也关心。如何才能让建设想得好、推得动、立得住,是一个需要科学决策、民主探讨、多方监督的系统性工程。其中,少不了利益攸关方的积极介入,也少不了志愿者的积极参与。当然,专家学者发挥新型智库作用,从专业角度的监督与把关,为管理者提供比较科学与权威的社会事项特别是社会重大事项的风险评估,同样不可或缺。而广州市在公众咨询监督委员会建设中,引入专业型网友、行业性专门社团组织代表,以及设立技术专家委员会的做法就值得借鉴。

发起动因:城市垃圾以及城市垃圾处理问题,是近年来困扰城市建设的一件大事,围绕着垃圾处理问题总是众声喧哗,热议不绝。怎么才能为群众办好事,又能够将事项运行中所面临的各类风险降到最低呢?广州市于2012年起尝试引入了相应的公众咨询监督委员会。

发起时间:2012年7月10日。

委员会名称:广州市城市废弃物处理公众咨询监督委员会。

委员会构成:公众咨询监督委员会、专家技术委员会。

参与者:30名社会人士。其中,公众咨询监督委员会委员19名。这19人,包括了区人大代表,从事环保工作的网友代表,省、市环保企业代表,教师,医生,律师代表,志愿者代表,相关村民代表,国家、省、市有关行业组织代表等。

专家技术委员会委员11名。全部由经过严格筛选产生的国家、省、市相关单位的教授、研究员、高级工程师组成,其中,大部分专家技术委员会委员参加过广州市政府举办的"垃圾处理专家问计会"。

另外,还有一些社会人士在外围关注着事情的进展。

当选程序:经报市政府同意,将入选委员名单向社会公示,公示期共7天。

问计过程：广州市城市废弃物处理公众咨询监督委员会成立后，充分行使了知情权、表达权、参与权、监督权，直接参与了广州城市废弃物处理的民主决策。他们定期召开会议，商讨垃圾处理民主决策，在其中，专家技术委员会委员利用自己的专业优势，为垃圾处理这一复杂性问题提供科学依据和专业建议。同时，公众咨询监督委员会也通过网上平台，及时公布相关信息，广泛收集相关民意，与网民定期或不定期的交流和探讨，通过与民对话，及时了解和吸纳百姓的意见和建议，让社会公众充分参与城市废弃物处理和全过程监督中。委员会还组织参观广州垃圾处理建设设施，全程监督设施招投标、运营。在此基础上，委员会将包括网络舆情信息在内的意见和建议，及时向管理者传递，以利于决策的科学化。

效果点评：在对待垃圾处理这一错综复杂的城市建设问题上，包括技术型专家在内的公众咨询监督委员会，通过网上和网下渠道，经过科学论证、征集民意、协调矛盾、沟通协商、过程监督、效果评估等环节的有效运作，不但发挥了咨委会所有专家的技术优势，为政府和市民提供垃圾处理的咨询和技术支持，而且会充分发挥专业作用，化解因垃圾处理而产生的市民与市民、市民与社会组织之间的矛盾，因此成为政府与民众、政府与企业、企业与民众之间接触交流和协商互动的重要纽带。①

---

① 全杰、成广伟：《广州市城市废弃物处理公众咨询监督委员会委员名单出炉》，大洋网，http://news.dayoo.com/news/201207/11/85080_24930880_2.htm；全杰：《广州垃圾处理公众咨询监督委员会正式成立 委员呼吁尽快上马焚烧项目》，环卫科技网，http://www.cn-hw.net/html/china/201208/34867.html。

案例二:顺德区公共决策咨询委员会制度——地方政府在建立新型智库中完善协商民主

2015 年 12 月 12 日,"2015 年度中国政府创新最佳实践"在北京揭晓。广东省佛山市顺德区人民政府的"公共决策咨询委员会制度"脱颖而出,经层层选拔,从 119 个申请项目中成功出组,成为 21 个入围项目之一,最终,与其他 9 个项目一起,获得了最佳实践。[①] 顺德区人民政府的"公共决策咨询委员会制度"是怎样发挥沟通政府与社会,连接知识与公权力的桥梁作用,通过带动和扩大民众理性有序参与公共决策,发挥重要的"智力源"和"思想库"的作用呢?

1. 发展历程

2010 年 9 月,顺德区公共决策咨询委员会(以下简称决咨委)成立,它是全国首个县域公共决策咨询机构。这个机构并非是直属或隶属的决策和社情民意征集机构,它秉持独立、客观理念,辅助顺德区委、区政府,具有沟通政府与社会、连接知识与公权力的桥梁作用,进一步带动和扩大了公众参与公共决策,为政府提供具有前瞻性、创造性、操作性的意见和建议,成为区委、区政府进行科学决策、民主决策的重要"智力源"和"思想库",有效提升了政府公信力。

作为顺德公共决策和治理体系的重要组成部分,决咨委是推进决策科学化、民主化的重要实践形式。它的主要职责是对全区经济社会发展战略决策、公共政策、重要项目安排及其他公共事务、重要议题等进行咨询论证、评价分析,然后以此为基础,提出可行性建议;同时,汇集、分析、上报和反馈社情民意;对当地发生的重大事项和突

---

① 张希敏:《2015 年度中国政府创新最佳实践揭晓》,中国新闻网,http://www.chinanews.com/df/2015/12 - 12/7668435.shtml。

出问题组织专题研究等。

顺德区第二届决咨委于2012年11月成立,委员数为38人。委员是通过单位或个人推荐、内部物色、公开征集等方式产生,人员均是来自社会各专业领域、功能界别的杰出人士。全体委员组成的委员大会是决咨委的最高决策机构,大会下设主任委员会、四个功能小组(分别为改革创新组、经济产业组、城乡建设组及社会文化组),并设立常设工作机构秘书处负责各项日常工作。

顺德区第三届决咨委于2016年3月成立,共有委员40名,由顾问委员(7名)、专家委员(15名)、普通委员(18名)共同组成,专家委员均是在相关领域中具有代表性的专家、学者,普通委员则是本市、本区内相关领域的代表人物。决咨委设经济产业组、城乡建设组、改革创新组、社会民生组四个功能组,各功能组组长均由专家委员担任。同时,决咨委还邀请广东省社会科学院在顺德区设立顺德发展研究院,将研究院作为建设顺德区新型智库的平台和决咨委的工作平台。

决咨委立足顺德实际,进行深入细致的调查研究,依托问计问策会、凤城讲堂和体制改革讲座为载体,通过咨询会议、委员沙龙、论坛讲座、合约委员制度等形式,就全区战略决策、公共政策、政府重点难点工作以及关系广大群众的热点民生问题,为区委、区政府的决策提供专业参考意见。而且,该决咨委成立不久,就设置了顺德决策咨询网,下设“决咨新闻”“工作动态”“深度观察”“研究参考”“档案资料”“品牌活动”“信息公告”等栏目,将与网下决咨工作有关的内容公布至网上,以供网民参与和监督。同时,以此为平台,广泛搜集和分析舆情信息,以为政府决策服务。决咨委自成立以来,共提出各类意见或建议1000余条,其中被党委政府采纳的咨询建议达到半数以上。

不仅政府的决策水平得到提升,普通老百姓参与公共事务的能力也得到锻炼与提升。

顺德区决咨委作为服务全区公共决策的首个咨询机构,其运作模式及经验给各级、各部门组建专业咨询机构带来借鉴和引领意义。在决咨委秘书处指导和协助下,全区有关单位逐步开展了组建工作,目前,顺德的区、镇两级已经形成了覆盖广泛和全域参与的决策咨询体系。其中,不仅覆盖4家区级、16家区属部门、10家镇(街道)共计30家决策咨询机构,而且决策咨询机构也正在逐步向村(社区)和公营机构(医院、学校等)基层单位延伸。

2. 工作特色

首先,定位于辅助决策的"新型智库"。从制度性定位来看,强调委员会的独立性和客观性,强调组成成员的专业知识、专业技能和行业领域背景,强调通过科学化与民主化的结合,为决策提供前置性咨询服务。

其次,将专家咨询工作制度化、平台化和扩展化。决咨委不仅把传统地向专家请教的临时性安排变成了制度化安排,而且通过打造制度平台,将企业家等领域内精英也吸引过来,无疑扩展了专家范围。

再者,公共咨询的涉及领域广,包容性强。决咨委根据当地发展的实际情况以及所面临的各种问题进行讨论,就各种事项进行调研和咨询,所涉及的既可能是整个区域的发展规划、财政预算以及政府工作报告等宏观性事项,也可能是街头里巷、田间地头的为难小事。总之,只要是有决策咨询的意义和必要,决咨委都会就上述议题进行调研和咨询。

最后,政策咨询不拘泥一格,网络协商成为工作的主要形式。顺德各级决策咨询委开展政策咨询和讨论并不采取传统的会议、座谈会、调研等形式,也不是仅仅局限于政府点题、委托或者约谈,决咨委据此提出意见和建议这一类模式。随着网络技术的不断发展,运用网络平台主动征集社情民意信息,或者通过口头、书面、网络征询相结合的方式,主动开展政策咨询工作,已经成为决咨委工作的常态。

2014年,顺德区出台了《顺德区公共服务政策与项目公众评议试点工作指导意见》,并由决咨委作为第三方机构对两项公共服务政策和十项民生实事展开公众评议。在开展过程中,决咨委作为独立第三方具体组织开展评议工作,充分创造条件让民众参与,发挥老百姓建言献策的积极作用。一方面,决咨委引导百姓参与政策评议全过程。从海选征集评议项目、问卷调查、网络评议,到公众评议会的主持和评议,全过程均引入公众参与。另一方面,决咨委积极推动政社协同,使得区党联办、人大办、政协办、决咨委、民情志愿服务队等能够积极配合和参与相关工作。而决咨委作为第三方机构,参与综合专业评估、网络评议和公众评议会,分别形成政策建议,提交给各部门,又经过与各部门之间的反馈与互动,共同推动了政策的完善。

第五章　网络协商民主与舆情合理性表达机制建设中的问题

　　网络协商民主具有非常深刻的内涵，它可以被看作一种民主形态，也可以被看作民主决策的程序和机制，还可以被看作国家与社会治理形式。当前，在中国社会实践中，协商民主具有对话、磋商、听证、交流、沟通等多种形式。由于网络空间的特性与实践协商民主的要求有着天然的耦合，加上网络技术的不断发展和网络应用的逐渐普及，前面我们已经谈到，在我国，网络协商民主实践正在以丰富多样的形式展开。但我们也要认识到，网络协商民主还是新兴事物，从我国目前的网络协商民主实践来看，在网络协商民主与舆情合理性表达机制建设中都还存在着一些问题，包括思想认识方面的、主体结构方面的、表达内容方面的、表达过程方面的和制度建设方面的，等等，需要在今后的理论研究和实践中不断探索和完善。

第一节　网络协商主客体
思想认识两极化问题

由于网络的自由性、便捷性,特别是党和政府对网络协商民主的重视和推动,近年来越来越多的网民把网络作为表达个人意愿、态度、诉求和参与政府决策的主要途径,这在客观上推动了网络协商民主的发展。但思想是行动的先导,广大网民和政府部门对网络协商民主的认知,决定了双方协商的频度和效度。当前,无论是网络协商的主体还是网络协商的客体,对网络协商民主都存在着思想认识上的两极化问题。对网民来说,表现为部分网民政治冷漠或有民粹主义倾向;对政府部门管理者来说,则表现为有的政府部门对网络协商有抵触情绪或对网络技术"情有独钟"。

一、部分网民存在政治冷漠症或民粹主义倾向

1. 部分网民仍存在政治冷漠现象

在《参与和民主理论》一书中,佩特曼有这样的论述:真正的民主应当是,让所有公民直接、充分参与公共事务决策的民主,从政策议程的设定乃至政策的执行,都应该有公民的参与。只有在大众普遍参与的氛围中,才有可能实践民主所欲实现的基本价值,如负责、妥协、个体自由与发展、人类平等。① 随着移动互联技术的发展,民意表

---

① ［美］卡罗尔·佩特曼著,陈尧译:《参与和民主理论》,上海人民出版社 2006 年版,第 32－40 页。

达的技术手段更加先进,民主有了更多的表现机会。也就是说,两者的契合性更高,可以更进一步推动政治社群的整合和社会成员的加入,但网络毕竟是"人造物",无法代替人类政治生活的全部,如果希望技术手段形成的民意表达新生态能够彻底改变公众对于公共政策的参与,无疑带有科技管理主义的色彩。在移动互联时代,有部分网民仍存在政治冷漠现象。如中国互联网络信息中心(CNNIC)提供的调查数据显示,在我国广大网民中,只有三成网民使用网上政务办事,远远低于即时通信、搜索引擎、网络游戏、网络音乐、视频、网络购物等互联网应用的使用人数。[1] 另一项对大学生网络政治态度的研究,虽然只是对 38 位中国大学生进行的一对一的访谈,但与中国互联网络信息中心的调查十分契合。绝大多数受访青年认为互联网的首要功能是娱乐和社交。看剧、购物、刷论坛、和朋友聊天是他们使用互联网主要的目的。当被问及互联网对个人的政治观点或政治参与的影响时,所有人都一致回答:"对我没有影响。"其中,绝大多数人从不参与任何网络论坛上政治性议题的讨论,也表示不会参与到任何网络政治行动中去。[2] 这两个例子都说明,在我国还存在着部分网民政治冷漠现象,这部分人自然也就不会参与到网络协商中来。

造成部分网民政治冷漠的原因是多方面的:一方面,可能与我国的政治文化传统有关。长期以来,中国封建社会的臣民思想影响着人们的意识,觉得国家政治事务是统治者的事情,与小老百姓没有关系,因此对待国家政治事务多采取依附和盲从的态度。我国民主政

---

① 中国互联网络信息中心:《第 39 次中国互联网络发展状况统计报告》,http://www.cnnic.net.cn/hlwfzyj/hlwxzbg/hlwtjbg/201701/P020170123364672657408.pdf。

② 王沛楠:《双面青年网民:政治冷漠还是爱国主义狂热?》,http://www.360doc.cn/article/2369606_637510046.html。

治虽然有了长足的发展,广大民众的民主意识也在日益增强,但公民意识里的依附心理、政治盲从,很难在短时间内根除。另一方面,还可能受到了个人主义和工具理性至上等西方思潮的影响。个人主义者把个人利益作为判断行为的唯一而普遍的尺度,以个人欲望的满足为归宿。尽管不能把个人主义简单等同于利己主义,但它们之间并没有难以逾越的鸿沟。在个人主义思想体系中,存在着利己主义的诱发因素,有时甚至直接表现为利己主义。从这个意义上说,个人主义在本质上就是个人本位、自我中心、自我至上,也就是利己主义。① 在马克斯·韦伯看来,合理性可以分为两种:价值理性和工具理性。价值理性不管其结果如何,更强调动机的纯正和选择正确的手段。而工具理性则指行动仅受追求功利的动机所驱使,行动靠理性达到预期目的,行动者追求的是效果最大化。② 网络协商民主更多的是为了公共利益,要求尊重多元利益,对个人与集体,私利与公利,局部和整体利益进行整合,通过协商达成共识、共赢。客观上来说,对个人利益、私利和局部利益会有一些贬损,这与追求个人利益至上和工具理性是相冲突的。因此,一部分网民为避免个人利益受损,对网络政治采取不关心的态度,常常以"各人自扫门前雪,莫管他人瓦上霜"的心态冷眼相待,表现出不同程度的政治冷漠。

2.部分网民有网络民粹主义倾向

网络民粹主义的核心元素即"民"和"民粹"。对"人民"或"民众"的极端推崇是民粹主义的核心观点,而"平民化"或"人民崇拜"是民粹主义公认的标签,这些标签始终是全民利益、直接民主、平民化

---

① 申飞玲:《简评个人主义价值观》,《社会科学论坛》(学术研究卷)2008 年第 4 期。

② 杨善华、谢中立主编:《西方社会学理论》(上卷),北京大学出版社 2005 年版,第 185 页。

等政治诉求的代名词。网络民粹主义的本质特征就是以网络为平台,以直接参与、直接民主为表象,建构人民这个"平民主体",然后以话语强占与垄断的语言形式和二元对立的思维方式,以群体非理性的行为方式反对精英,消解权威,最后导致的后果就是裹挟国家立法行为,干预公共政策制定,阻碍司法审判。网络流行的民粹主义话语是:"老百姓做什么事情都可以原谅,纵使走向极端化也是应该的。"①在互联网世界,网民群体的规模不断扩大,通过不同的渠道与方式参与各种政治舆论话题,以满足自己心理、利益、归属以及人际吸引等某方面的需要。尽管网民的积极参与有利于民主政治的发展,但是部分网民政治心理的民粹化倾向不仅不利于健康公民政治心理的培养,还会阻碍网络协商民主的发展。

二、有的政府部门对网络协商有抵触情绪或对网络技术"情有独钟"

1. 有的政府部门对网络协商有抵触情绪

各级政府面对日益活跃的网络民意表达,应对措施大致可概括为三类②:一是不屑一顾。其根源就在于轻视民意,想为民和替民做主。认为老百姓提不出什么建设性的意见。听取民意不能解决问题。而由于网络的匿名性、便捷性,网络民意更加复杂和真假难辨,其可信度和科学性更加不确定,所以有的政府部门对网络民意采取敷衍搪塞、置之不理的态度就不足为奇了。二是过于敏感。这种表现的深层原因就是"怕民"。把老百姓放在自己的对立面,将网络民

---

① 曹建萍:《网络民粹主义本质特征及其价值诉求的消解》,《人民论坛》2014 年第 35 期。
② 赵银红:《论公民表达权行使的新途径:网络民意表达》,《天津商业大学学报》2011 年第 2 期。

意视为洪水猛兽,认为老百姓都是故意找麻烦,"刁民"太多,防不胜防,因此有的政府部门对民众的网络参政议政行为有排斥心理和抵触情绪,对一些较为敏感或与政府政策意图相悖的民意会自动过滤,对网络上所谓的"民怨""民愤"包容度不够,担心会危及社会稳定,所以会对网络民意表达不加甄别地强力压制。三是尊重与对话协商。虽然不能一概而论,但一般来说,政府部门的行政级别越高,对网络民意表达也会越重视,越倾向于采取第三种方式。不论是"轻民"还是"怕民",都是没有摆正自身的位置,将民置于自身的对立面。正是有的政府部门思想认识上的偏差,才使得网络民意这种正常的民意诉求渠道形同虚设。其后果是挫伤公众后续表达的动力,影响政府的公信力和权威性,使网络协商无法进行。

2. 有的政府部门对网络技术"情有独钟"

技术作为一种人类文明,在推动社会变革和发展的同时,也解放了劳动力,丰富了社会物质财富,更使人类智力水平得到大幅提升。技术作为一种社会力量,在当代社会中发挥着主导作用,但若认为似乎现在所有的社会问题都能够通过技术这一创制活动得到解决,却是不现实的。这种对技术的崇拜现象,在有的政府部门中则具体表现为对网络技术"情有独钟"。网络技术的发展大大提高了政府部门的工作效率,但有的政府部门对大数据、云计算等过分依赖,其结果是:一方面,可能强化技术垄断,进一步拉大协商双方的地位差距;另一方面,在大数据时代,由于人的实体身份被数字化,人的主体性、个性被湮灭在数字代码中,个体的信息化使之丧失了个体的许多鲜明特性。而大数据对舆情信息全面汇集和整体分析的要求,又是对信息的进一步过滤,那些少数舆情和个体化舆情势必会被排除在外,而这些舆情有时却是非常关键的。大数据技术以其强大的社会控制力压制着人类的个性,理性化、程序化宰制了有的政府部门的思维方式,这对于网络协商民主来说是非常不利的。

第二节　网络协商主体的广泛性、代表性问题

最有参考价值的民意,应当能够最大限度地涵盖社会各个阶层的利益和诉求。从目前我国的网民结构情况来看,还难以满足这样的要求。当前,我国网民在阶层构成、年龄构成、地区分布和城乡分布等方面仍存在不平衡现象,这势必会造成网络协商主体广泛性、代表性不足的问题。

一、阶层构成的巨大反差

如果按照陆学艺在《当代中国社会阶层研究报告》[1]中的分类法,以组织资源、经济资源、文化资源占有状况作为划分社会阶层的基础的话,那么我们可以把网民阶层分为三大类:①精英阶层:党政机关事业单位领导干部、企业或公司高层管理人员、高级专业技术人员;②中间阶层:党政机关事业单位一般职员、企业或公司中层管理人员及一般职员、中级专业技术人员、个体户或自由职业者、学生;③弱势阶层:制造生产型企业工人、一般商业服务业人员、农林牧副渔劳动者、农村外出务工人员、退休人员、无业或下岗或失业人员。[2] 根据中国互联网络信息中心提供的调查数据显示,截至 2016 年 12 月,排在

---

① 陆学艺:《当代中国社会阶层研究报告》,社会科学文献出版社 2002 年版,第 8 页。
② 梁瑞:《当前我国网民结构对网络文化建设的影响分析》,《福建省社会主义学院学报》2012 年第 4 期。

前三位的网民群体分别为学生群体、个体户或自由职业者、企业或公司中层管理人员及一般职员，其占比分别为 25.0%、22.7%、14.7%，三者合计比例超过 60%①，这说明网民阶层的构成呈现出"橄榄形"结构，即精英阶层和弱势阶层的网民比重小，中间阶层的网民比重大，中间阶层的网络表达优势远超精英阶层和弱势阶层。而当前我国实际的社会阶层结构却是"洋葱形"，即中产阶层比重小，中、下层比重过大。在现实社会中，占比最多的阶层，特别是农民和工人等阶层群体，实际上很少直接参与网络意见表达。网民阶层的"橄榄形"结构与现实社会阶层的"洋葱形"结构差异表明，当前我国网民阶层尚存在广泛性、代表性不足的问题。

二、年龄构成的低龄化

中国互联网络信息中心数据显示，从年龄结构上看，我国网民以 10～39 岁群体为主。截至 2016 年 12 月，10～39 岁群体占整体网民的 73.7%，其中，20～29 岁年龄段的网民占比最高，达 30.3%；10～19 岁、30～39 岁群体占比分别为 20.2% 和 23.2%，较 2015 年底略有下降。而与 2015 年底相比，10 岁以下低龄群体所占比例有所提升，占比为 3.2%。10～19 岁青少年、10 岁以下低龄幼儿和 20～29 岁网民，三者合计占比高达 53.7%。40 岁以上中高龄群体的占比也有所提升，比例达到 23.1%，但与 40 岁以下的群体相比，特别是实际人口状况相比，其所占比重仍是较低的。30 岁以下，特别是 24 岁以下的青年和少年网民，他们的心智和阅历比较不成熟、不稳定，上网行

---

① 中国互联网络信息中心：《第 39 次中国互联网络发展状况统计报告》，http://www.cnnic.net.cn/hlwfzyj/hlwxzbg/hlwtjbg/201701/P020170123364672657408.pdf。

为更多的是为了娱乐。2016 年 8 月，中国互联网络信息中心发布的《2015 年中国青少年上网行为研究报告》，将青少年的网络应用分为四大类：信息获取、交流沟通、网络娱乐和商务交易，数据显示：青少年对网络娱乐有明显偏好，网络娱乐应用使用率明显高于网民总体水平。① 正是低龄化网民群体网络行为的娱乐化特征，使得他们通过网络表达的意见、态度和建议，也多是感性多于理性、娱乐多于建议，这可能与网民整体的诉求表达相差很远，因此低龄化群体作为网络协商主体尚存在广泛性、代表性不足的问题。

三、地区分布的东高西低

受经济发展、教育和社会整体信息化水平等因素的制约，中国互联网呈现出东部发展快、西部发展慢的特点。截至 2016 年 12 月，中国内地 31 个省、自治区、直辖市中，有 26 个省、自治区、直辖市的网民数量超过了千万规模。互联网普及率超过全国平均水平的有 12 个省、自治区、直辖市，还有 19 个省份未达到全国的平均水平。在全部 31 个省、自治区、直辖市中，普及率最高的为北京、上海和广东省，北京的网络普及率高达 77.8%，最低的有西藏、广西、江西、湖南、安徽、四川、河南、贵州、甘肃和云南 10 个省份，大部分为中部和西部较不发达省份。最低的是云南省，互联网普及率仅为 39.9%，与普及率最高的北京相比，互联网普及率相差 37.9 个百分点。② 这就说明，我国互联网在各省份的普及率相差还很大。相较于经济发展、教育和社会

---

① 中国互联网络信息中心：《2015 年中国青少年上网行为研究报告》，http://www. cnnic. net. cn/hlwfzyj/hlwxzbg/qsnbg/201608/P020160812393489128332. pdf。
② 中国互联网络信息中心：《第 39 次中国互联网络发展状况统计报告》，http://www. cnnic. net. cn/hlwfzyj/hlwxzbg/hlwtjbg/201701/P020170123364672657408. pdf。

整体信息化水平低的地区和省份的网民来说,经济发展、教育和社会整体信息化水平较高的地区和省份的网民,除了占有数量上的绝对优势外,其参与网络协商的热情、能力也要高出很多,他们更愿意通过网络表达自己的意见、态度和诉求,并就与自身利益相关的事务、社会热点问题或国家大局、大事、大势,与政府部门展开协商,在网络协商中更加活跃。而经济发展、教育和社会整体信息化水平低的地区和省份的网民,受主客观条件限制,在网络协商中多是沉默型或附庸型的。东高西低的网民分布状况,也说明当前我国网络协商主体尚存在广泛性、代表性不足的问题。

四、城乡分布的显著对比

当前中国经济发展的城乡二元结构问题,不仅存在于传统的社会经济领域,也存在于互联网发展领域。中国互联网络信息中心调查数据显示,在网民城乡结构方面,截至 2016 年 12 月,城镇网民占比 72.6%,规模为 5.31 亿人,较 2015 年底增加了 3772 万人,增幅为 7.7%。农村网民占比为 27.4%,规模为 2.01 亿人,较 2015 年底增加了 526 万人,增幅为 2.7%。我国农村网民规模持续增长,但城乡互联网普及差异则是,2016 年与 2015 年相比不降反升,两者的差异由 2015 年的 34.2% 扩大为 36.0%。① 近年来,我国农村网民比例在低位徘徊,其中包含中国城市化进程加快、大量农村人口涌入城市等整体人口结构变动因素的作用,但关键还在于下面的众多原因。调查显示,在所有网民中,因不懂电脑或网络而不上网的非网民占比为

---

① 中国互联网络信息中心:《第 39 次中国互联网络发展状况统计报告》,http://www.cnnic.net.cn/hlwfzyj/hlwxzbg/hlwtjbg/201701/P020170123364672657408.pdf。

54.5%,如果说因为这个原因而不上网的非网民,可能包括一部分城市网民的话,那 24.2% 的人因不懂拼音而不上网、8.0% 的人因没有电脑而不上网和 4.8% 的人因当地无法连接互联网而不上网的非网民中,应该绝大部分都是农村非网民。[①] 这些原因主要是农村非网民个人的原因,但也与农村的网络基础设施落后有关。尽管随着我国城镇化的发展,农村人口在逐渐减少,但农村人口比重还是大于城镇人口比重,网民城乡分布的严重失衡,使得网络上很难听到农民群体的声音,这也造成当前我国网络协商主体的广泛性、代表性不足。

第三节　从表达内容看网络协商民主中的不足

现实世界的民意表达受社会政治、经济、文化等众多因素影响,其广度、深度难以控制。互联网多样化的技术,并没能使之得到改观。实际上,与实体世界相比,虚拟世界中民意表达的广度、深度更难把控,也对经济、政治、文化等外部环境因素的变动更为敏感。民意表达的广度、深度反映到网络协商民主中,就是协商议题的高度、深度和黏性。协商内容的选择是网络协商民主的关键,只有在选择好的议题的前提下,主客双方就议题经过深入、持续的讨论,才有可能得出共识性的、建设性的意见。目前,在网络协商议题的高度、深度、黏性上都还存在一些不足。

---

　　① 中国互联网络信息中心:《第 39 次中国互联网络发展状况统计报告》,http://www.cnnic. net. cn/hlwfzyj/hlwxzbg/hlwtjbg/201701/P020170123364672657408. pdf。

一、议题选择高度常有落差

在网络协商民主的议题选择上，网络协商的不同主体由于处于不同的位置，看问题的视野和关注的焦点肯定有差异，这是可以理解的。国家高层管理者站位非常宏观，关注的焦点一定是与整个国家改革、发展、稳定密切相关的一些带有全局性、趋势性和普遍性的问题，因此选择与民众协商的议题多是国家政治、经济、文化等发展过程中的大局、大势和大事；中央之下的各级地方政府管理部门，既是管理者又是被管理者，其所处位置要求其既要对上负责，又要对下负责，因此其选择与民众协商的议题多是地方性、部门性的事务。而广大网民或网民群体，虽然也关心国家和地方的公共事务，但更多地会从自身利益需求出发选择议题。民心线紧紧围绕着利益线做波动，那些与民众利益密切相关的公共话题，自然也就成为网络民意的高涨点和重叠点，这本无可厚非。但目前网络协商主体完全囿于局部利益或个人私利去选择议题和进行协商的现象还多有存在，如在讨论国家公共事务的时候，掺杂了过多的商业利益和个人情感，让私利代替了公益，让感性代替了理性，让辱骂代替了探讨，导致协商无法进行。某些政府部门只关心本部门局部利益，议题选择未从全局出发，使一部分网民对协商失去兴趣，造成协商障碍。另外，还要认识到，只对自己感兴趣或与自身的利益相关的事情积极参与，而对与自身利益无关的事情则持冷漠心态的仍然大有人在。网络协商主体在议题高度上的落差，对网络协商民主的开展是非常不利的。

二、议题深度往往不够

关于信息与民主政治的关系，著名传播学专家麦克卢汉有过精辟的论断,他认为:"随着信息运动的增加,政治变化的趋向是逐渐偏离选民代表政治。走向全民立即卷入中央决策行为的政治。"①在网络环境中,虚拟政治参与者也就是网民,由于他们不是像传统代议制形式下的"代表"那样,是经过层层"选拔"脱颖而出的,许多人的知识储备和参与技能可能有限,素质参差不齐势必会影响他们对决策议题的认知和观点的科学、理性表达。特别是那些需要较强专业性的决策议题,或者当决策议题与普通民众的利益相关度较低时,网络参与者所持有的态度和作出的选择,往往会带有更大的即兴随意性。"公共空间的开放性能够容纳大量异质群体参与到公共议题的讨论和审议,但是公共空间的流动性又会导致公民参与深度不够,难以形成持续有效的行动力量。"②

另外,网络的信息协同过滤现象造成了一定程度上的信息窄化,面对呈"爆炸性"增长的网络信息,尽管网站表面上是在试图通过搜索引擎和网址链接等方式,帮助公众进行信息选择,但实际上这也使得网站对信息的协同过滤功能得以实现,一些价值相左和意见不一的网站和信息被屏蔽在公众的选择之外。在被强烈地窄化和协同化了的信息面前,公众的政策意见和建议肯定会呈现出与过滤后信息趋同的倾向,很难有独立的、深层次的政治判断和分析,所以网络民意的深度往往难以保证。

三、议题黏性比较弱

当今社会,互联网的应用日益广泛,与普通老百姓的生活密切相

① [加]马歇尔·麦克卢汉著,何道宽译:《人的延伸——媒介通论》,四川人民出版社1992 年版,第 235 页。
② 郑维伟:《网络公共空间与公民有序参与》,《学习时报》2011 年 8 月 29 日。

关,同时也以其独特的技术特性,为网络民意表达营造出一个个宽松的话语空间。普通民众可以在网络上畅所欲言,充分、自由地表达自己的情绪、情感、诉求,发表自己对国家事务、民计民生以及社会问题的看法和意见建议。网络空间成为一个全新的民意表达新通道。也正因为网络空间相比于现实社会所具有的自由度,所以它对网民有着极大的吸引力。巴赫金的狂欢理论很好地诠释了网民的"在线狂欢"状况。狂欢节是没有边界的、不受限制的,全民都可以参加,所有人无论高低贵贱都可以参与其中。在狂欢节中,没有演员与观众的区分,因为每个人都身兼演员和观众。狂欢节用笑声消解官方的观念,采取了非官方的民间立场。狂欢大多是在街头、广场等大众聚集的场所,这些地方以其开阔、无限制等特点吸引和召唤着所有人的参与。① 但是我们在肯定这种"在线狂欢"模式的积极作用的同时,也要认识到其暴露出的巨大弊端,即议题分散、黏性太弱。没有一定"数量",网络表达就无法成为一种集合意识。话题太分散,就难以发挥集中制的优势。造成议题分散的原因很多,主要有以下几方面。

首先,网络的边界、开放等特性,容易导致网络表达的离散。网络的边界、开放等特性赋予了网络民意的自由气质,网民可以随时随地采取任何网络提供的途径来发表自己的意见。在互联网上,每个网民都拥有"麦克风",可以在各种网络平台上,就自己关心的各种热点事件、焦点问题发表意见、看法,并与其他网民进行讨论和交流,从而形成多个讨论中心和各类意见群体。在虚拟的网络世界中,网民个人见解以一种前所未有的大胆和表达欲望在不断地碰撞和扩散,

① 潘俊峰:《巴赫金狂欢化理论及其影响》,http://panjunfeng 2000. blog. 163. com/blog/static/135457882007243517494/。

但这些见解由于是"自说自话",所以话题很容易分散,呈现出离散状态。

其次,网络传播方向不确定和多向性的特征,也容易导致网络表达的离散。[①] 网民发布的信息结构没有固定的中心,是一个离散化的机构,最终找到的也只是一个分散的机器终端——IP 地址。有的研究者在研究网络传播时总结出一句话:网络传播是复杂网络的传播,过程是混沌的,路径是分形的,效果是涌现的。[②] 这也很好地证明了网络表达的自由和离散。

再次,社会热点事件频发,也容易造成网络表达的离散。我国正处于社会转型期,社会矛盾多发,很小的一件事经过网络的快速聚集、讨论后,可能就发酵为网络事件,产生出网络新闻议题。一个新闻议题尚未完结,一旦有新的事件发生,民众马上又被其吸引,纷纷快速地撤出原来的阵地,将关注点投向最新的事件,之前所谓的"热点"随即成为"旧闻"而被舍弃。这种类似快餐文化式的信息关注,瞬息万变,缺乏公共性,难以形成有效而又深入的话题讨论,无法促进公众议题的解决,也形不成对社会事件的深刻批判和反思。

最后,信息平台的特性,加剧了网络表达的离散。追求时效性、简捷性,是微信和微博平台,特别是微博平台的优势,但微博在字符数量的严格限制下,对新闻内容的描述很容易出现背景缺失或者表达不清,碎片化的信息生产连形成明确且完整的话题和讨论的兴趣点都不容易,更别说展开思辨性的话题讨论了,这也是为什么"双微"平台上话题展开与转换的速度惊人的原因所在。"双微"平台中的信

---

① 马光荣:《网络民意吸纳机制研究》,《安徽行政学院学报》2013 年第 4 期。
② 朱海松:《网络的破碎化传播——传播的不确定性与复杂适应性》,中国市场出版社2010 年版,第 204 页。

息,较传统媒体而言显得支离破碎,经常在缺少结果和后续的情况下被淹没在海量的网络信息当中。

第四节　从表达过程看网络协商民主中的缺失

就网络协商民主而言,网民舆情表达的过程也就是参与网络协商的过程,而在舆情表达过程中,网民所展现的政治素养、表现的理性程度、对话语权的掌控和表达的合法性等,不仅关系到舆情表达本身的真实性、可靠性,更决定着网络协商民主的最终走向。目前,在我国网络舆情表达的过程中,还存在部分网民的政治素养不高、非理性因素常占据上风、少数精英群体更多地掌握着话语权、网络舆情表达逾越法律界限等状况。这些状况如果伴随网络协商的始终,显然会不利于平等的、宽容的、互动的、具象的、鲜活的网络协商民主的实现。

一、部分网民的政治素养不高

网民的政治素养,是指民众通过移动互联网络平台表达权利诉求、参与国家政治生活的一种能力。由于网民是网络协商的主体,其政治素养的高低决定了协商过程的科学性和公正性。在现实社会中,对政治参与主体有严格的要求,要么是少数政治精英,要么是职业政治工作者,大多数普通民众真正参与其中的机会不多。网络的便利性与便捷性,使得普通大众就国家政治事务进行参与成为可能。但排除信息技术设备、技术能力的限制,当前我国网民的政治素养培养还有很长的路要走。在有能力上网的民众当中,部分网民的政治素养不高,其根源就在于缺乏公共精神。拥有公共精神的人,对待公共事务必须要同时具备独立精神、宽容精神、权利意识、参与意识和强烈的社会责任感。公共精神的缺乏,拉低了公民的整体素质,不利于民主氛围的养成,也不利于网络协商民主的开展。现阶段,部分网民缺乏公共精神具体表现为:有些网民个性随便,政治参与意识不强,摆出一副"事不关己,高高挂起"的政治参与态度,甚至不分青红皂白直接采取反面态度;有些网民只重情绪宣泄而轻建言献策,感性表达有余而理性分析不足;还有些网民确实是知识水平有限,不能透过现象看本质,挖掘表面现象后的政治、经济和社会等深层次的问题,或者未能站在国家集体的立场上考虑问题,被网络上带有重大偏见的观点牵着鼻子走,这部分网民很难做到舆情表达的公正性。

政府决策要参照网络民意,更要考虑国家的社会现实情况,要以满足服务于社会、服务于人民为根本目的。网民通过网络平台与政府进行交流与协商,使得政府能更多关注到社会问题,更好地进行公共决策,这样的民意无疑是政府议程的推动力,因为它可以在一定程度上反映不同人群的需要。但如果是在网络舆情表达失真的情况下,即网络表达已经偏离事件本身,政府从众多信息中提取不到真实的民意,民众的真实目的和意图没有反馈到政府部门,政府部门不可能按照所谓的"网络民意"出台相应的政策,那结果就是双方没有达成系统议程,也就难以建起一道公共决策的桥梁。

二、非理性因素常占据上风

网络舆情表达的非理性,是指网民在借助互联网媒介表达意见时,受网络的匿名性和从众心理的影响,其舆情表达向着不理智的方向发展。有学者总结出网络舆情表达非理性倾向有"五大罪状",即

第五章　网络协商民主与舆情合理性表达机制建设中的问题

虚假言论误导民意、言论"泡沫"冒充民意、情绪发泄伤害民意、"网络暴力"虚妄民意和"群体极化"扭曲民意[①]，这些都是网络协商要避而远之的。具体来说，网络舆情表达的非理性主要表现在三个方面。

首先，情绪化。网络的匿名性使网民脱掉了"社会人"的伪装，还原为"自然人"，理性、责任也随之隐退，人的非理性和情绪化的特征得以原生态地呈现。网民使用网络的动机多样，因此使用网络要实现的目的也就不同，归纳起来，可以分为五大类：获知信息、沟通、展示自我、娱乐和宣泄。其中，自我展示、娱乐和宣泄都有不同程度的感性和情绪化的特点。而网络中的发帖、聊天和视频等形式也很好地满足了一些网民的"表现自我"和"娱乐自我"的需求。正是由于网络舆情表达的"自然天成"的感性和情绪化特性，在网络舆情信息的传播与更新中，也出现了一种经济学常讲的"劣币驱逐良币"的逆向淘汰现象。"劣币驱逐良币"，为16世纪英国格雷欣提出，也称"格雷欣法则"，指当一个国家同时流通两种法定比价不变而实际价值不同的货币时，实际价值高的货币，也即"良币"，必然要被熔化、收藏或输出而退出流通领域，而那些实际价值低的货币，也即"劣币"，反而会充斥市场。同样的道理来解释网络舆情表达，也就是说，一些说理透彻、逻辑严谨、富有见地的"好帖"，未必会被关注或有高点击率，相反那些被恶搞、猎奇、媚俗乃至单纯情绪发泄的信息却很容易博得人们的眼球。客观上说，感性的、情绪化的"网络民意"很难成为制定公共政策的一个参考，如果被其误导，很可能作出错误的决策。

其次，去责任化。这个可以通过"匿名制服"理论来帮助理解。

---

① 陈淑桦：《权利与权力的对话：网络民意与公共政策》，复旦大学出版社2010年版，第165－171页。

美国心理学家菲利浦·津巴尔多在 1973 年做过一个著名的"模拟监狱"实验,他将 24 名心理正常的大学生随机分成两个小组:"犯人组"和"看守组"。充当犯人组的"犯人",被"逮捕"后要被戴上手铐,蒙住两眼,然后被带到斯坦福大学地下室的一个"监狱"里。每人一间牢房,牢房内只有一张吊床、一个门洞,还要戴上脚镣手铐,喷防虱液,按手印,真实名字被隐去,使用身份证号码和叫号应答;而给看守组充当"看守"的学生,配备了警服、哨子、警棍,并让他们值班时维持秩序,还要做好应付紧急事变的准备。实验发现,这些原本平等的人,被分成了不同的小组,虽然充当了管教与被管教的不同角色,但最后却都产生了不健康的心理以及摆脱社会规范约束的极端行为。① "匿名制服"可以赋予人们一种潜意识的权力操控欲望,而身份的隐匿性又给这种权力操控提供了安全的实施环境,网络空间的虚拟性、匿名性仿佛给每个发言的个体穿上了一件"网络制服",也有可能产生这种"匿名制服"效应,使个体进入"去个性化"与"去责任化"状态,淡化个体的自我观察和自我评价,降低个体责任和个人对社会评价的关注。② 目前,在网络上发表虚假言论、制造言论"泡沫"和实施"网络暴力"的还大有人在,他们对自身的网络舆情表达极其不负责任,造成虚假网络民意泛滥,这不仅会拉开民意与政府间的距离,也会大大降低政府采纳网络民意的可能性。

最后,群体极化。"群体极化"这一概念是由美国芝加哥大学教授凯斯·桑斯坦最早提出来的。他对群体极化的解释为:团体成员

---

① P. C. Zimbardo, "Interpersonal Dynamic Sina Simulated Prison", *International Journal of Chiminology and Penology*, 1973, Vol. 1, pp. 69 – 97.

② 王爱玲、武文颖:《网络民意的"匿名制服"效应及其有效调控》,《新闻界》2008 年第 1 期。

一开始即有某些偏向,在商议后,人们朝偏向的方向继续移动,最后形成极端的观点。① 桑斯坦认为这一现象在网络社会同样适用,因为在新的传播技术领域里,不乏志同道合的人,他们可以在网上轻易且频繁地沟通,沟通的结果使得他们听不到(主观排斥)其他人不同的看法,最后这些"志同道合"的群体各自走向极端,造成分崩离析的结果。法国社会学家勒庞在其代表作《乌合之众》中也表达了同样的意思。他指出:无论在任何时候,群体总是会采取一种特殊形式的信念进行"偶像崇拜",具体表现为对所崇拜对象的命令盲目服从,没有能力对其信条展开讨论,倾向于把不接受他们的人视为仇敌。② 如微博中的"意见领袖"在群体极化中就发挥了"偶像崇拜"的作用,他们的意见无疑会影响粉丝的意见,其是非判断甚至有可能直接引导微博舆论的走向。那些与名人观点相同的粉丝会迅速整合到同一旗帜下,形成强大的意见同盟,在互相附和中推动观点向极端化迈进;而那些持异议的粉丝迫于"意见领袖"的权威,往往采取跟随的态度或保持沉默。③ 健康、有序的网络协商方式应该是多元的、互动式的,不论是普通网民,还是网络政治精英,抑或是网络政治共同体等,多元主体都应该有机会和能力与政府进行良性的沟通交流,能顺畅地表达个体或群体的利益诉求。然而,受网络社会时常出现的"群体极化"的影响,网络协商的信息环境常常是单一的,网民总是以"群内同质化""群际异质化"的方式聚集和活动,导致网络舆论也出现"整齐划一"的一边倒现象,这非常不利于政府与网民之间开展良性的多元

---

① ［美］凯斯·桑斯坦著,黄维明译:《网络共和国——网络社会中的民主问题》,上海人民出版社 2003 年版,第 41 页。

② ［法］古斯塔夫·勒庞著,张妤洁译:《乌合之众——大众心理研究》,江苏人民出版社 2011 年版,第 52 页。

③ 焦以璇:《微博传播中的群体极化现象》,《青年记者》2014 年第 15 期。

互动。

三、少数精英群体更多地掌握着话语权

1965 年,韩念西在其所著的《民意》一书中对民意的定义为:"民意是具有相当数量的一群人针对重要议题表达其复杂偏好的综合。"①从该定义出发,我们可以作出判断,民意应该是全体人民共有的思想,是大多数人共同意愿的表达。

前面已经讲过,我国网民规模庞大,阶层分布广泛,但表现为"沉默的大多数",真正在网络上发表意见的只有少数人。现阶段我国的网民构成比较特殊,由于在受教育程度、区域分布、经济收入、社会阶层等方面差异较大,构成结构呈现出一种"金字塔"式的分布特点。位于塔顶的是少数能够提出实质性意见的专家学者,居于塔身的往往是那些对网络信息可以作出判断的中坚力量,位于塔底的是散乱点击的大多数人,还有很大一部分是徘徊于塔外无法接触网络的非网民。② 这种"金字塔"式的结构,就是我们通常所说的"数字鸿沟"。有学者把"数字鸿沟"的表现概括为四个方面:①通道(access):互联网的接入状况和人们的支付能力;②基本技能(basic skill):数字化时代需要掌握的基本技术能力;③内容(contents):谁在制造网上的内容? 这些内容由谁掌控? 在为谁服务? ④意愿(desire):个人上网的动机和兴趣。③

"金字塔"式数字鸿沟的存在,也造就了当前我国网络话语权的

---

① Hemmessy, *Public Opinion*, Belmou: Wadsworth Publish-ing Company, 1970, pp. 24 – 25.

② 马志敏:《论政治文明进程中的网络民意表达》,《山西高等学校社会科学学报》2010 年第 11 期。

③ 谢新洲:《网络传播理论与实践》,北京大学出版社 2004 年版,第 52 页。

格局,必然是话语权更多地为居于塔顶和塔身的网民所掌控,也就是所谓的少数精英群体所掌控。游离于网络之外、不能上网或者不习惯上网的人,在网络上不可能听到他们的声音。而在有能力上网且关心国家政务的人中,也不是每一个人都愿意发声的,在网上许多中国网民都是"看帖不回帖",大都处于"潜水"状态。经常在网上"发声"的网民,大约占网民总数的三分之一。大量看帖不跟帖网民的存在,使得网络舆情表达精英化的趋势更加明显。

约翰·密尔(John Mill)认为:"每个人或者任何一个人的权利和利益,只有当有关的人本人能够并习惯于捍卫它们时,才可能免于被忽视。"①正因为如此,当社会中某些人群的声音在网络上明显缺失的时候,政府从网上听到的声音并不具有代表性,尤其是难以代表那些处于弱势地位群体的利益。政府与代表广大网民的协商,变成了政府与少数精英的协商,在此基础上做出的决策很难满足广大网民的利益诉求,也与政府网络协商的初衷发生了偏离,很容易产生失误甚至错误。

四、舆情表达逾越道德、法律的界限

言论自由,不仅是宪法赋予我国公民的一项最基础的权利,也是民主社会存在的基础。现实生活中,人们在表达自己的某一观点时,鉴于法律和道德的约束会有所顾虑,会充分考量自己的观点是否违背法律法规、是否违反社会公序良俗,自己这样做会带来什么样的后果,人们的观点表达多呈现出必要的克制与冷静。随着互联网技术的兴起、普及和发展,信息传播的方式出现重大变革,网络正在逐渐

---

① ［英］J. S. 密尔著,汪瑄译:《代议制政府》,商务印书馆1982年版,第44页。

成为一种重要的信息交流方式,言论自由得到了最大限度的实现。对网络来说,公众自由的话语权是其生命力的保证。但正如美国学者埃瑟·戴森所说:"数字化世界是一片崭新的疆土,可以释放出难以形容的生产能量,但它也可能成为恐怖主义和江湖巨骗的工具,或是弥天大谎和恶意中伤的大本营。"①

当前,由于网络媒体的飞速发展,加之对网络民主的误解,网络立法存在严重滞后的现象。多年来,立法机构与行政机关并没有对网络言论自由进行特别的法律规制,使得一些网络公民产生"网络乃法外之地,网络言论绝对自由"的错误认知,在网络这个虚拟开放的空间里"为所欲为",不断逾越道德、法律的界限来表达"自由"的言论。具体表现为:一些反动个人、恐怖组织和极端宗教组织等利用网络的隐匿性和自由性"佑护",捏造和散布政治谣言、肆意进行政治煽动、制造集体性混乱事件、诋毁和攻击党和政府,把网络当成反映我国社会"黑暗面"的"窗口";有些网民由于对社会不满、自己的私利未能得到满足或为了谋取非法经济利益,也会利用网络的匿名性、隐蔽性,去散布一些虚假的政治信息,来丑化、攻击、诽谤政府;为了个人恩怨,也许只是一件小事,就有意无意地在网络上肆意攻击别人、恶意侮辱或诽谤他人,对他人名誉权和荣誉权进行非法侵害的现象,更是屡见不鲜;而受雇于某些"灌水公司""删帖公司""投票公司"等网络公关机构的网络"水军",则隐藏于普通网民之间,通过程序化的"发帖""盖楼"等方式,歪曲或捏造事实,以达到敲诈勒索的目的。或通过话题炒作制造虚假网络民意,误导舆论。以上这些都是虚假的

---

① [美]埃瑟·戴森著,胡冰、范海燕译:《2.0版数字化时代的生活设计》,海南出版社1998年版,第17页。

民意,不仅伤害了网民的感情,也影响了网民真实意愿的表达。真正意义上的协商民主是为政治决策服务的,其不但强调公开性、责任性,更强调合法性。因此,上述逾越道德和法律界限的网络表达,对网络协商民主来说都是不可取的。

第五节　从制度建设看网络协商民主中的问题

网络协商民主要常规化、制度化,必须要有一系列相应的制度机制和政治环境作保障,而目前政府部门在网络舆情汇集、分析和反馈等方面的不足以及网络政治环境诸多方面的不完善,也是影响网络协商民主效果的重要因素。

一、舆情信息汇集、分析、反馈机制不完善

政府处理网络民意的一般路径应该是"网民诉求－政府证实－制度化解决"。但这样一种政府与网民沟通的路径并不是十分畅通的,在每一个环节上都存在着一些障碍:由于信息爆炸,政府对网民的诉求有的时候会表现为无所适从;由于网络媒体的发展和网络社群的复杂性,政府对舆情信息的监测、分析也常常会感到力不从心;而在舆情信息反馈方面,不管是政府部门还是政府官员,都还有很多做得不尽人意的地方。这也说明政府与网民的沟通交流还没有形成制度化。而对于网络协商民主来说,恰恰需要的就是制度化的沟通,因此其也制约了网络协商民主的发展。

1. 由于信息爆炸,政府对网民的诉求有的时候会表现为无所适从

网络民意诉求表达是网民对于社会各项事务的意见、态度的表

达,是公民行使权利的一种体现,也是政府作出科学民主决策的重要基础。没有广泛的民意基础,政府决策就会成为"无源之水""无本之木",所以通过多种方式汇集民意是非常关键的环节。那如何汇集网络民意呢？要知道,汇集网络民意并不是解决每一个网民的诉求或是平息网络敏感性事件,而是通过建立一种社情民意的汇集渠道,形成常规化、规范化的官民互动机制,从而为政府决策与法治建设提供智力支持。但好的初衷未必能产生好的结果,网络信息化在带来诸多便利的同时,也使公共政策的制定出现了由"霍布森效应"到"布里丹效应"的转变。这里有必要说明一下,"霍布森效应"指的是决策者在面临决策时,可供选择信息的有限性。这是在传统的决策体制下,决策者经常要面对的情况。信息由下向上流动,经过层层过滤和吸收,最后到达决策者面前的有可能是无关紧要的信息或者是失真的信息。在这种情况下,由于决策者面临的可选择的信息很少,通常只能做出没有回旋余地的决策或者是不做出决策。而互联技术的发展却带来了相反的情况,网络条件下民众网络参与一改传统环境下信息量过少的弊端,信息量呈几何级数增长,在过滥、过泛、过杂的信息面前,决策者变得无所适从,或者盲目决策或者优柔寡断,而这也就是所谓的"布里丹效应"。信息化时代对决策者提出了更高的要求,必须在决策过程中不断提升甄别、遴选能力,才能使其所获取的信息更能代表民意,做出的决策更符合民意。

2. 由于网络媒体的发展和网络社群的复杂性,政府对舆情信息的监测、分析也常常会感到力不从心

伴随着网络应用的普及,特别是移动通信方式的推动,新老媒体在网络舆情作用上的消长态势日渐加剧。新媒体应用不再局限于微博、微信和手机新闻客户端等,包括知乎、网络电台、网络直播、弹幕、

网络字幕组等在内的新应用已悄然兴起,成为网络信息传播的新途径。基于这些网络新媒体形成的网络社群,也成为网络舆情传播的重要新势力。网民和各种网络社群主动利用网络炒作的现象日益增多,能力日益增强。同时,媒体融合和资本运作在为网络新媒体注入能量的同时,也因为商业利益的驱动,给网络舆情的分析与管理带来了更多不稳定因素和挑战。

从网络舆情监测、分析与管理的系统和技术的角度来看,上述新网络媒体的发展、各种网络社群的出现,从普通网民到"意见领袖"的广泛参与等,都会带来网络舆情数据量的爆炸性增长,给网络舆情监测带来了新的困难和挑战。同时,网上网下、不同传播媒体、不同网络通道之间的交互性加强,使得网络舆情的发展更加复杂多变。演变速度加快,传统的监测及研判模型,可能面临数据建模和模型推演不准确的困境。如何利用计算机科学、网络技术、大数据分析技术,以及社会心理学、管理学、传播学等相关学科的新理论和新方法来更好地应对上述挑战,是网络舆情监测、分析与管理的重要课题。①

3. 在舆情信息反馈方面,不管是政府部门还是政府官员,都还有很多做得不尽人意的地方

从政府部门来讲,这种不尽人意主要表现为:网站建设形式大于内容,网站内容更新较慢。目前,我国政府网站多定位于理论宣传、政务信息公开、在线办事、与民众互动交流等功能。相较于前三大功能来说,互动功能稍显薄弱,存在建设不均衡问题。一些地方政府将网络参与当作一种时髦的口号,把网络问政搞成政府的"面子工程"。

---

① 杨善林等:《网络舆情监测、分析与管理的现状与挑战》,《中国工程科学》2016 年第 6 期。

对于网民提出的建议和意见,一些政府网络信息渠道反馈方式单调、反馈时效滞后,对于民众的诉求回应不及时;还有一些政府窗口单位一直没有建立网站,即使有网站也没有设置专门的信息反馈栏目。大多数政府部门正确对待网络舆情,但个别一些地方政府部门并不是积极正面地接受和应对。另外,现在许多政府部门都成立了网络舆情监测部门,并在大型新闻媒体及主要网站设立舆情监测室,其本意是为了防患于未然,为维护国家安全和社会稳定设定一层"防护网",但如果仍秉承"以堵促疏""不求有功但求无过"的工作作风,其与公众之间不可能达到协同治理的良性状态。①

从政府公务员来讲,这种不尽如人意主要表现为:首先,一些年长的政府人员缺乏上网能力和技术手段。网络在国内产生于20世纪90年代,是一个新生事物。有些领导干部,尤其是一些年龄偏大者,早已习惯了以前无网络的时代,他们显然缺乏一些上网的能力和技术手段。因此,他们不能很好地了解网络民意。对网络民意处理方法也较简单,缺乏与网民互动、协商的过程,双方缺乏沟通的机制。其次,一些相关部门的人员网络回应不及时。这主要是面对突发网络突发事件时,一些官员出于各方面原因考虑,对于网络上出现的一些明显不合民意的舆论不及时引导,导致更多的网民受到不良影响。网络飞速发展的今天,对于突发网络事件来说,官方处置的黄金时间已经从"黄金24小时"演变为"黄金4小时"②,甚至于"钻石1小时"也正在被越来越多人的接受③。打好网络舆论的时间战非常紧迫,在

---

① 林彬、于天姿:《网络民意导入政策议程的路径思考》,《管理观察》2016年第14期。
② 人民网舆情监测室编著:《网络舆情分析教程》,人民日报出版社2015年版,第106页。
③ 蒲红果:《说什么 怎么说——网络舆论引导与舆情应对》,新华出版社2013年版,第156页。

有效时间内的舆情引导效果如何都不能保证,更何况听之任之,不去理睬呢? 最后,一些人员缺乏网络沟通的艺术。互联网空间是网络舆情的集散地,也是舆情应对的"战场",灵活多样的网络沟通技巧是互联网时代舆情应对的必然要求,畅通高效的网络沟通可以大大降低沟通成本,也更有助于倾听民意,化解矛盾。但面对网络,有一些人仍然没有从官方话语体系中解放出来,语言显得呆板僵硬、不知所措,缺乏网络语言的技巧,使得政府的回应大打折扣,没有起到应有的效果。

二、网络政治环境有待优化

网络政治环境是软环境,是指依托互联网实行相关政治决策、开展政治活动等背景条件的总和。受制于西方国家对互联网的控制、网络自由化与无政府主义的影响和我国相关法律法规尚在不断完善,我国发展网络协商民主的网络政治环境还有待进一步优化。

1.技术和信息劣势地位使得文化霸权主义充斥网络

文化霸权,从表面看,只不过是一种文化的传承和多样化,但实质上它会加剧发达国家和不发达国家信息地位的不平等,造成国家间信息资源的不均衡。在信息时代,对信息的开发、控制和利用成为国家间利益争夺的重要内容。拥有了信息主导权,就拥有了政治、经济、文化的掌控权,信息发达国家可以凭借信息优势左右信息穷国,陷信息穷国于被动地位。虽然近年来我国信息技术发展迅猛,但与一些发达国家相比,我国在技术和信息方面的劣势仍然存在,这也给一些恐怖分子、右翼势力和邪教极端组织可乘之机:他们或者利用社会热点或者利用某个决策失误做噱头,制造舆论,挑动不满情绪,借此达到扰乱我国政治运行环境和秩序的目的;或者利用互联网散布一些恐怖、极端、邪恶等不良的舆论信息,蛊惑人心,为其设法制造混乱、破坏稳定提供便利;更有甚者利用互联网明目张胆地招募新队员、扩充实力,行为举止非常猖狂。我国必须在技术和信息发展方面再下功夫,技术和信息的劣势对网络政治环境存在着潜在的危险。

2. 网络自由化和无政府主义的影响仍在

网络具有两面性,它不仅带给人们参政议政的方便、快捷,也使得带有自由化和无政府主义的信息泛滥。近年来,由于网络信息中充斥着大量淫秽、色情、迷信、颓废、庸俗等内容,低俗、庸俗和媚俗的"三俗"文化甚嚣尘上。炒作明星绯闻、注重感官刺激、迎合猎奇心理、渲染色情暴力、扭曲道德人格,不一而足。网络正以一种潜移默化的方式一点点地浸染着人们的思想观念,冲击着普通民众对我国主流政治文化的认同,影响着人们的人生观、价值选择和道德判断。网络自由化和无政府主义的存在,对那些政治鉴别力能力不强但网民规模巨大的青少年群体有巨大的危害,不利于青少年群体政治素养的培养,也难以形成理性、包容的网络协商民主氛围。

3. 相关法律法规还需要不断健全

网络协商的有序开展,依赖于平等、自由的网络环境,依赖于政府的积极引导和网络协商参与主体——网民的素质。政府能力的提高和网民素质的提升都不是一朝一夕完成的,都需要一个过程,在这个过程中,相关法律法规的完善可以起到基础保障的作用。而目前,由于有关网络政治建设的法律法规相对滞后,造成网络民意表达问题频出,比如网络非理性行为占据上风、各类网络谣言肆意传播、黑恶和反动势力的肆意妄为、网络违法犯罪行为频繁发生等,这些势必会使网络协商大打折扣。

第六章　舆情合理性表达机制与网络协商民主建设的完善之路

习近平同志指出,发展社会主义协商民主,健全民主制度,丰富民主形式,拓宽民主渠道,保证人民当家作主落实到国家政治生活和社会生活之中。[①] 在当前新的历史时期,发展更加广泛、充分和健全的人民民主,需要我们总揽全局、把握大势、与时俱进,特别是要跟上新媒体时代的变化律动,加大网络协商民主建设步伐,而将网络舆情合理性表达机制嵌入网络协商民主制度和实践之中,实现两者的有效和有序对接,无疑是发展的重要内容。当然,实现舆情合理性表达机制与网络协商民主的无缝融合,需要采取从理论到应用,从意识到行动,从法律到文化,从制度到队伍的多维度手段,并通过多方联动形成合力。

---

① 习近平:《决胜全面建成小康社会 夺取新时代中国特色社会主义伟大胜利——在中国共产党第十九次全国代表大会上的报告》(2017 年 10 月 18 日),人民出版社 2017 年版,第 22 页。

第一节　以网络协商民主意识的
培养促舆情合理性表达

　　何谓意识,从心理学角度来阐释,意识(consciousness)即对任何特定信息或者反应的觉知。当我们谈到意识的内容时,指的就是正在觉知的信息。研究者认为,意识分为三个水平,分别为基本水平、中间水平以及高级水平。当人处于第一个水平,也就是基本水平时,只是对正在觉知以及可觉知的内部和外部世界的觉知。例如,在这个水平上,你会意识到自己正在看到、听到以及感觉到了什么,比如,听到了钟声,再比如感觉到了疼痛。当人处于第二个水平,也就是中间水平时,就是对知觉的一个反映。处于这个水平,不在眼前的客体也可以被思考和操纵并相像成新的样子,当然,人也可以使用它回忆过去和计划将来。当人处于第三个水平,人已经达到了自我觉知(self-awareness),也就是高级水平。这个阶段,人已经能够认识和觉知到个人经历的事件的自传性,即自我觉知开始赋予人一种个人历史感和认同感。例如,对某一种行为倾向的心理认可。当我们处于高级水平的意识阶段上,假如能够体验到可预测的和有序的世界,逐渐地就可以预测它,且这种预测让人具备了选择目前最好的行动,并计划将来的能力。①

　　人生而乐群。或者说,人不能完全脱离群体而单独生活。因此,

---

　　① [美]查理德·格里格、菲利普·津巴多著,王垒、王甦等译:《心理学与生活》,人民邮电出版社2003年版,第135－136页。

人有个体意识也有群体意识。先看个体意识,简言之,它是社会成员个人所拥有的意识。具体分析,个体意识是社会成员个人独一无二的社会经历、社会关系、社会角色和社会地位在自身头脑中的反映和觉知,同时,也是社会中的个体对其独特的社会实践活动所进行的反思及其产物。再看群体意识,它是人类群体的社会地位、社会关系、社会角色、社会经历及其共同利益等,在群体成员的头脑中的反映和觉知。正因为群体意识的基础在于个体意识,因此,上述研究虽然针对个体心理来谈,但对于整个集体意识发展水平来看,依然具有普通意义。

上述研究的启发在于,对于人类群体来说,意识不仅是对外在的周遭以及内在的心理的察觉和认知,同样,也是抽象出来对过去和未来的想象与思考,同时,意识还是一种可以预测和选择的能力。再加之,意识是人类长期生活过程、生活经历、社会实践、社会关系的反映和认知,且形成了个体意识的人类的意识本身就五彩斑斓、形态纷呈,如果再聚合为群体,彼此间的互动、影响、冲击以及碰撞,使得群体意识就更加的错综复杂和难以稳态了。正因此,罗马非一日建成,这种觉知、思考、认同和能力不可能一蹴而就,常常需要通过长期的培养来完成。

就网络协商民主本身而言,首先,需要强调的是,与此相关的意识虽然包含着个体意识,但主要是指群体意识,也就是说,网络协商民主意识,其主要是作为一种群体性的网络民主政治参与意识存在的,在网络政治生活中,它依然是人们对国家民主政治、民主权利、民主法治制度的观念的认知,与基于此所形成的对政治和社会事务参与上的情绪、认知、意愿以及态度。在更具体的层面,网络协商民主意识作为群体政治心理,是政治文化的一部分,是一定历史条件下

（互联网特别是移动互联网发展条件下）和特殊的网络传播空间中，网络社会群体或个人在社会和政治中对民主和社会事务的心理反应、政治态度以及评价体系。其包含了主人意识、平等意识以及参与意识。[①]

正因此，网络协商民主意识的培养同样不会轻而易举。一方面，网络协商民主作为一种在虚拟社会空间中的协商民主建设，虽然是网络上的新的制度安排，但离不开现实协商民主这一本源和基础，只有在真实社会中树立了平等、沟通、理性、有序、对话、互动、尊重差异的协商民主意识，才能筑牢培养网络协商民主意识的根基。因此，我们在培养网络协商民主意识过程中，既要在网上下功夫，也不能忽略网下民主意识的培育和民主自觉的形成。当然，民主意识的培养又与核心价值观的养成息息相关。另一方面，意识的培养也是一个内化的过程，绝不仅仅喊两句口号，贴几张标语，或者是颁布几项相关规定那样简单，确需要通过长期培养而于潜移默化中习得，并通过形成普遍社会心理而最终转变成行动。再者，培养的对象也不是单单指向一面，而是既针对客体，也针对主体，既包含了网络管理者，也包括了网络民众。

一、社会主义核心价值观是网络协商民主意识的形成基础

核心价值观是社会的文化中轴，它决定着文化性质和方向。同时，核心价值观也是一个国家的压舱石和稳定器。从当今社会发展现实来看，社会结构的深刻变动，利益格局的不断分化，也使得思想

[①] 郭士民：《民主意识培养问题研究》，山东大学硕士学位论文，2007年，第6-7页。

和价值观念难免多元化。要凝聚起人们的意志、力量和智慧，就要建立并完善一整套与经济基础和政治制度相适应，能够铸造起广泛社会共识的核心价值观。这正像习近平总书记指出的："人类社会发展的历史表明，对一个民族、一个国家来说，最持久、最深层的力量是全社会共同认可的核心价值观。"①如果没有共同的核心价值观，无论是民族还是国家，就会魂无定所，行无依归。

习近平总书记指出，要"用社会主义核心价值观凝魂聚力，更好构筑中国精神、中国价值、中国力量，为中国特色社会主义事业提供源源不断的精神动力和道德滋养"②。立足当今，我们的民族、我们的国家应该坚守的社会主义核心价值观，就是党的十八大提出要倡导的24个字：富强、民主、文明、和谐，自由、平等、公正、法治，爱国、敬业、诚信、友善。社会主义核心价值观把涉及国家、社会、公民三个层面的价值要求融为一体，深刻回答了要建设什么样的国家、建设什么样的社会、培育什么样的公民的重大问题。正因此，培养网络协商民主意识，必须以重视社会主义核心价值观的培育为基础，通过倡导和践行社会主义核心价值观，为筑牢网络协商民主观念保驾护航。

具体以社会层面和个人层面为例。社会层面，当今中国既取得了巨大成就，也面临着诸多挑战。特别是经济急速发展进步之后，社会领域的利益纠葛、无序竞争、行为失范、道德失序等问题日益凸显；与此同时，物质生活水平的提高也带动了权利意识日益高涨，对公平正义有了新的和更高的追求，使得诉求表达呈高企之势；而网络社会

①　《习近平总书记系列重要讲话读本（2016年版）》，学习出版社、人民出版社2016年版，第189页。

②　《习近平总书记系列重要讲话读本（2016年版）》，学习出版社、人民出版社2016年版，第190页。

的崛起也带动了网络舆情的合理性表达愈发成为常态。这就是为什么我们在培育和践行社会主义核心价值观，倡导以协商民主为基础的网络协商民主过程中，如此强调社会层面的价值共识，将"倡导自由、平等、公正、法治"作为社会的共同价值取向。用这些价值取向引领思潮，凝聚共识，整合社会。个人层面，细数改革所面临的焦点、难点和重点，多数都与人们的"公平焦虑"有关。教育公平、医疗改革、就业保障等屡屡拨动心弦，诉说着人们真诚向往平等的发展机会；收入差距、身份歧视动辄引发关注，折射出人们满心渴望公正的社会环境；司法案件频频成为舆论热点，反映着人们热切期盼法治政府和司法公正。① 冷静分析，当社会迅速发展之后，存在于市井乡下，驻足在草根民间的多样的价值观念难免竞相表达，多元思想难保不会接触和碰撞。在这种人声鼎沸、同台发声的情形下，对于个人而言，如何在弘扬社会主义核心价值观的基础上，秉持网络协商民主意识，即越是面对众声喧哗，越要牢记并践行民主与和谐、自由与平等、诚信与友善的价值观，确实显得尤为关键。

二、意识的养成是个体内化与群体互动的长期过程

如何才能养成以社会主义核心价值观为基础的网络协商民主意识呢？这当然不会是一朝一夕的事情，而是要教育引导、舆论宣传、文化熏陶、行为实践、制度保证等多方施策，才能使得意识能够内化于心，最终外化于行。

先分析内化。内化被定义为意识形态的内容通过某些外部途径

---

① 本报评论员：《坚守公平正义的共同信念——三论弘扬社会主义核心价值观》，《人民日报》2014 年 2 月 14 日。

和内部过程,"渗入"社会主体的心理层次,影响到主体的行为动机,从而使意识形态的内容(特别是有关方针政策),转化为主体的自觉行动的内在动力之一。即内化就是从意识形态层次向社会心理层次的下降过程,而这一过程就是由意识向人们自觉的社会行动的心理基础的转化过程。内化于心的外部途径,一是依靠大众传媒的传播,二是仰仗行政组织自上而下的传输。内化于心的内部过程,关键是看其对主体行为动机的影响,包括注意的唤起、产生相应的信息选择、主体认知结构不断同化和顺应意识形态的内容、通过思维和情感体验对意识形态的内容进行记忆、引发主体的态度的改变(改变既有的态度或强化既有的态度)、最终引起一定的社会动机(改变原有的行为动机或强化原有的行为动机),并由此形成社会主体的自觉行动。①

上述研究,无疑对如何看待网络协商民主意识的内化养成提供了启示。首先,从外部途径来说,这一内化养成过程不会是单向施力,一方面,在以互联网技术博兴为前提的新媒体时代,传输与网络协商民主意识形成有关的信息的重任就大部分落在了网络媒体身上,它们力求通过在互联网空间中利用各种宣传劝服和议程设置方法,达到由网络协商民主意识转化为网民社会心理的目标;另一方面,网络管理者也会通过网络行政组织,将网络协商民主意识和相关政策方针由上至下地传输开来,以高效率和约束力力图保障相关意识向社会心理的最终转化。其次,从内部途径来看,这一内化过程涉及选择、认知、思维、情感、记忆、态度、态度改变、行为动机等复杂的社

① 王奋宇:《论社会意识形态向社会心理的内化及其过程》,《社会学研究》1988 年第 5 期。

会心理过程。即便是在实体社会,认识了解并对内化过程加以监督协调已经实属不易,在物理不在场和匿名化的虚拟社会,促使网络协商民主意识向社会心理的顺利转化就会难度更大。正因此,网络协商民主意识的内化过程,既需要在适应网络社会的运行特点的前提下多方施策,也需要在掌握网络社会心理变动规律的基础上长期努力。

如果说,前面讨论了如何从个体角度出发,将网络协商民主意识内化于心,那么,对于社会化的社会群体而言,网络协商民主意识的养成,也需要通过群体互动整合来完成。什么是互动呢?互动是指在社会常态下个人与个人之间、个人与群体之间、群体与群体之间,通过语言、符号或其他手段传播信息而发生的相互依赖性行为的过程。进一步追问,是不是只要有群体互动,就可以保证在整个社会群体中培养起来网络协商民主意识呢?答案当然是否定的。因为在现实社会中互动的过程和结果往往是错综复杂的,有的指向积极的方向,有的则显露出消极性或者极端性。这一情形也同样存在于网络社会。故而,要养成良好的网络协商民主意识,就需要在网络群体中形成长期稳定协调、相互包容互鉴的良性互动关系,也就是努力保证从互动过程到互动结果均呈现出积极性与正向性,以使网络协商民主意识真正在群体中实现。

三、培养对象既包括网络管理者自身也包括网络民众

随着社会主义民主建设事业的不断前进,培育以社会主义核心价值观为基础的网络协商民主意识,也要求政治文化心理的不断成熟。公民意识的建立则是政治文化心理成熟的标志。从类型上说,

公民意识囊括了国家意识、权利意识、责任意识、契约意识、法治意识、理性意识、参与意识、平等意识、自主意识、宽容妥协意识、协商互动意识等理性处世论事的意识。具体分析,公民意识就是民众对自己在国家政治和法律生活中所处地位的认识,在认知上对其自身公民角色的了解;在情感上对国家和特定社群的认同,懂得自己所享有的权利和承担的义务;在价值选择上奉行民主文明、有序参与、平等节制、妥协宽容的理性议事规则。① 而网络协商民主中所蕴含的社会主义核心价值观,正是体现了上述意识。当然,如何才能培养成熟的网络协商民主意识,这不但是对网民的要求,也是对网络管理者的要求。

从表达主体——网络民众角度出发,在网络协商民主观念的培养中,不但需要激发网络民众通过网络自觉参与公共事务,勇敢、积极、理性、有序地表达各种利益诉求的权利和责任,而且需要民众尊重多元、理性诉求、平等表达、协商互动、谋求共识意识的高度发育,其发育水平是影响表达效果的重要问题。网络公民持有何种表达意识,实际上反映了政治文化心理的成熟度和政治素质的高低。正因此,如何通过网络公民意识教育和践行公民活动来培育网络公民文化,进而培育成熟的网络协商民主意识就显得刻不容缓。

从表达客体——网络管理者的视角分析,在网络协商民主进程中,作为诉求表达对象的执政者本身就是公民的一员,他们既是网络公民文化和网络协商民主意识的培育者、倡导者和施行者,也是网络公民文化和网络协商民主意识的服从者、遵守者和参与者。因此,培养成熟的网络协商民主意识也是一个"助人者自助"的工程。这其

---

① 张华青:《论社会转型期的公民文化培育》,《当代世界社会主义问题》2004 年第 4 期。

中,需要执政者树立起以人为本、民主公正、执法为民的现代民主观念,克服重人治、轻法治的文化传统和执政理念。①

总之,网络协商民主意识不是一天养成的。这是一个长期任务,也是一项重大责任,更是一项宏大而系统的工程。培养成熟的网络协商民主意识不仅是民众的责任,也是执政者的任务,需要网络管理者以及全体民众的驰而不息,久久为功。只有上下齐心,从各级党员干部的引领示范,到普通网络公民的积极参与,每个人都从我做起,从身边事做起,多一些自省、加一分担当、尽一份心力,才能形成培育网络协商民主意识的良好社会氛围,才能保证政治文化心理不断走向理性开明,也才能促进网络舆情合理性表达机制的日臻完善。通过加快社会主义政治民主建设步伐,汇聚起推动社会主义中国前行和建设更加美好未来的强大精神力量。

第二节 以网络协商民主文化的弘扬促舆情合理性表达

一直以来,文化是一个外延宽泛、内涵丰富的概念。学界努力从各个角度对此加以阐释,但仍未能取得定论。尽管如此,对文化的界定也取得了一些共识,包括文化是人类长期创造的产物;文化既是社会现象,也是历史现象;文化包含了物质文化和非物质文化;文化既是世界的,也是国家的和民族的;文化具有全括性、整体性、传承性、传播性和发展性;语言(声音)和文字(符号)是文化的两大要素。对

---

① 毕宏音:《诉求表达机制研究》,天津社会科学院出版社 2009 年版,第 279 - 280 页。

于狭义文化的概念,英国文化学家泰勒的阐释比较经典。他认为,文化就是包含了知识、信仰、思想、艺术、道德、法律、习俗等要素,及任何人作为一名社会成员而获得的能力和习惯在内的复杂整体。正如此,当我们基于网络社会发展需要,探讨网络协商民主文化时,一方面需要立足当代,深入现实社会寻找它的产生根基;另一方面,则要翻开我们自身的发展历史,找寻它的前进脉络。故而,从政治制度、思想理论和社会实践的角度出发,挖掘中国本土传统文化中的民主思想精华和有益成分,确立和谐理性的诉求表达观念,就成为当代网络协商民主研究中并行不悖的需要了。

一、从政治制度层面汲取中国传统民主思想精华

在中国的传统文化系统中,一直存在着民主性的内容、要素与实践,故我们进行包括网络协商民主文化在内的协商民主文化研究时,当然需要从词源学上,从民主的发源地,从西方民主思想文化与丰富实践的发展历程中去找寻真谛。与此同时,我们也不能言必称西方,将西方的民主思想发展当作圭臬,却对我们自身的传统民主思想,这一宝贵文化遗产视而不见。相反,需要对此加以深入挖掘、整理,并弘扬光大。

周德丰通过梳理三位史学家的相关研究论述,发现在中国漫长的历史发展进程中,"民主性思想"以及带有民主文化传统的"民主性实践"如火花般不断闪现。特别是吕思勉和钱穆,曾分别对中国古代政治制度层面中所包含的民主思想,进行过比较充分的挖掘。

先是史学家吕思勉。他在《中国通史》中历数了中国古代原始部落时期"民主政治之遗迹",以及其在中国古代文献中的片段表现。他提出:《周官》有大询于众庶之法,乡大夫"各帅其乡之众寡而于

朝"，小司寇"摈以序进而问焉"。其事项：为询国危，询国迁，询立君。相关实例，可见于《左传》《书经》等记述之中。① 也就是说，《周官》之言，是根据古代的政治习惯，而非凭空阐发议论的理想之谈。

于是，吕思勉总结道：原始的制度，总是民主的。到后来，各方面的利害、冲突既深，政治的性质，亦益复杂，才变而由少数人专断。这是普遍的现象，无足怀疑……然民主的制度，可以因为各种复杂因素而废坠，民主的原理，则终无灭绝之理。②

另一位是史学家钱穆。他在《国史大纲》中，先指出了大量论者对中国古代民主思想的普遍存疑，再批驳并阐明了自己的观点。他提出，论者好以专制政体为中国政治诟病；论者也怀疑中国政制无民权、无宪法；论者还往往认为中国文化理念为糟粕。他认为，中国自秦以来，立国规模，广土众民，乃非一姓一家之力所能专制……特别是"考试"与"铨选"，遂为维持中国历代政府纲纪之两大骨干。此二者，皆有客观的法规，为公开的准绳，有皇帝（王室代表）所不能摇，宰相（政府首领）所不能动者。若于此等政制后面推寻其意义，此即《礼运》所谓"天下为公，选贤与能"之旨。③

再看中国政制，钱穆以为，各国各民族的民权亦各自有其所以表达之方式与机构，能循此方法而保全其机构，此即立国之大宪大法，不必拘泥以求……然诚使国家能历年举行考试，平均选拔各地优秀平民，使得有参政之机会；又立一客观的服务成绩规程，以为官位进

---

① 转引自周德丰《中国古代是否存在"民主性精华"》，载孙熙国、李翔海主编《北大中国文化研究》（总第三辑），社会科学文献出版社 2013 年版，第 62 页。

② 转引自周德丰《中国古代是否存在"民主性精华"》，载孙熙国、李翔海主编《北大中国文化研究》（总第三辑），社会科学文献出版社 2013 年版，第 64 页。

③ 转引自周德丰《中国古代是否存在"民主性精华"》，载孙熙国、李翔海主编《北大中国文化研究》（总第三辑），社会科学文献出版社 2013 年版，第 65 - 66 页。

退之准则,则上情下达,本非无路也。①

二、从学术思想层面挖掘中国传统民主思想遗产

一些学者从学术思想层面挖掘中国传统民主思想遗产。

对于中国文化中之学术思想为秕糠的说法,钱穆认为,中国文化理念绝不是毫无用益处的秕糠。其最有价值的理念有三:其一是"大同观"。他以为,古人的王道与霸术之辨,即"文化的世界主义"与"功利的国家主义"之别。先秦思想是倾向于前者的,其主要观点就是以人类全体福祉为对象,以天下太平为向往,并且包含着超国家、反战争、好和平之理念。其二是"平等观"。古代先哲的学术思想中彰显阶级与主张平等。在论"贵族主义"与"平民主义"之时,先秦思想无疑倾向于后者,如孔子的仁德论、忠恕论,墨子的兼爱论、非攻论,惠施的万物一体论,庄周之齐物论等,皆是世界的眼光,含有平等之意义。其三是"现实观"。在先秦学术思想的碰撞中,还包含着天道与人道,或者"宗教"与"社会"之辨析。显然,先秦思想倾向于后者。其中最具代表的,乃老庄的自然哲学。还有人生修养修身、处理社会关系等思想观点,见之于诸子百家的著书立说之中,可以说,中国传统的基本精神,教育主于启发与自由,政治主于道德与平等,对异民族则主于与我同化与和平,处处表现出其"大同"之理念。②

如果说钱穆只是简明扼要地论述了自己的观点,那么就不能不提到通过鸿篇巨论为中国传统民主思想正名的国学大家刘光汉。他

---

① 转引自周德丰《中国古代是否存在"民主性精华"》,载孙熙国、李翔海主编《北大中国文化研究》(总第三辑),2013 年版,第 66 页。

② 转引自周德丰《中国古代是否存在"民主性精华"》,载孙熙国、李翔海主编《北大中国文化研究》(总第三辑),2013 年版,第 66 – 67 页。

的相关论述出自《中国民约精义》之中。在书中,他搜集编辑的先秦时代典籍,包括了《易》《诗》《书》《春秋左氏传》《公羊传》《谷梁传》《周礼》《礼记》《国语》《论语》《孟子》《老子》《庄子》《墨子》等 22 部,涉及人物主要包括了先秦之后的司马迁、班固、王符、杜预、柳宗元、陆淳、张载、苏轼、程子、陆子、王应麟、吕坤、王守仁、王廷相、李经纶、顾炎武、黄宗羲、王夫之、魏源、龚自珍等。①

在书中,刘光汉通过全面辑录古代典籍、先哲语录、命题及推论、论述等,总结出以下几方面内容:其一,与主权在民思想相近似的民本思想或重民思想;其二,通民情,达民隐,申民意,导民使言的思想;其三,申民权,废世卿,淡化"门第阶级",人民有翻身进阶机会的思想;其四,与社会契约论相近似的君臣、君民通功易事(分工合作、互通有无)的思想;其五,君位可移可变,君权并非绝对的思想;其六,财为天下人共有,理财能够推动社会进步的思想;其七,反对封建君主私天下的"天下为公"的思想,反对君主专断的法制思想;其八,司马迁《史记》中体现的与民权观念类似的思想;其九,重视民心向背,敬民畏民,顺天应人的思想;其十,黄宗羲的《明夷待访录》中所体现出的"以天下为主君为客"的民主法治思想等。例如,其搜集编辑了《老子》的"圣人无常心,以百姓心为心",《孟子·公孙丑》的"天时不如地利,地利不如人和",《吕氏春·贵公》中的"天下非一人之天下,天下人之天下也",王应麟《困学纪闻》中的"弱而不可轻者,民也",魏源在《默觚·治篇》中所论"天地之性,人为贵。天子者,众人所积而

① 周德丰:《中国古代是否存在"民主性精华"》,载孙熙国、李翔海主编《北大中国文化研究》(总第三辑),2013 年版,第 68 页;周德丰、李杨:《中国古代民主性精华——刘光汉(师培)〈中国民约精义〉旨要》,《理论与现代化》2014 年第 2 期。

成"，以及《易·泰卦》中的"上下交而志其同也"等①，都反映出中国古代学术思想和传统文化中所闪烁的重视民心、敬畏民意、上下同心的思想光芒。

时至今日，当已处于新媒体时代的我们，从事网络协商民主研究时，展卷研读这些发轫生长于中华大地的、饱含中国传统民主思想的典籍和精义，仍然能够感知古人的思想智慧，以及这些丰富的精神文化遗产留给我们的无尽思考和深深启迪。

三、从社会活动层面发掘中国传统协商实践的价值

民众的理性协商与合理表达，实际上离不开和谐文化的熏陶和整合。文化的社会整合功能包括价值整合、规范整合、结构整合等。文化整合功能是民族团结和社会秩序的基础。一个社会因整合而保持凝聚与合作，一个民族因为共享一份文化，无论是否居住在一起，或是否生活在同样的社会制度中，都会有民族认同感，并在心理上、行为上保持一致性特征。② 现阶段，确立和谐理性的网络舆情表达观念，要以适应时代发展的新的文化元素为主导和推动力，但同时，也并非只强调新的文化元素的增加，传统文化元素中的精华部分作为一种文化积累，在文化整合中仍然发挥着传承和基础作用。

当然，就像前面讲到的，文化的构成是复杂的，既包含制度建设，也包含思想理论，还包含着社会实践及其习得。因此，如果说，上述中国传统民主思想文化制度建设和著书立说，一方面是从统治、管理

---

① 周德丰、李杨：《中国古代民主性精华——刘光汉（师培）〈中国民约精义〉旨要》，《理论与现代化》2014 年第 2 期；周德丰：《推行协商民主的历史基础：中国传统民主思想简析》，《协商民主理论与实践国际研讨会》（论文集），2013 年 11 月，第 436－444 页。

② 胡乔木主编：《中国大百科全书·社会学》，中国大百科全书出版社 1991 年版，第 412 页。

和治理角度出发,试图或尝试用理性、客观之精神,建立起符合社会发展需要之政体;另一方面则是从思想、理论和学理角度出发,探讨如何看待天与人、君与臣、君与民、政治与民心的关系。儒家从教育入手,积极传播"仁心""德化"的主张,古代体制外的清议、乡约和学校议政等,是从百姓自身、从社会生活、从应用实践的角度出发,传播和宣化人性伦理和社会秩序,践行社会协商、社会平等的主张。了解这些实践,批评性的传承和创造性的转化,则无疑对民众在当代的社会生活中尊重和谐、理性协商,产生积极的心理影响。

先看"仁心""德化"教育。古人曰:"克己复礼为仁。"其实质就是,通过相关教育过程,达到文化对人性的伦理约束和礼仪规范,实现个人的"仁心"即心理的协调,从而达到整个社会的和谐与平衡。因为只有个人心理和谐了,态度认可了,才能在行为上尊重他人、积极互动、理性对话、谋求共识,也才能逐步实现社会秩序、社会规范和人际关系的和谐,最终实现整个社会关系的和谐。正由于儒家思想源于对社会秩序的关怀,而秩序是一个整合问题,也就是组成单位之间彼此协调的问题,因此,儒家自始至终就从整体的观点来看待事物,把个人视为社会不可分割的部分。儒家一向认为,要建立秩序,或者移风易俗,必须从个人入手,所以说,"徒法不足以自行","有良法而乱之者有之矣,有君子而乱者未之有也"。也正因为儒家强调个人对社会规范的主动服膺,因此,儒家特别强调教育,热衷于个人的品德修养。这种建立社会秩序的模式,就如儒家自己所言,是"德化礼治"①。在当今社会,儒家思想中的一些伦理观念虽然已有落伍过

---

① 张德胜:《儒家伦理与社会秩序——社会学的诠释》,上海人民出版社2008年版,第180–181页。

时之处,但关注社会秩序,主动服从社会道德和制度规范,通过教育和教化过程,帮助内省和学习修身养性,反求诸己、反躬自责,在不违反道德底线的情况下维持和谐的人际关系等观念,对我们在网络协商民主建设过程中,形成通过文化教化,持有理性待人、平和对事的态度,从而达到修身立人、遵守秩序、和谐表达、平等协商的心境乃至行为,实际上是不无裨益的。①

回望中国传统社会,到底有没有协商民主实践根植于此呢? 答案是肯定的。正像有学者指出的,中国古代社会一直存在着重视自治与协商的传统,其体现在以乡遂为代表的城乡基层民间自治组织和制度上。其在古代社会中发挥了自我保护、自我管理以及协作互助的重要作用。② 还有学者提出,中国古代社会的类似的协商民主实践包括了乡约、清议、学校议政等。以乡约为例。从性质来看,明宣德以后兴起的乡约制度特点有三:其一是形成了组织化的教化机构;其二是改进了教化方式,运用故事化、仪式化、权威化等手段,令普通百姓了解、理解和信服;其三是由官方进行指导和督办。③ 具体来看,中国古代的乡约是儒家知识分子建设乡村的理想,更是实践,作为一套流传久远、行之有效的地方自治制度,其中蕴含着自由(自由出入)、协商(设议事机构,按期公议)、民主(公选、轮值)之精神。具体则以明中晚期江西吉水、安福两县阳明学者的乡里基层民主实践最为典型。这些推行乡约的知识人并不止于制度化学术理想和宣传教化,而是身体力行,经世实践,他们既为百姓请命,也与地方家族协商合

---

①　毕宏音:《诉求表达机制研究》,天津社会科学院出版社 2009 年版,第 277 - 278 页。

②　周德丰、孙寿涛:《论我国民间重视自治与协商的传统》,《理论与现代化》2015 年第 3 期。

③　[日]栗林宣夫:《里甲制的研究》,东京文理书院出版社 1971 年版,第 279 页。

作。在处理类似丈量田土等各类错综复杂、盘根错节的社会事务时，由于既可以得到官方的支持，也能够代表各乡的利益，进行合情合理的诉求与表达，还能从"万物一体"之平等观出发，以辩理的方式，进行充分有效的交流、沟通与协商，因此，虽然挑战重重，但最终还是推动了事情的圆满解决。①

诚然，这些地方性民主实践离我们已经久远，且究其实质，其依旧是民主思想之萌芽，同时，更无涉当今的网络社会，但其所蕴含的民主实践精神，恰恰说明协商民主思想和文化传统从来就根植于中国广袤的大地上。我们需要批判地整理和挖掘，汲取有益的营养，与时俱进地应用于新媒体时代的网络协商民主建设的伟大实践过程中。

第三节　以网络协商民主
制度的完善促舆情合理性表达

制度是在一定的历史时期、一定的社会范围内，需要大家共同遵守的法律、规章、道德、行动准则、习惯等。它实际上是具备社会功能和特定目标的社会组织乃至整个社会，所制定的一系列的调节相关社会关系的规范体系。因此，制度是一个涉及社会、经济、政治、文化、生活等各个领域的，通过强制力与非强制力，节制和约束人们社会行为的复杂体系。就网络协商民主而言，与此相关联的制度建设同样是多维度和体系化的，其中既包含法律制度建设，也包括道德制度建

---

① 李卓:《乡约制度与协商民主》,《光明日报》2016 年 11 月 2 日;张艺曦:《阳明学的乡里实践:以明中晚期江西吉水、安福两县为例》,北京师范大学出版社 2013 年版,第220－241 页。

设,还包含对上述正式和非正式制度的贯彻实施。

一、通过健全和完善网络协商民主的法律保障机制,推动舆情合理性表达

"法律的存在能帮助预防不道德和破坏行为,法律作为道德规范的基准,使得大部分人可以在此道德范围内进行他们的活动。没有界限,就很难确保没有影响和侵犯别人的情况。"①当前,以微博、微信为代表的新媒体,带来了更加迅捷、高效的信息传播,也实现了超时空、零距离、自由性、重体验的网络沟通互动。但同时去中心、低责任、匿名化以及零成本的诉求表达,亦可能在网络协商过程中带来散播虚假信息、谣言、恶意或非恶意侵权,以及网络集体无意识、网络无底线"扒粪"、群体极化等问题。这些问题的存在对网络舆情合理性表达造成了破坏,当然也损坏了平等、理性、互动与共识的网络氛围,贻害于网络协商民主建设。因此,我们亟须通过制定相关政策法规加以规范。通过查阅文献,我们发现,虽然目前还没有针对网络协商民主建设的专门性法律法规,但回顾历史,特别是对十八大以来社会主义协商民主制度建设历程进行梳理,这些制度建设实践依然可以对网络协商民主建设,以及网络舆情合理性表达机制建设提供制度保障。

党的十八大报告中首次提出:"社会主义协商民主是我国人民民主的重要形式。要完善协商民主制度和工作机制,推进协商民主广

---

① ［英]尼尔·巴雷特著,郝海洋译:《数字化犯罪》,辽宁教育出版社 1998 年版,第 103 页。

泛、多层、制度化发展。"①我们党在十八大报告中首次提出"社会主义协商民主是我国人民民主的重要形式",以此为基础提出了"社会主义协商民主制度"概念,进而对"健全社会主义协商民主制度"进行了全面规划和整体部署。在党的十八届三中全会上,习近平同志对发展社会主义协商民主做出了进一步部署,要求:"更加注重健全民主制度、丰富民主形式,从各层次各领域扩大公民有序政治参与,充分发挥我国社会主义政治制度优越性。""推进协商民主广泛多层制度化发展。协商民主是我国社会主义民主政治的特有形式和独特优势,是党的群众路线在政治领域的重要体现。在党的领导下,以经济社会发展重大问题和涉及群众切身利益的实际问题为内容,在全社会开展广泛协商,坚持协商于决策之前和决策实施之中。"②这不但集中体现了中国共产党对社会主义民主政治的实践创新、理论创新和制度创新,同时也集中体现了中国共产党人在中国民主制度选择上的道路自信、理论自信和制度自信。这些纲领性文件,成为今后一段时间内指导网络协商民主制度建设的行动指南,也必将促进网络舆情合理性表达的有序进行。

中共中央于2015年2月9日印发的《关于加强社会主义协商民主建设的意见》则更具针对性。其明确了社会主义协商民主的本质属性和基本内涵,阐述了加强社会主义协商民主建设的重要意义、指导思想、基本原则和渠道程序,对新形势下开展政党协商、人大协商、政府协商、政协协商、人民团体协商、基层协商、社会组织协商等,以

---

① 胡锦涛:《坚定不移沿着中国特色社会主义道路前进 为全面建成小康社会而奋斗——在中国共产党第十八次全国代表大会上的报告》(2012年11月8日),人民出版社2012年版,第26页。

② 习近平:《中共中央关于全面深化改革若干重大问题的决定》,新华网,http://news.xinhuanet.com/2013-11/15/c_118164235.htm。

及支持鼓励协商民主建设探索创新,探索包括网络协商民主在内的新形式,做出了全面部署。例如,《意见》强调,支持鼓励协商民主建设探索创新……尊重群众首创精神,注重实践经验提炼总结,并适时上升为制度规范。加强中国特色新型智库建设,建立健全决策咨询制度。加强协商民主理论研究,不断丰富和发展社会主义协商民主理论体系。研究制定协商民主建设党内法规。无疑,这 27 条相关意见要求更加具体和有针对性,因此为当前加强社会主义网络协商民主建设的指导性规定,为我们下一步开展相关工作,并积极引导网络舆情合理性表达提供了制度性保障。

当然,我们的协商民主制度建设是在网络社会这一特殊场域下进行的,因此,这一建设还需适应网络社会运行特点,根据网络信息传播和舆情表达规律,制定相关规定。比如,在保护新技术发展和新诉求表达渠道建设的前提下,充分研究 Web 2.0 甚至 Web 3.0 的运行规律和变动特点,先采取积极、稳妥、可操作并灵活弹性的政策措施,再根据执行和管理情况,分期分批地制定出符合社会规范要求和新媒体应用规律的法律法规。如 2012 年 12 月 28 日,第十一届全国人民代表大会常务委员会第三十次会议通过的《全国人民代表大会常务委员会关于加强网络信息保护的决定》,就是为了解决移动互联技术勃兴之后,包括网络协商民主建设在内的虚拟社会管理中面临的突出问题,更好地保护网络信息安全,保障公民、法人和其他组织的合法权益,维护国家安全和社会公共利益所制定的法律法规。①

同时,我们也可以借鉴国外互联网管理的先进经验,汲取失败教训,为新媒体时代网络协商民主建设借鉴提供相关启示。例如韩国,

---

① 毕宏音:《移动互联时代的虚拟社会管理机制的建构》,《理论与现代化》2014 年第 5 期。

其非常重视互联网管理相关法律体系建设,特别是在网络个人信息保护、网上信息传播等方面制定了严格的法律法规。像《促进使用信息通信网及信息保护关联法》,就对个人信息的收集、利用和提供等做出了明确的规定。《个人信息保护法》则更详细地对个人信息的公开和使用进行了规范,在窃取个人信息、个人信息损害赔偿等法律纠纷处理方面做出进一步的明确说明和规定。① 这些管理经验和做法,虽然主要在于全面保护信息传播安全,但是网络协商民主工作机制和网络舆情合理性表达机制运行中所涉及的互动载体,就是各类信息。因此,我们依然需要通过学习和借鉴上述法律法规,保障协商民主类舆情表达信息的安全性和有序性。

二、通过强化网络协商民主的道德自律机制,促进舆情合理性表达

依靠法律法规等强制力固然可以对网络社会环境产生外在的约束力和控制力,但是,内化的个体道德和社会道德作为精神力量和内在因素,确实可以通过自律、自发和自觉,有效地维护网络社会环境的和谐稳定,这在物理不在场的虚拟社会空间显得尤为重要和关键。② 党的十八大报告指出,全面提高公民道德素质,是社会主义道德建设的基本任务。要坚持依法治国和以德治国相结合,加强社会公德、职业道德、家庭美德、个人品德教育,弘扬中华传统美德,弘扬时代新风。推进公民道德建设工程,弘扬真善美、贬斥假恶丑,引导人们自觉履行法定义务、社会责任、家庭责任,营造劳动光荣、创造伟

---

① 余晓葵:《美国:网络立法起步最早、数量最多》,《光明日报》2012 年 12 月 21 日;莽九晨:《韩国:不断加强互联网管理》,《人民日报》2012 年 12 月 26 日。

② 毕宏音:《移动互联时代的虚拟社会管理机制的建构》,《理论与现代化》2014 年第 5 期。

大的社会氛围,培育知荣辱、讲正气、做奉献、促和谐的良好风尚。①

习近平同志在谈到培育和践行社会主义核心价值观时指出:"国无德不兴,人无德不立。要持续深化社会主义思想道德建设,继承和弘扬我国人民在长期实践中培育和形成的传统美德,加强社会公德、职业道德、家庭美德、个人品德建设,激发人们形成善良的道德意愿、道德情感,培育正确的道德判断和道德责任,提高道德实践能力尤其是自觉践行能力。"②这无疑为我们弘扬网络道德,加强网络协商民主和舆情表达中的道德自律和道德内化,指明了前进的方向。

具体在网络协商民主建设过程中,我们不仅需要强化党政管理者和协商民主网络平台建设者的道德意识、道德水平和道德形象,也要强调网络媒体和运营商的自律意识和自律机制,还要提升广大使用者的道德化水平。从媒体道德建设来看,我们需要强化媒体的职业自律意识和新闻把关人作用,充分发挥他们作为网络监督者的重要功能,教育他们始终把营造积极健康向上、和谐理性共商的网络环境,"加强和改进网络内容建设,唱响网上主旋律"③,作为重要工作来抓。从网络运营商,特别是网络新媒体运营商的道德建设来分析,我们应该通过帮助和引导,使他们始终坚持企业运营中的道德化决策,摆正利义关系,增强企业运行中的自律行为和责任意识,同时也要依靠他们的力量,协助党和政府做好倡导网络文明理性新风、抵制和遏

---

① 胡锦涛:《坚定不移沿着中国特色社会主义道路前进　为全面建成小康社会而奋斗——在中国共产党第十八次全国代表大会上的报告》(2012 年 11 月 8 日),人民出版社 2012 年版,第 32 页。

② 《习近平总书记系列重要讲话读本(2016 年版)》,学习出版社、人民出版社 2016 年版,第191 – 192 页。

③ 胡锦涛:《坚定不移沿着中国特色社会主义道路前进　为全面建成小康社会而奋斗——在中国共产党第十八次全国代表大会上的报告》(2012 年 11 月 8 日),人民出版社 2012 年版,第 33 页。

制不良网络信息传播的工作。从普通新媒体使用者的道德化建设来说,一方面要开展道德教育,倡导文明上网,理性表达,宽容协商,培养网民在网络表达中的文明、和谐、平等、公正、诚信、友善的道德自律意识;另一方面,在网络协商民主建设过程中,要通过树立先进典型,开展文明用网竞赛活动,推进网络文明教育大众化、通俗化等形式,潜移默化地将网络道德建设内化为自愿认同、个人自律和高度自觉①来落到实处。

三、以健全网络协商民主的日常运行和快速反应机制为抓手,加快舆情合理性表达建设步伐

好的制度安排和道德约定,还需要通过具体操作得到体现。以微博、微信、新闻客户端为代表的新媒体时代的网络传播的突出特点,就是传播快、覆盖广、影响大。正因此,这些新媒体时代的表达平台成为天然的网络舆情聚集地和网络舆论扩散场,导致各类热点在此频频燃爆。当然,这也深刻影响到网络协商民主的进程和走势,也使得如何在网络协商民主建设过程中,按照常规保障制度安排的顺利实施和正常执行,也使得建立和健全针对有关突发事件舆情的快速反应机制,通过综合性应急处置,在第一时间占领网上舆论高地,引导和引领网络舆情表达趋向理性和建设性,成为一项愈发重要的内容。

从执行操作的组织结构上看,应分别建立起具有领导权力和处置职责的指挥中心;拥有一支以党和政府相关部门为核心的作风过硬、训练有素、专业性强的执行队伍;建设充足的后勤保障人员系统;

---

① 毕宏音:《移动互联时代的虚拟社会管理机制的建构》,《理论与现代化》2014 年第 5 期。

培养和打造广泛的社会支持、辅助和补充力量等。

从日常运行的主要工作环节看,应该构建程序合理、环节完整的协商民主工作体系,具体包括应建立网络协商渠道设置、网络协商参与对象安排、网络协商程序设计、网络协商内容和议题范围等一整套的日常工作流程。

从快速反应机制的主要工作环节看,包括制定快速反应预案、配备相关人员、明确职责与分工、强化部门之间的协作联动与舆情会商、提供先进技术支持、提供经费支撑、完善相关培训、通过专项立法提供制度保障①等快速反应工作流程。

第四节　以网络协商民主
组织队伍建设促舆情合理性表达

为实现新媒体网络舆情的合理性表达有序"嵌入"协商民主体系,还需建立起新媒体时代以政府为主导的,包括政府、智库、运营商、新闻媒体及网民在内的"五位一体"的多元化决策群体,以网络协商民主的组织建设,促进网络舆情合理性表达的不断向前推进。

所谓组织,顾名思义,就是人们按照一定的目标、任务,按照或严密、或松散的形式,相互结合协作形成的集体或者团体。从整体上看,要完成虚拟社会管理的庞杂目标和艰巨任务,首先需要在各个层次、各级部门、不同群体之间形成一个比较明晰的组织合作机制。②

---

① 毕宏音:《移动互联时代的虚拟社会管理机制的建构》,《理论与现代化》2014 年第 5 期。
② 毕宏音:《移动互联时代的虚拟社会管理机制的建构》,《理论与现代化》2014 年第 5 期。

从网络协商民主建设需要出发,从组织结构上看,应该形成一种在网络协商民主目标下,以党和政府为主导的,多层级的管理组织结构。总体而言,这一架构呈现出以党和政府为核心的"五位一体"的样式,他们的协调无疑可以画出同心圆。

具体来看,第一主体是党和政府各级相关部门及其人员。他们居于组织合作机制的核心与主导。从具体操作来看,居于核心位置的党和政府部门及其人员,在制度安排、人员调配、流程设计、组织实施、效果评估、奖励激励以及队伍补充建设上承担主导职责和发挥主要功效。第二主体是处于监督位置的新型网络媒体。他们是网络信息传播过程中的瞭望者、把关人和过滤者,观点阐释和思想引领是他们的专业优长,舆论监督和舆情疏导是他们的职责所在。第三主体是处于辅助位置的新媒体运营商。作为网商,他们既能够从技术上为网络通畅运行提供支持,也能够利用信息管理优势,为营造健康的网络诉求表达环境提供基础性服务。第四主体就是新型智库专家和学者。他们的位置比较特殊,平时不一定发声,一旦发声,则可以利用自己的专业和学术优势,为网络协商民主机制的良性运行提供客观可行、科学有效的对策方案。第五主体就是那些普通的新媒体使用者。他们本身数量庞大,并处于网络政治参与的亲历者和实施者位置,如果健康向上、平等包容、理性自律是他们进行网络诉求表达实践的主流,无疑他们就是网络协商民主建设"五位一体"架构中一支重要的生力军。

从组织合作样式分析,包括纵向联动形式、横向合作形式、机构与个人互补形式、官方与民间结合形式等。具体来看,分属不同层级、不同部门、不同行业或者是以民间身份出现的虚拟社会管理主体,他们通过组织合作机制结合在一起,有的可能形成上述四种之一的比较固定的组织合作机制,如针对新媒体突发事件应对形成的公安、宣传、文化、出版、广电、教育、通信等同级职能部门的横向合作形式。再比如,某些政务微博、政务微信公众号与民间"意见领袖"围绕虚拟社会管理和网络协商话题形成的官方与民间的结合形式等。不过,观察机制运行可以发现,为了应对新媒体时代诉求表达的复杂形势,更多的虚拟社会管理组织合作呈现出混合型样式,以便形成管理合力。最典型的实例,就是由上至下推动的,以"××发布"命名的,形成了多层次、多部门、多行业、组织与个人兼容联通的各地政务微博群、地方政务微信公众号以及地方政务应用程序(APP)矩阵。而从地方性新媒体组织合作机制建设实践看,浙江省海宁市司法局局长金中一带头打造的"微博军团"堪称经典。其中既包括从司法局到下属 14 个司法所各个层级的纵向微博协作,也包括司法局同级部门的横向微博联动,还包括个人微博与机构微博的双向协同。综观组织合作机制建设中通过自下而上推动形成的经典案例,就是通过微博发起,后又扩展到各类新媒体平台的免费午餐计划,其运作和管理就囊括了纵向、横向、机构、个人、官方以及民间各种类型的联动形式,从而形成多层次立体化的新媒体组织合作管理体系。①

从网络协商民主建设的组织工作环节分析,工作流程离不开日常信息发布、日常信息内容管理、培养参与协商、监督报道、监管运营、决策咨询服务的稳定团队、主动关注服务等。第一,在协商民主建设队伍的工作过程中,日常的信息发布工作可以说是上接天线,下接地气。大至国内外大事大局的传播与互动,小则是一个个温馨提示和亲民表情,每一个在新媒体平台上形成的焦点类、热点类、难点

---

① 毕宏音:《移动互联时代的虚拟社会管理机制的建构》,《理论与现代化》2014 年第 5 期。

类协商议题,每一条新闻动态、方针政策、规划公告、办事指南、通知预告、实时资讯,通过新媒体平台及时和主动发布,以及因其广覆盖、低成本、强互动特性,都转化为官民即时沟通和交流协商的最短桥梁。第二,沟通互动机制的良性运行不仅依靠常规的工作信息传输,还需要工作队伍对传播内容进行管理。无论是经典句式使用,流行体再造,还是原创性博文的发布,深度分析的推出,每一个包含了权威、真实、及时、独到、深刻、犀利、有趣、新鲜、贴心、实用等鲜明特点的网络帖子的发布,都可能成为网民热议话题。第三,在新媒体社会空间里,粉丝和听众并非一成不变。平台吸引粉丝的数量,粉丝对平台的认同感和忠诚度能够很好地反映出协商互动机制的运行状况。作为管理者一方,应该在培养粉丝团队上下功夫。当然,新媒体时代,粉丝经营和网络协商积极参与者的培育并不是一朝一夕之功,权威的发布平台、及时的信息公开、坦诚的协商态度、诙谐的网络文风、不回避粉丝和热心网友关注的问题等,这些都可能促使平台不断获得美誉度,逐步提升网友的忠诚度,提高互动的活跃度。第四,进一步主动关注服务。具体来看,主动关注包括采取信息公开、信息共享、主动关注、主动回应、及时评论、设置议题、反复互动、线上线下联动等各种形式。这些综合举措不仅可以带来粉丝量的增长,还会使这一平台真正成为体察民众舆情、倾听百姓呼声、了解社会意愿、实现网络协商的重要渠道。为此,作为协商沟通互动交流机制的建构者,在网络中,需要积极使用加关注、点赞、转发、评论、私信等新媒体应用;在现实中,还要主动发起线下线上联动活动。例如,可以定期或不定期发起话题讨论,可以针对某热点话题进行网络投票,也可以是管理点子的征集招募活动。当然,线上的基于协商舆情表达的活动还应该配合线下。比如,开展线上虚拟讨论线下实地调研,线上反映问题线下实际解决①,线上网络协商与线下实地协商同步结合等,都是网络协商民主建设机制运行中,网络管理者主动进行交流互动,网络媒体和运营商积极监督,新型智库专家集思广益形成决策咨询成果,网民理性有序参与民主表达,形成网络协商民主建设的组织工作良性发展的好做法。

当然,网络协商民主建设事业的不断推进,不但需要挖掘现有的网上基础力量,动员和帮助更多的普通网民有序和理性参与到网络舆情合理性表达之中,也要多方施策,扶持和引导更多的未曾上网的老百姓加入网络协商民主系统中。而填平"信息鸿沟"则是一项长期的系统工程,应通过顶层设计、政府培育、企业助力、媒体宣传、群众监督和志愿者服务等综合措施来逐步达成。第一,通过继续完善教育制度,让更多的人通过融入信息社会来受益;第二,以新闻媒体、专家及志愿者之力助推相关宣传科普,提高普通人群的数字化应用能力;第三,国家通过转移支付或其他一些财政政策,企业通过加大相关投资建设,帮助信息不发达地区发展网络经济,确保人们能平等地享用现代通信和网络基础设施②;第四,我们也要通过加大网络协商民主有关事项的宣传、培训,帮助更多的人提高网络协商民主的熟练程度、表达质量和协商效能。即通过让更多的人拥有网络资源和网络协商的基本政治素养,扩展参与教育、培训、表达、协商和监督的机会,借此改变教育结构、就业机会、经济收入、表达素质、协商能力以及政治参与水平,从而让更多的舆情合理性表达主体在网络协商民主建设中提升获得感和效能感。

---

① 毕宏音:《微博诉求表达与虚拟社会管理》,中国社会科学出版社 2014 年版,第 264 - 269 页。

② 毕宏音:《互联网思维的舆情表达与节点把握》,《重庆社会科学》2015 年第 5 期。

参考文献

一、经典著作

1. 习近平：《习近平谈治国理政》（第二卷），北京：外文出版社2017年版。

2. 中共中央宣传部编：《习近平总书记系列重要讲话读本（2016年版）》，北京：学习出版社、人民出版社2016年版。

3. 习近平：《在庆祝全国人民代表大会成立60周年大会上的讲话》，北京：人民出版社2014年版。

4. 编写组：《中共中央关于坚持和完善中国特色社会主义制度推进国家治理体系和治理能力现代化若干重大问题的决定辅导读本》，北京：人民出版社2019年版。

5. ［德］马克思：《马克思恩格斯全集》（第二十卷），北京：人民出版社1965年版。

6. ［古希腊］亚里士多德：《政治学》，吴寿彭译，北京：商务印书馆1965年版。

7. ［德］马克思、恩格斯：《马克思恩格斯全集》（第一卷），作编译局译，北京：人民出版社1956年版。

8. 邓小平：《邓小平文选》（第一卷），北京：人民出版社1994

年版。

9. 胡锦涛:《坚定不移沿着中国特色社会主义道路前进 为全面建成小康社会而奋斗——在中国共产党第十八次全国代表大会上的报告》(2012年11月8日),北京:人民出版社2012年版。

二、学术专著

1. 毕宏音:《诉求表达机制研究》,天津:天津社会科学院出版社2009年版。

2. 毕宏音:《微博诉求表达与虚拟社会管理》,北京:中国社会科学出版社2014年版。

3. [英]迈克尔·曼主编:《国际社会学百科全书》,袁亚愚等译,成都:四川人民出版社1989年版。

4. 高建、佟德志主编:《协商民主》,天津:天津人民出版社2010年版。

5. 赵春丽:《网络民主发展研究》,北京:经济科学出版社2011年版。

6. [美]约翰·奈斯比特、[美]多丽丝·奈斯比特:《中国大趋势:新社会的八大支柱》,魏平译,北京:中华工商联合出版社2009年版。

7. [美]唐·泰普斯科特:《数字化成长:网络世代的生活主张》,陈晓开、袁世佩译,大连:东北财经大学出版社2003年版。

8. [美]曼纽尔·卡斯特:《千年终结》,夏铸九、黄慧琦译,北京:社会科学文献出版社2006年版。

9. [美]凯斯·R.桑斯坦:《极端的人群:群体行为的心理学》,尹宏毅、郭彬彬译,北京:新华出版社2010年版。

10. [英]安德鲁·查德威克:《互联网政治学:国家、公民与新传播技术》,任孟山译,北京:华夏出版社 2010 年版。

    11. 刘文富:《网络政治——网络社会与国家治理》,北京:商务印书馆 2002 年版。

    12. 李永刚:《我们的防火墙——网络时代的表达与监管》,桂林:广西师范大学出版社 2009 年版。

    13. 郭小安:《网络民主的可能及限度》,北京:中国社会科学出版社 2011 年版。

    14. 胡泳:《网络政治:当代中国社会与传媒的行动选择》,北京:国家行政学院出版社 2014 年版。

    15. 孙光宁等:《网络民主在中国:互联网政治的表现形式与发展趋势》,北京:知识产权出版社 2015 年版。

    16. 刘少杰主编:《中国网络社会研究报告(2014)》,北京:中国人民大学出版社 2014 年版。

    17. 刘少杰主编:《中国网络社会研究报告(2015)》,北京:中国人民大学出版社 2015 年版。

    18. 许敏:《基于协商民主的网络群体性事件治理研究》,上海:上海交通大学出版社 2015 年版。

    19. 张昆主编:《网络民主与社会管理创新高层论坛》(第一卷),武汉:华中科技大学出版社 2014 年版。

    20. 蔡翠红:《信息网络与国际政治》,上海:学林出版社 2003 年版。

    21. 叶国平主编:《舆情视角下的协商民主建设》,天津:天津社会科学院出版社 2015 年版。

    22. 陈家刚:《协商民主与当代中国政治》,北京:中国人民大学出版社 2009 年版。

23. [德]尤尔根·哈贝马斯:《交往与社会进化》,张博树译,重庆:重庆出版社1993年版。

24. 王来华主编:《舆情研究概论——理论、方法和现实热点》,天津:天津社会科学院出版社2003年版。

25. 李君如:《当代中国政治走向》,福州:福建人民出版社2007年版。

26. 陶国富、王祥兴主编:《大学生网络心理》,上海:立信会计出版社2004年版。

27. [美]克特·W.巴克主编:《社会心理学》,南开大学社会学系译,天津:南开大学出版社1984年版。

28. [美]谢尔·以色列:《微博力》,任文科译,北京:中国人民大学出版社2010年版。

29. 孟昭兰主编:《情绪心理学》,北京:北京大学出版社2005年版。

30. 全国13所高等院校《社会心理学》编写组编:《社会心理学》(修订版),天津:南开大学出版社1995年版。

31. 余致力:《民意与公共政策——理论探讨与实证研究》,台北:五南图书出版公司2002年版。

32. 中共中央宣传部舆情信息局编:《舆情信息汇集分析机制研究》,北京:学习出版社2006年版。

33. [美]凯斯·桑斯坦:《网络共和国:网络社会中的民主问题》,黄维明译,上海:上海人民出版社2003年版。

34. 李培林、陈光金、张翼主编:《2016年中国社会形势分析与预测》,北京:社会科学文献出版社2015年版。

35. [美]詹姆斯·博曼:《公共协商:多元主义、复杂性与民主》,

黄相怀译,北京:中央编译出版社 2006 年版。

36. 胡乔木主编:《中国大百科全书·社会学》,北京:中国大百科全书出版社 1991 年版。

37. 陆学艺、景天魁主编:《转型中的中国社会》,哈尔滨:黑龙江人民出版社 1994 年版。

38. 莫吉武、杨长明、蒋余浩:《协商民主与有序参与》,北京:中国社会科学出版社 2009 年版。

39. 谢耘耕主编:《中国社会舆情与危机管理报告(2015)》,北京:社会科学文献出版社 2015 年版。

40. 谢耘耕主编:《中国民生调查报告(2015)》,北京:社会科学文献出版社 2015 年版。

41. [法]托克维尔:《论美国的民主》(上卷),董果良译,北京:商务印书馆 1996 年版。

42. 张春华主编:《社会舆情:核心议题与治理实践》,北京:社会科学文献出版社 2016 年版。

43. 蔡宝刚:《社会转型与法理回应——以 21 世纪初中国为背景》,北京:社会科学文献出版社 2007 年版。

44. 李君如:《社会主义和谐社会论》(修订版),北京:人民出版社 2006 年版。

45. 王处辉主编:《中国社会思想史》,北京:中国人民大学出版社 2002 年版。

46. 王俊秀主编:《中国社会心态报告(2016)》,北京:社会科学文献出版社 2016 年版。

47. [美]S. E. Taylor, L. A. Peplau, D. O. Sears:《社会心理学》,谢晓非译,北京:北京大学出版社 2004 年版。

48. [荷]简·梵·迪克:《网络社会——新媒体的社会层面(第2版)》,蔡静译,北京:清华大学出版社2014年版。

49. 刘毅:《网络舆情研究概论》,天津:天津人民出版社2007年版。

50. 严耕,陆俊,陈伟平:《跨世纪青年学者文库——网络伦理》,北京:北京出版社1998年版。

51. 刘建明:《穿越舆论隧道——社会力学的若干定律》,北京:中共中央党校出版社2000年版。

52. 南都报系网络问政团队编:《网络问政》,广州:南方日报出版社2010年版。

53. 南方舆情研究院、暨南大学舆情与社会管理研究中心编:《粤治新篇:政府治理能力现代化的广东实践(2013—2014)》,北京:人民出版社2015年版。

54. [美]卡罗尔·佩特曼:《参与和民主理论》,陈尧译,上海:上海人民出版社2006年版。

55. 杨善华、谢立中主编:《西方社会学理论》(上卷),北京:北京大学出版社2005年版。

56. 陆学艺主编:《当代中国社会阶层研究报告》,北京:社会科学文献出版社2002年版。

57. [加]马歇尔·麦克卢汉:《人的延伸——媒介通论》,何道宽译,成都:四川人民出版社1992年版。

58. 朱海松:《网络的破碎化传播——传播的不确定性与复杂适应性》,北京:中国市场出版社2010年版。

59. 张淑华:《网络民意与公共政策:权利与权力的对话》,上海:复旦大学出版社2010年版。

60. [法]古斯塔夫·勒庞:《乌合之众——大众心理研究》,张妤洁译,南京:江苏人民出版社 2011 年版。

61. 谢新洲:《网络传播理论与实践》,北京:北京大学出版社 2004 年版。

62. [英]J. S. 密尔:《代议制政府》,汪瑄译,北京:商务印书馆 1982 年版。

63. [美]埃瑟·戴森:《2.0 版数字化时代的生活设计》,胡冰、范海燕译,海口:海南出版社 1998 年版。

64. 人民网舆情监测室编:《网络舆情分析教程》,北京:人民日报出版社 2015 年版。

65. 蒲红果:《说什么怎么说:网络舆论引导与舆情应对》,北京:新华出版社 2013 年版。

66. [美]理查德·格里格、菲利普·津巴多:《心理学与生活》,王垒、王甦等译,北京:人民邮电出版社 2003 年版。

67. 张德胜:《儒家伦理与社会秩序——社会学的诠释》,上海:上海人民出版社 2008 年版。

68. 张艺曦:《阳明学的乡里实践:以明中晚期江西吉水、安福两县为例》,北京:北京师范大学出版社 2013 年版。

69. [英]尼尔·巴雷特:《数字化犯罪》,郝海洋译,沈阳:辽宁教育出版社 1998 年版。

70. James Bohman & William Rehg, *Deliberative Democracy*: *Essays on Reasons and Politics*, The MIT Press, 1997.

71. James Bohman, "Public Deliberation and Cultural Pluralism", in *Public Deliberation*: *Pluralism*, *Complexity and Democracy*, The MIT Press, 1996.

72. David Miller, "Is Deliberative Democracy Unfair to Disadvantaged Groups?", in *Democracy as public Deliberative : New Perspectives*, Edited by Maurizio Passer in D'entrèves , Manchester University, Press, 2002.

73. Robert A. Dahl, *Democracy and Its Critics*, Yale University Press, 1989.

74. John Markoff, *Waves of Democracy : Social Movements and Political Change*, Pine Forge Press, 1996.

75. Rueschemeyer Dietrich, Evelyne Huber Stephens and John D. Stephens, *Capitalist Development and Democracy*, University of Chicago Press, 1992.

76. Hemmessy, *Public Opinion*, Belmou : Wadsworth Publish-ing Company, 1970.

三、论文

1. 毕宏音:《网络舆情形成与变动中的群体影响分析》,《天津大学学报(社会科学版)》2007 年第 3 期。

2. 韩志明:《从"独白"走向"对话"——网络时代行政话语模式的转向》,《东南学术》2012 年第 5 期。

3. 陈剩勇、杜洁:《互联网公共论坛:政治参与和协商民主的兴起》,《浙江大学学报(人文社会科学版)》2005 年第 3 期。

4. 张雷、刘曙光:《论网络政治动员》,《东北大学学报(社会科学版)》2008 年第 2 期。

5. 倪明胜:《网络公共事件:研究维度、舆情生态与治理机制》,《中共天津市委党校学报》2013 年第 4 期。

6. 张孝廷、赵宬斐:《网络集群效应下的执政风险及其规避》,《宁夏大学学报(人文社会科学版)》2012 年第 4 期。

7. 王琳、杨永志:《"网络民主"发展与民粹主义倾向》,《理论与现代化》2014 年第 5 期。

8. 娄成武、张雷:《质疑网络民主的现实性》,《政治学研究》2003 年第 3 期。

9. 郭鹏:《网络民意与公共政策的常态对接分析》,《社科纵横》2014 年第 10 期。

10. 万旋傲、谢耘耕:《网络舆情传播对公共政策的影响研究》,《编辑之友》2015 年第 8 期。

11. 毕宏音:《网络协商民主研究的三维视角》,《天津社会科学》2017 年第 5 期。

12. 毕宏音:《互联网思维的舆情表达与节点把握》,《重庆社会科学》2015 年第 5 期。

13. 张华青:《论社会主义民主政治运作的保障机制》,《社会主义研究》1995 年第 6 期。

14. 王春福:《构建和谐社会与完善利益表达机制》,《中共中央党校学报》2006 年第 3 期。

15. 毕宏音:《影响民众舆情的中介性社会事项》,《广西社会科学》2004 年第 11 期。

16. 吴梅、王建军:《公共权力运用的利益诉求分析》,《湖北社会科学》2004 年第 12 期。

17. 毕宏音:《网络语言与网民社会心态的折射》,《社科纵横》2007 年第 3 期。

18. 张鲁昌:《网络语言中另类"飞白"的语用分析》,《广西社会科学》2005 年第 3 期。

19. 毕宏音：《重大突发公共事件中的新媒体传播》，《重庆社会科学》2013 年第 4 期。

20. 吴忠民：《公平正义是改革发展的出发点和落脚点——中国共产党公平正义观的形成及基本内容》，《当代世界与社会主义》2014 年第 2 期。

21. 周天楠：《决策理念的本质规定》，《东岳论丛》2002 年第 5 期。

22. 毕宏音：《从各地试水看"容错纠错机制"的系统建构》，《人民论坛》2016 年第 11 期。

23. 黎昱睿：《新媒体时代政府信息公开及网络舆情引导》，《新闻爱好者》2014 年第 5 期。

24. 何祖坤：《关注政府回应》，《中国行政管理》2000 年第 7 期。

25. 李伟权：《"互动决策"：政府公共决策回应机制建设》，《探索》2002 年第 3 期。

26. 张华青：《公民文化对政治现代化的意义——一种非制度条件的分析视角》，《社会主义研究》2004 年第 6 期。

27. 窦炎国：《中华民族伦理传统再辨识》，《道德与文明》2004 年第 6 期。

28. 张星：《网络空间的协商民主实践：现状与问题》，《电子政务》2015 年第 8 期。

29. 赵乾：《在机遇和挑战中前行——新形势下民心网的转变与探索综述》，《民心》2015 年第 5 期。

30. 李占国：《辽宁治理懒政怠政 依托民心网砍出三板斧》，《民心》2015 年第 5 期。

31. 赫安泽：《解民忧 聚民气 赢民心——辽宁民心网创新社会

管理强化为百姓办实事》,《民心》2015 年第 5 期。

32. 邵晓阳:《前进中的民心网》,《民心》2015 年第 10 期。

33. 杜晓红:《全媒体时代 传统媒体该如何应对》,《今传媒》2012 年第 12 期。

34. 毕宏音:《"新诉求群体"的时代影响力》,《天津大学学报(社会科学版)》2011 年第 4 期。

35. 申飞玲:《简评个人主义价值观》,《社会科学论坛(学术研究卷)》2008 年第 4 期。

36. 曹建萍:《网络民粹主义本质特征及其价值诉求的消解》,《人民论坛》2014 年第 35 期。

37. 王君君:《底线生存:网络围观生态的考察与反思》,《西南大学学报(社会科学版)》2014 年第 6 期。

38. 赵银红:《论公民表达权行使的新途径:网络民意表达》,《天津商业大学学报》2011 年第 2 期。

39. 梁瑞:《当前我国网民结构对网络文化建设的影响分析》,《福建省社会主义学院学报》2012 年第 4 期。

40. 马光荣:《网络民意吸纳机制研究》,《安徽行政学院学报》2013 年第 4 期。

41. 王爱玲、武文颖:《网络民意的"匿名制服"效应及其有效调控》,《新闻界》2008 年第 1 期。

42. 马志敏:《论政治文明进程中的网络民意表达》,《山西高等学校社会科学学报》2010 年第 11 期。

43. 储梦洁:《"微时代"的网络民意表达失真与治理》,《安徽工业大学学报(社会科学版)》2016 年第 1 期。

44. 杨善林、周斌、黄九鸣:《网络舆情监测、分析与管理的现状与挑战》,《中国工程科学》2016 年第 6 期。

　　45. 林彬、于天姿:《网络民意导入政策议程的路径思考——基于"郭美美"事件的分析》,《管理观察》2016 年第 14 期。

　　46. 王奋宇:《论社会意识形态向社会心理的内化及其过程》,《社会学研究》1988 年第 5 期。

　　47. 张华青:《论社会转型期的公民文化培育》,《当代世界社会主义问题》2004 年第 4 期。

　　48. 周德丰、李杨:《中国古代民主性精华——刘光汉(师培)〈中国民约精义〉旨要》,《理论与现代化》2014 年第 2 期。

　　49. 周德丰、孙寿涛:《论我国民间重视自治与协商的传统》,《理论与现代化》2015 年第 3 期。

　　50. 毕宏音:《移动互联时代的虚拟社会管理机制的建构》,《理论与现代化》2014 年第 5 期。

　　51. Paul Ferber, Franz Foltz & Rudy Pugliese. "Cyberdemocracy and Online Politics: A New Model of Interactivity. Bulletin of Science", *Technology & Society*, Vol. 27, No. 5, October 2007, pp. 391 – 400.

　　52. Maeve Cooke, "Five Arguments for Deliberative Democracy", *Political Studies*, 2000, Vol. 48, pp. 947 – 969.

　　53. John Markoff, "Where and When Was Democracy Invented?", *Contemporary Studies in Society and History*, 1999(41), pp. 60 – 90.

　　54. P. C. Zimbardo, "Interpersonal Dynamic Sina Simulated Prison", *International Journal of Chiminology and Penology*, 1973(1), pp. 69 – 97.

四、报纸

　　1. 范晓:《九成用户只看一个新闻 APP》,《北京日报》2016 年 2 月

24 日。

2. 殷文静、史婷婷:《网语负面影响汉语？专家市民激辩:宽容还是扼杀》,《江南日报》2004 年 12 月 20 日。

3. 国务院新闻办公室:《中国的政党制度》白皮书,《人民政协报》2007 年 11 月 16 日。

4. 韩志明:《网络时代的政府回应制度》,《学习时报》2015 年 12 月 28 日。

5. 龙兴海:《大力培育公民的公共精神》,《光明日报》2007 年 8 月 28 日。

6. 丁小斌、康铁君:《躯体表情:情绪识别的敏感器》,《中国社会科学报》2016 年 9 月 6 日。

7. 武和平:《创新法治工作 微博大有用场》,《检察日报》2012 年 12 月 12 日。

8. 高四维、张晔:《"三天黑夜"谣言引发蜡烛抢购潮》,《中国青年报》2012 年 12 月 12 日。

9. 韩洁等:《自信 开放 透明——"两会部长通道"升级完善折射新风》,《新华每日电讯》2017 年 3 月 6 日。

10. 吴乐珺:《网民可为政府工作报告提意见"我为政府工作献一策"》,《人民日报》2015 年 1 月 30 日。

11. 张丽彬:《我省建立"网络回应人"制度》,《华商晨报》2015 年 1 月 17 日。

12. 孙宏阳、赵童:《北京市开通国内首个政务微博微信发布厅》,《北京日报》2014 年 1 月 15 日。

13. 赵云龙:《济南 12345 热线再获央媒"点赞"》,《济南时报》2017 年 2 月 27 日。

14.岳之源:《汪洋黄华华给网友拜年 要求官员不做网络菜鸟》,《广州日报》2011 年 1 月 18 日。

15.郑维伟:《网络公共空间与公民有序参与》,《学习时报》2011 年 8 月 29 日。

16.李卓:《乡约制度与协商民主》,《光明日报》2016 年 11 月 2 日。

17.余晓葵:《美国:网络立法起步最早、数量最多》,《光明日报》2012 年 12 月 21 日。

18.莽九晨:《韩国:不断加强互联网管理》,《人民日报》2012 年 12 月 26 日。